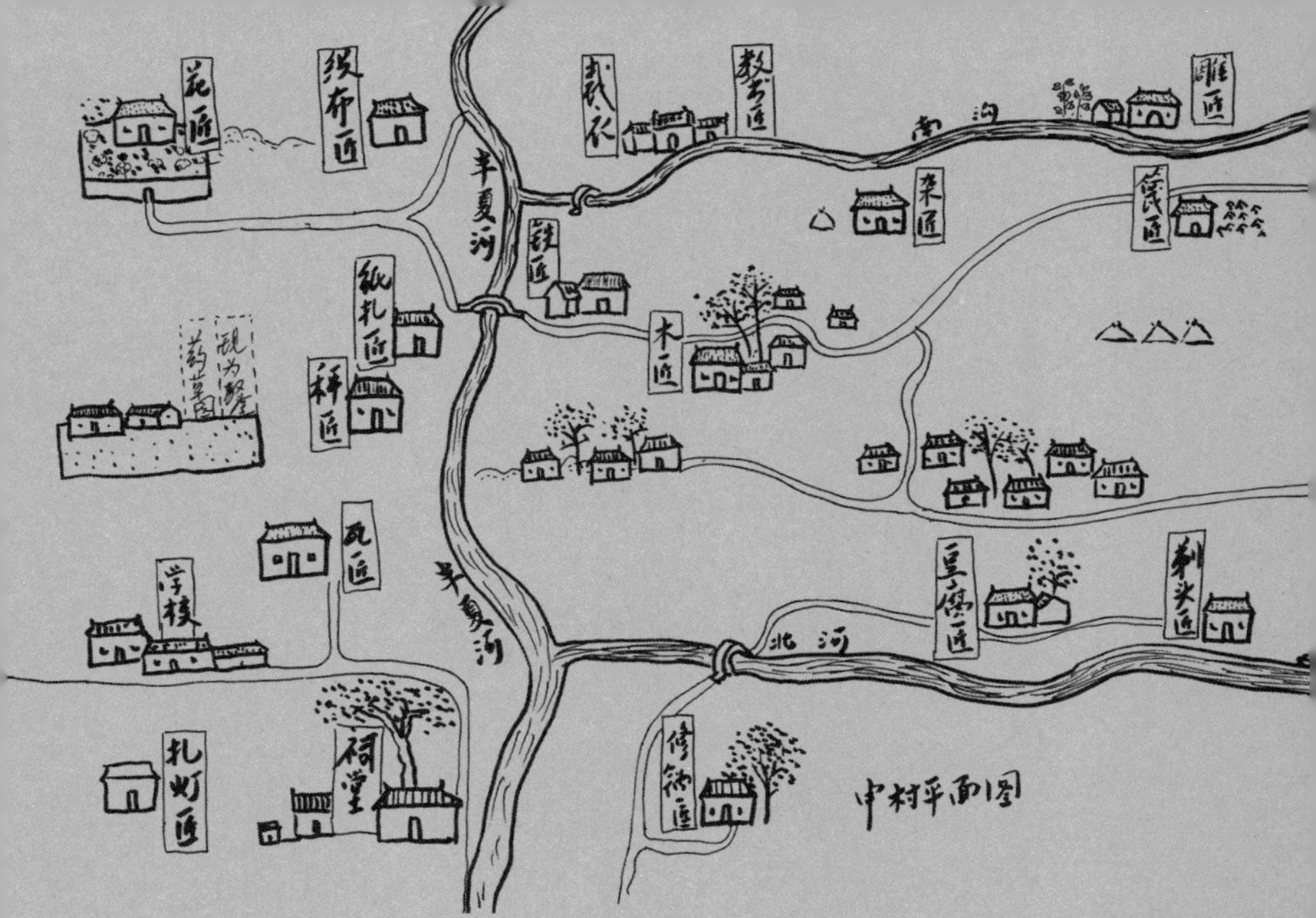

申《シェン》の村の話

十五人の職人と百年の物語

Le village en cendres

申賦漁《シェン・フーユイ》

水野衛子 訳

申《シエン》の村の話

匠人（LES ARTISANS）／LE VILLAGE EN CENDRES
by 申 賦漁（Shen FUYU）

Édition originale chinoise Parue sous le titre : 匠人
aux Beijing October Art & Literature Publishing House

写真：朱贏椿

装幀：水崎真奈美（BOTANICA）

目次

まえがき

長江は蘇北《そほく》（揚子江の北の地域）の高港《こうこう》で大きく曲がり、ここから東に小さな支流が伸び、川沿いに古い銀杏《いちょう》の並木道がある。銀杏の並木道を東に二十キロ以上進むと、さらにたくさんの銀杏の木が生える申《シェン》村に着く。人はここを銀杏の郷と呼ぶ。六百年前、申良三《シェン・リアンサン》という男が蘇州からここにやってきて、この砂土の低地を気に入り、腰を落ち着けた。一九七〇年になり、良三《リアンサン》公の第十七代目の子孫、すなわち私が誕生した時には申村はもう人口数万人の大きな村になっていた。

私と家族は生まれてからずっと親しい人々の社会で暮らしてきた。故郷の人はみんなが親戚か近所の人で、何世代にもわたる付き合いがあった。その人たちとは常に平穏で仲が良かったわけではなく、誤解や揉め事、時には殴り合いの争いもあったが、みんなが互いを知り尽くしており、恨み骨髄に徹すというような怨恨を持つことはなかった。そうして数百年の間にどんどん大きくなっていった村を、風習や道理、しきたりなどが無事に保ってきたのである。

故郷は縦横に走る畦道《あぜ》の中の黒い瓦と白い壁であり、風にそよぐ麦の穂であり、地面を埋め尽くす銀杏の実と落ち葉であった。私は中年になるまでに故郷から都会へ、中国からはるかかなたの異国へと放浪し、たくさんの場所に停泊してきたが、故郷のようにリラックスして心が安らぐ場所は一つとしてなかった。故郷の人たちは声が大きく強い訛りがあり、ふるまいはがさつで他人との距離がなく、それはかつて私が心底憎んだものでもあった。田舎者というレッテルを若い私は恥じ、必死ではがそうとした。

十八歳の私は故郷の暗さに耐えられず、面子ばかりを重んじる父の私に対する嘲りが我慢ならなかった。もう二度と帰るものかという思いで私は故郷を離れた。だが、今の私は人生の多くのことを許容するようになり、父の面子のために毎年年越しに帰省し、亡くなった祖先の命日のためにも帰るようになった。

さらに頻繁に帰郷するようになったのは、急速に没落していく村に愕然としたからである。村に若者はいなくなり、子どもすらいない。帰省するたびに新しい墓が増えていく。人口凋落に伴って古い家々は荒れ果て消えていき、田畑は町から延びてきた工場に少しずつ占領され、故郷はもうかつての故郷ではなくなった。悲しみがひたひたと私に押し寄せてきた。自分が遠ざけたものの力の大きさ、弾力の強さにようやく気がついたが、そこに帰るための道は時という雑草に埋没し、捜しようがなくなっていた。

故郷の消失により私たちは根なし草になり、個々の原子のように、冷たい都会で孤独に存在している。故郷を離れた私たちはよるべがなくなり、都会の華やぎに覆い隠されてしまった。周りの顔はよく知る見知らぬ者ばかりだ。そうだ。私の周りには私と同じように孤独で寂しい魂ばかりが漂っている。

私たちには共通の記憶がある。思い出せばなんと多くの、かつて鮮明に生きた村の人々がいたことか。私たちは彼らを大工職人、植木職人、床屋、瓦職人……と呼んでいた。職人以外の大半は農民だった。だが、今、農民は存在しなくなった。

私の記憶はせいぜい百年前までしか遡ることができない。それが父と祖父の記憶の上限だった。彼らが私に語った人たち、私が見たことのある人のほとんどはもういない。家譜に一行か二行で記される存在になってしまった。だが、その卑小な個体の一つ一つがすべて私の属する壮大な史詩となっている。

名もなき村の人々は百年の歴史を映し出し、ことにこの三十年余りの中国社会の大きな変化を物語っている。彼らは一つの時代を形作り、その時代に呑み込まれていった。粗削りで暖かい温もりのあるそこに、故郷は確かにあったのだ。

瓦職人

客好きな父が、瓦職人には冷淡だった。

「瓦職人は耶蘇食いになり、村を引っ掻き回した」

耶蘇食いとは、キリスト教徒のことだ。

荷《ハー》先生の家は村の真ん中の高地にぽつんと建っている。家の前は広い庭で、春になると緑の木々が生い茂り、花が咲き乱れる。最も多いのは銀杏の木で、他には柿の木、ナツメの木、トウサイカチの木などが勝手気ままに生えている。花も多い。庭の門から家までの道の両側には海棠《かいどう》、ハナズオウ、バラ、クチナシなど、他にもたくさん名前も分からない花や草が生えている。

庭の中央には各種の薬草が植わっている。アスパラガス、ヒキノカサ、ソウジュツなどはきれいで匂いも良い。だが、人々が好むのは薄荷やスベリヒユ、サンビロートで、通りがかりにひとつかみ摘んでいく。薄荷は小麦粉で作るお焼きに入れると美味しく、あるいはうどんのスープに調味料として入れてもよい。スベリヒユの卵炒めは肌がすべすべになる。サンビロート（穿心蓮）は名前は恐ろし気だが、冷菜にすると胃腸に良く消炎解毒剤になる。

荷《ハー》先生は笑いながら人々に会釈し、多くの食用になる薬草を紹介してくれる。薬草を摘めば摘むほど荷《ハー》先生は喜ぶ。もちろん、金は取らない。

荷《ハー》先生の薬草園は私の通学路にあった。学校の行き帰りに私はいつも薬草園でしばらく遊んだ。ちょうちょを捕まえたり、四季折々の花を摘んだりして、一つや二つならいいが摘みすぎると荷《ハー》先生が草屋の外に立って軽く咳ばらいをするので、私たちは一目散に逃げ出すのだった。

今年の穀雨の季節が終わる頃、私はまた中村に帰った。荷《ハー》先生の薬草園は家への帰り道にある。荷《ハー》先生はだいぶ前に亡くなったが、中村の人々は荷《ハー》先生を偲んで家を取り壊さずにいた。ただ薬草園は手入れされていなかった。必要な者が必要な薬草を植えて収穫していた。私は中村に帰るたびにここに来る。いつも軽く酔うような薬草の香りがする。今回通りがかった時、薬草園がなくなって教会が建ち、新しい建物のてっぺんに十字架がそそり立っているのに気がついた。

私の帰省中、瓦職人は毎日のようにやってきた。客好きな父が瓦職人に対しては冷淡だった。

「瓦職人は耶蘇食いになって、村を引っ掻き回した」

瓦職人が帰ると、父は冷たく言った。

「耶蘇食い」というのはキリスト教徒のことだ。『新約聖書』の中でイエス・キリストが「私の肉を食べ、私の血を飲む者は永遠の命を得る」と言う。田舎の人はそれでキリスト教徒をこう呼んだのだろう。

瓦職人は年を取り、足も引きずっていた。若い時は四方数十里（一里はおよそ五百メートル）の若い娘の憧れの的だったのだ。人民解放軍の兵士で、見た目が堂々として立派なだけでなく、二胡（伝統的な二弦の楽器）の名手だった。私に軍帽の真ん中につける五角星をくれたことがある。私の少年時代の一番の宝物だった。彼が帰省すると家は人でいっぱいで身動きが取れなくなった。

それが軍縮になり兵員が整理され、ひっそりと家に帰ってきて、数か月後に瓦職人になったのである。

瓦職人と言ってもきちんと弟子入りをしたわけではなく、別の瓦職人の下働きとなって、仕事を見覚えると自分で瓦刀を握り塀を削り始めた。瓦職人にはなったが、正直なところ腕前はたいしたことはなかった。こうしてかつての輝きはなくなった。言うなれば大きな挫折であったのに、瓦職人が恨み言を言うのを聞いた者はなかった。いつもにこにこと他人の新居のために忙しくしていた。声が良く弁舌も立ったので、新居の建前と落成式には「歌を言う人」を務めた。本来なら「歌を言う人」には一番腕が立つ職人がなる。だが田舎の職人に彼のように見栄えがするものは少ない。「歌を言う人」とは、新しい家の建築が始まり棟上げをする時、縁起のいい言葉を歌い上げる者のことだ。縁起のいい言葉は神様に聞かせるもので、朗々と歌い上げ、神様が聴いて耳に心地良くなって初めて、その言葉を覚えてもらえて家の主人に良い縁起をもたらしてくれる。そういう言葉を歌い上げる時、職人たちは拍子を取って唱和する。大工は板斧《おの》で木材を叩き、瓦職人は瓦刀でレンガを叩き、その場にいる者みんなが各自が手にした道具を打ち鳴らす。手で舞う者や足を踏み鳴らす者もいて、相当にぎやかな場面になる。主唱者の瓦職人はぶ厚い赤い祝儀袋をもらう。食事の時も上座に座る。この時だけ瓦職人の顔は本当に輝くのだった。

申村にある日突然教会が建てられることになった。建てるのは一人の女性だった。夫の名を高根《ガオ・ゲン》というので、村人は彼女を高根《ガオ・ゲン》女将《おかみ》と呼んだ。女将というのは私たちの地方の方言で嫁という意味だ。

高根《ガオ・ゲン》の結婚式には私も呼ばれた。高根《ガオ・ゲン》と私の母方の二番目の叔父が同じ金物工場に勤めていて、家同士の関係が親しかった。だから結婚式に私のような中学に上がったばかりの子どもまで呼ばれたのだ。式は当然にぎやかなものだったが、細かくは覚えていない。印象深かったのは花嫁がきれいだということだった。だから、今回、村の人が高根《ガオ・ゲン》女将と言うのを聞いた時、目に浮かんだのはあの赤いベールをめくりお酌に来た美しい女性の姿だった。

高根《ガオ・ゲン》女将は初めは何とか功（気功の流派で国に禁止されている法輪功を連想させる）とやらを信じていたが、政府が禁止したので信仰できなくなった。二人のよその県の同じ信仰の人も数日間身を潜めに来ていたらしい。その後、さらに取り締まりが厳しくなって中村にも隠れていられなくなり、高根《ガオ・ゲン》女将は二人を町まで送っていき、中村に戻ってきたのは半年後のことだった。驚いたことにその時は改宗してキリスト教徒になっていた。中村の最初のキリスト教信者で、同時に最初の伝道者であった。

中村にはもう若者は残っておらず、みんな都会に出稼ぎに出ていた。残ったのは老人と病人ばかりだった。高根《ガオ・ゲン》女将は一軒一軒話をしに出かけた。老人は孤独で、病気の老人はもっとつらく、望みがない。小さな病、慢性の病もたいてい治る見込みがなく、放っておかれた。深刻になると町の病院で薬を処方してもらい、家で飲む程度だ。入院治療する者は非常に少ない。どうしようもなくなっても入院したがらない。家で死にたいからだ。薬も注射もしないで治るのが一番よかった。高《ガオ・》根《ゲン》女将は村人に言った。キリスト教を信じればどんな病気も消えてなくなる、と。その言葉にすがり、死んだ馬を治療して生き返らせると村人は信じた。どうせ日曜日に話を聞いて、その後で歌を歌うぐらいでいいのだから。

高根女将《ガオ・ゲン》は四つの村の年寄りと病人を家に集めたが、だんだん家に入りきらなくなり、教会を建てる必要が出てきた。

高根女将《ガオ・ゲン》は村の中央にある荷《ハー》先生の薬草園に目をつけた。高根女将《ガオ・ゲン》が荷《ハー》先生の草屋を取り壊した時、何人かの年寄りが見かねて村長に止めさせようとした。村長はどうしようもないとため息をついた。

高根女将《ガオ・ゲン》は信徒たちを連れて町役場に行き、町役場は県役所にお伺いを立てた。宗教に関することなので、県役所の態度はことを矮小化《わいしょうか》するというものだった。たかが小さな土地のことではないか、好きにすればいい。こうして荷《ハー》先生の薬草園は教会の土地になったのだった。

春節が過ぎると瓦職人は上海《シャンハイ》に出稼ぎに行った。上海の汽車の駅で働き手を募る二人の男と知り合い、彼らのあとについて行った。辺鄙《へんぴ》なところに着くと二人は瓦職人の有り金数百元を奪ったばかりか、何か硬い物で頭を殴った。警察に通報され、瓦職人は村に送り返されてきた。頭が痛くてたまらず、家で三日間横になっていたが弟の鍋頭《グオトウ》が強く言うので、とうとう県の病院に検査に行くと医者は深刻な顔をして「レントゲンを見ると重症だから入院しなければ駄目だ」と言った。検査だけで数千元もかかったので、瓦職人は入院しようとしなかった。連れてきた弟の鍋頭《グオトウ》もついてない。医者は鍋頭《グオトウ》の顔色が悪いのを見ると、検査しなければ駄目だと言った。結果は高血圧で薬を飲む必要があり飲まないと危険だと言われ、鍋頭《グオトウ》は真っ青になって数百元払って薬を買って帰ることになった。兄弟は家に帰ると相談した末に言った。

「何もしないで放っておこう。生きられるだけ生きればそれでいい」

鍋頭《グオトウ》は薬も飲まず、江南《こうなん》の泥ポンプ隊に参加して河を掘りに行った。瓦職人は頭が痛いので家にいるしかなかった。

こうして瓦職人が最も落ち込んでいる時に、高根女将《ガオ・ゲン》が訪ねてきた。高根女将《ガオ・ゲン》が瓦職人の家に来た翌日、瓦職人はよたよたと教会の工事用地に出かけた。ちょうど瓦職人が必要だったのだ。

信教というのは不思議なもので、瓦職人の頭痛は本当に軽くなった。教会ができあがると完全に治った。瓦職人は教会が落成すると村で最初に洗礼を受けた。

瓦職人の入信は中村キリスト教界の一大事だった。弁舌が立ち体格もいいので、すぐに頭角を現した。高根女将《ガオ・ゲン》は瓦職人を県城の大聖堂に送り勉強させた。二か月後、中村に帰った瓦職人は面目一新していた。瓦刀を手放し、黒い法衣を着て『聖書』を持ち、質素だが厳粛な教会に立ち、朗々と声を張り上げた。中村は瓦職人が一人いなくなり、伝道師が一人増えた。

瓦職人が入信した年の暮れ、病院で高血圧と診断された弟の鍋頭《グオトウ》が出稼ぎで稼いだ金を持って中村に帰ってきた。高血圧のことなどとっくに忘れていた。年越し前に鍋頭《グオトウ》は家を修繕した。瓦職人に手伝いを頼んだのだが、瓦職人には教会の仕事があり時間が取れなかった。実は時間があっても来る気はなかった。もう瓦職人ではないし、教会の収入も悪くなかったからだ。教会の信徒はほぼ倍に増えていた。彼らは毎週、寄金箱に金を入れなくてはならなかった。いくら寄附するか決まりはなく、五元でもいいし、十元でもよく、主《しゅ》に自分の気持ちを表せればよかった。高根《ガオ・ゲン》家はすでに三階建ての家を建てていた。高根《ガオ・ゲン》は以前は妻に不満もあったが、家を建ててからは何も言わなくなり、妻の好きにさせていた。

鍋頭《グオトウ》は兄が家の修繕を手伝わなかったことが面白くなかった。だが何も言えなかった。すぐに年越しになった。大晦日に鍋頭《グオトウ》は供物をたくさん用意して、瓦職人の家に祖先の位牌を拝みに行った。田舎の習慣で祖先の位牌は長男の家に祭り、長男はさらに自分の長男に伝え、そうやって代々続いていく。

瓦職人は家の入口で鍋頭《グオトウ》を押し止めた。

「俺は主を信じる者だからな。祖先を拝んだりはしない。帰ってくれ」

「主を信じるのはそっちの勝手だ。俺は祖先を拝む」

「祖先を拝むなら、俺のこの家には入れない」

鍋頭《グオトウ》は手にした籠の魚や肉、マントウ、カステラを持ったまま入口で呆然とした。家に帰ると私の父を訪ねてきた。

「慶山《チンシャン》、うちに親不孝者が出た。自分は主を信じているからと俺に祖先を祭らせない」

「自分が神を信じるからって、なんでお前にまで祖先を祭らせないんだ？」

「家にも入れないんだ。禁忌だとか言って。俺が兄貴の神を怒らせると思っている」

「瓦職人が神を信じるのはお前にもどうしようもない。だったら祖先の位牌を持ってきて、これからはお前の家に祭ればいい。長男が死んだら弟が引き継ぐ。それに近い状況だからな」

鍋頭《グオトウ》はうなずいて言った。

「それしかないな。大晦日はどの家も祖先を拝むものだ。どんなに貧乏だって位牌に肉や魚を供えて祭る。それをしないなんてことがあるか？　兄貴はよくても、俺にはできない」

鍋頭《グオトウ》は位牌を持ってこられなかった。

瓦職人は言った。

「もうない」

「なんでないんだ？」

「なくなったんだ。我々に神は一人しかいない。他を信じることは許されない。家にも置いてはおけない」

「位牌はご先祖様だぞ。どこにやったんだ？　お前が要らないなら俺が持って帰る。渡さないと年は越せないと思え」

「焼いた」

鍋頭《グオトウ》は愕然として、何も言えず家に帰った。

その日の夜、鍋頭《グオトウ》一家は年越し料理も食べず、爆竹も鳴らさなかった。鍋頭《グオトウ》は目を赤くして居間の椅子に座って、ぶつぶつ言った。

「親父、お袋、あんたたちの不肖の息子は位牌を燃やしてしまった。大晦日だというのに、どこに行かれたんですか？　親孝行できない自分を許してください。年越しなのにご馳走もあげられない。なんということだ」

元旦初日、鍋頭《グオトウ》は中村の村人たちと一緒に供物を持って祠堂に行き、お香を上げて先祖を祭った。祠堂は大きくなく、三間の瓦屋根の建物で中庭が一つある。中庭の門を入ると左手に一間の脇部屋があり、お香の煙が立ち昇っている。ここには樹神が祭られていて、ここに来た者はみんな入ってくると礼をする。

入口の向かいの壁には額が掛かり、枯れた銀杏の大木の写真が飾られている。木はすでに死んでいるが、その立派さが見て取れる。十年前に落雷に遭って死んだ。この木の死は一族の者にとって非常に悲しいことだった。なぜなら、六百年前、ここに定住を決めた先祖が植えたものだからだ。人々は木を敬い、祭り、木に霊験があると信じた。つまり、祖先の霊魂はこの繁茂する枝に宿っていると思っていたのである。

木は中村の象徴だった。七、八里離れた所からこの銀杏の木が見えると、村に帰ってきたと思うのだった。子どもの頃、私はよくこの木の下を通った。外祖父の家に行く通り道にあったからだ。木から数百メートル離れた雑貨店の入口の敷居の外にまでその銀杏の木の根っこが地面に出ているのを見つけたことがある。私たち子どもが何人も手をつないで、やっとその木の幹を抱えることができた。

村の人々はみんな、その木の神通力を信じた。木の足元ではしょっちゅう誰かが線香を上げて祈っていた。落雷に遭って死んで何年経っても人々は木を動かそうとせず、息を吹き返してくれると信じていた。しかし、木は確かに死んでしまった。とうとう祠堂を再建する時に、人々はやむなく木をノコギリで切り倒した。

元の祠堂はこの銀杏の木の後ろにあり、中村で最も良い建築物だった。一九三七年に日本人が当時の首都である南京《ナンキン》を攻め落とすと、人々はすぐに祠堂を取り壊した。日本人がここに駐在するのを恐れたのである。日本人が利用しそうなものはすべて壊した。

子どもの頃、廃墟となった祠堂の横を通るたび、私はびくびくしたものだ。祠堂の隣の小屋に武《ウー》狂人が住んでいたからだ。武《ウー》狂人に下の名前はなく、頭がとても小さいので人々は「細頭《シートウ》」と呼んでいた。「細《シー》」というのは小さいという意味だ。細頭《シートウ》はいつもこの巨大な根っこの銀杏の木の周りを徘徊《はいかい》していて、自分を怖がる子どもたちを追いかけ回した。細頭《シートウ》を怖がれば怖がるほど、逃げれば逃げるほど、細頭《シートウ》は狂ったように追いかけた。細頭《シートウ》を見るたび、私は内心の恐怖を抑えられなかった。母の手を握って遠くを歩き、振り返って細頭《シートウ》を見るとまだ銀杏の木の下に立っていて、身じろぎもせずに小さな頭を傾けて憎々しげに私を見つめている。だが、もし細頭《シートウ》が子どもを追いかけ回しているのを細頭《シートウ》の痩せて小さな母親が見ると、大声で息子を叱りつけた。細頭《シートウ》はすぐに立ち止まり、おとなしく母親に耳を引っ張られて家に帰るのだった。

細頭《シートウ》はずいぶんと昔に行方不明になった。家は銀杏の木のすぐ下にあり、生まれた時から銀杏の木に向かって行けば家に着くと細頭《シートウ》は知っていた。銀杏の老木が死に、遠くまで行って振り向いても銀杏の木がなったので、細頭《シートウ》は自分の家が分からなくなってしまったのだ。痩せて小さな母親はあちこち捜し歩いたが見つからなかった。毎日この息子のことで悩み、傷つき、疲れていたのに、息子がいなくなって二度と見つからなくなると、母親は死んでしまった。病気ではなく、飯が喉を通らなくなり餓死してしまったのである。住んでいた家もとっくになくなってしまった。その跡には大きな立派な建物が建てられた。

　建物の真ん中の正庁の中央に真新しい木の扁額が掛けられ、そこには「式南堂《しきなんどう》」と書かれていた。先祖代々伝えられる堂号で、申村でこの堂号が使われるようになって六百年になる。『詩経』の「大雅」の崧高《すうこう》の詩に「王が申伯に命ず、式は南邦なり」というくだりがある（最古の詩集『詩経』の中の一首で、周代宣王の大臣が申伯に贈った送別の詩）。周の宣王が自分の叔父である申伯の銭行《せんこう》に、申国に戻って周の南の障壁になってほしいと頼んだ。つまり祖先は「式南堂」という名称を使って、自分たちは申伯の末裔であると言ったのである。

　式南堂の本堂には一列に並んだ先祖の位牌がある。位牌とは小さな墓碑のような木の板のことである。木の板の頭には赤い布がかぶさっている。時間の経過で赤色が褪せて灰色になっているのもある。歳月がもっと経ったものはつるつるしたただの木の札になっている。札には死んだ人の名前と生年月日と死んだ年月日が書かれている。小さな札の一枚一枚に祖先の霊魂が宿っていると信じられている。多くの中国人にとって、家族は死んでも自分たちから遠ざかるわけではない。肉体はなくなっても霊魂は子孫を見守っている。墓が先祖の肉体の休憩所だとすれば、この小さな札は先祖の霊魂が寄寓する場所なのである。

鍋頭《グオトウ》と次々とやってきた一族の者たちは木の札に向かってひざまずいて拝礼した。位牌の真ん中には中村の最初の祖先の位牌が置かれ、位牌には「良三公《リアンサン》」と書いてある。申良三《シエン・リアンサン》が明朝《みん》の初めに、蘇州の閶門《しょうもん》から蘇北の泰州《たいしゅう》にやってきて中村に定住し、六百年以上になる。良三《リアンサン》公は亡くなると中村の前にある硯瓦池《けんがち》の北東に埋葬された。硯瓦池は今も野原にある小さな池である。水は澄んでいて水底まで見ることができ、たまに魚が泳いでいるのも見ることができる。池の周りには青草が茂り、草むらに石碑が一つ立っていて「良三《リアンサン》公の墓」と書いてある。めったに人が来ないので、墓の横の小道は苔むして、曲がりくねって村へと続いている。

鍋頭《グオトウ》が祖先を拝むと一族の者たちが鍋頭《グオトウ》の前に来て、それぞれ慰めたいと思いつつも何と言っていいか分からずにいた。

祠堂に祭っているのは遠い先祖で、みんなの共通の祖先である。自分の父母や祖父祖母は各自の家に祭っている。みんな、瓦職人が位牌を焼いたのを知っていた。中村で初めてのことで、村人にとっては驚くなどというものではなかった。

中村には道教を信じる者も、仏教徒もキリスト教徒もいる。だが祖先の位牌を焼くなどということはいまだかつてなかった。何を信じようと先祖を認めていた。自分たちは古くから続く世界に属していると感じ、霊と神とが混在する世界に生きていたのである。そして、その世界の決まりごとは宗教よりも歴史のあるものだった。五千年来、人々はそうして生きてきたのである。

人が死んでなるものは二つしかない。一つは幽霊で、大多数がこれになる。もう一つは神で、門《もん》神《しん》や竈《かまど》神や土地神や山神、大工や各種の技能を司る神、さらには便所の神になる。こうした人類の暮らしの中にいる神は人間の世界に住んでいる。目には見えず、紙に描いた絵か粘土や木で作った塑像として見ることができ、毎日それらに挨拶をしなくてはならない。さらにもっとたくさんの神が天上にいて人間世界を見守っている。彼らはよく天上から人間界に飛んできて歩き回り、人間の世界の俗事に干渉したりする。例えば、雷神は不孝者を雷で打ち殺し、神人《しんじん》は勤勉な者に霊力のある色鉛筆をくれる。彼らはさらに神から人の姿にもなる。状元《じょうげん》に合格する者は文曲星《ぶんきょくせい》が下界に降臨したとされる。裸足の神は宋王朝のある皇帝になった。特殊な状況においては、多くの神が一斉に生まれ変わって人間になる場合もある。昔、百八の星座の神々が天上から降りてきて梁山泊《りょうざんぱく》（山東省にある沼沢で『水滸伝』の英雄たちの本拠地とされる）の男たちに生まれ変わったと言われている。とにかく、こうした神々は天上でのんびり暮らしてもいいし、人間に変わってもよく、彼らは自由だ。彼らを支配するのが玉皇大帝（道教の最高神）である。威厳に満ちた姿と顔をしているが、頭は単純で、しょっちゅう誤った命令を下す。この世の管理に各種の技に長《た》けた神の助けを必要とするため、人間は玉皇大帝をあまり尊重せず、拝んだり祈ったりすることはあまりない。人間がもっと重要視するのが自分の祖先である。なぜなら祖先こそが自分の面倒を見てくれるからである。

人は死ぬとすぐ鬼になるという。鬼は地獄にいるわけではなく、冥界をさまよっている。冥界はこの世とパラレルな世界で、いつでも鬼と出会ってしまう可能性がある。悪さをした人間だけが地獄の責め苦に遭う。普通は人は死ぬと鬼魂となり、自分の墓か位牌に住む。家族が拝みに来ると供え物の食べ物をもらうことができ、線香で紙銭（あの世で困らないように死者のために焚く紙のお金）を燃やして持ってきてくれる。もちろん、生まれ変わって転生することもある。なかには前世での細かなことを覚えている者もいる。人は鬼と距離を保ち、近づきすぎると厄災に遭う。うっかりぶつかってしまったら、すぐにさまざまな儀式をして鬼たちにお帰り願わなくてはならない。村のほとんどの子どもは鬼と出会ったことがあり、私も何度もぶつかったことがある。

畑で一日遊んで帰ると、たまに頭が痛くてたまらなくなることがある。元気がなく食卓に突っ伏して飯も食べないでいると、母がきれいな水を茶碗に入れて私の目の前に置き、箸を胸の前で合わせて念じる。祖母さんか、ひい祖父さんかひい祖母さんを念じて、箸を水の真ん中に立て手を離しても立つかどうかを見る。倒れたらまた別の先祖の名を呼んで立てる。誰か先祖の名を呼んで箸がお茶碗の水の中で立ったら、私をその人の位牌の前に連れて行き、ひざまずいて拝ませて言う。

「ひい祖父さん、この子に話しかけないでおくれ」

拝み終えて寝ると翌日には頭痛は良くなっている。私は母に聞いた。

「ひい祖父さんはなぜぼくに話しかけて頭痛を起こさせたの？」

母は言った。

「お前がうっかり外でひい祖父さんにぶつかったからだよ。ひい祖父さんはお前のことを面白いと思い、話しかけたのさ。人と鬼は話をしてはいけない。祈るだけでいいんだ」

神には面倒を見なくてはならない人がたくさんいる上、どこかの家を贔屓《ひいき》してもいけないので、死んだ祖先が全力で子孫を守り、財を増やしたり、禍から免れられるようにする。祖先だけがその一家の面倒を見ることができるのである。

中国人は清明節（先祖を祭る日。墓参りをする）、冬至、年越しと先祖が死んだ日と生まれた日に先祖を祭る。中国人は死んだ途端に凡人よりはるかに強い力を得る。彼らは西洋の死んだ人のように墓の中に横たわってじっとしていることはない。彼らは忙しく、生きていた時よりも大変で、彼らにも未来があり、神になったり、生まれ変わってまた人になったりする。

今、鍋頭《グオトウ》の家の祖先の位牌がなくなった。つまり、鍋頭《グオトウ》の一家は祖先との連絡が断たれ、独りぼっちになってしまった。多くの人がやってきて鍋頭《グオトウ》と話をしたり、陰であれこれ噂したりした。あることないこと言われることが鍋頭《グオトウ》に言うに言われぬ苦しみと怒りを覚えさせた。

祠堂から帰ると鍋頭《グオトウ》はその足で兄の瓦職人の家に向かった。兄の家の入ってすぐの部屋の壁に太い大きな十字架が掛けられていた。鍋頭《グオトウ》はそれを取り上げると瓦職人の腿《もも》の上で叩き割った。

今も瓦職人は毎週教会に行くが、足はびっこを引き、ひょこたら歩いている。大人たちは今も瓦職人と呼ぶが、子どもたちはびっこのおじさんと呼んでいる。

竹細工職人

竹細工職人は貧しく畑もなかったので
合作社に入り、豚と牛の飼育員になった。
大飢饉の後、アカウシだけが残った。

中村《シエン》の南西の野原にぽつんと茅葺きの小屋が建っている。これは中村の豚小屋である。豚小屋で豚も牛も飼っている。合作社（中国の協同組合）ができてから、竹細工職人はここに移ってきて飼育員になった。

豚小屋はとても大きく五間もあり、三間で豚を飼い、二間で牛を飼っている。竹細工職人は牛を飼う一間に床を作り、夜も時々ここで寝ている。

竹細工職人は子どもの頃、父親と物乞いをしていた。父親が死んだ時はまだ十二歳だった。人の紹介で紙細工職人のところの雑役夫になった。紙細工職人の家は一ヘクタールの土地を持っていた。父親は紙細工職人を私塾で学ばせたが、勉強嫌いで紙で人や馬や家を折るのが好きだった。父親は息子を縛り何度も鞭《むち》で打ったが何の役にも立たず、とうとう諦めて本人の好きなようにさせるしかなかった。紙細工職人は紙を折ることにだけ興味があり、他のことは何もしなかった。家の仕事はすべて雑役夫がやった。

竹細工職人はその頃は竹細工職人ではなく、ただの大きな子どもだった。飯炊き、洗濯、ニワトリやアヒルの餌やり以外に、紙細工職人の子どもの守りもした。紙細工職人の女房が死に、病弱な息子が残された。子どもは聞き分けがよく、竹園に連れて行きさえすればおとなしく遊んでいた。遊ぶものなど何もなく、ただ静かに竹園でいろいろな鳥を眺めていた。スズメやオウム、シロガシラがぴーちくぱーちく鳴くと、嬉しくてたまらないのだった。この竹園は中村で最も大きく、紙細工職人の父親が残した。紙細工職人の父親は仁義に厚く、紙細工職人の冷淡さとは正反対だった。

人がよくざるを作るために刀を借りに来て「親父さん、竹を数本切らしてくれ」と言うと、「切ってけ、切ってけ」と言う。竹園に来る人も注意して、うっかりタケノコを踏まないようにした。竹を切るのも竹が密集している所で二、三本切ればよかった。家の道具を作れば足りるからだ。竹がたくさん必要になるときには穀物と交換した。父親が死に紙細工職人が家の主人になり、人が竹をもらいに来ると「みんながもらいに来たら、竹がなくなってしまう」と不機嫌になった。人々はだんだん竹をもらいに行かなくなった。欲しい時は紙細工職人がいない隙に自分で刀を持ってきて切った。束ねるほどたくさん切り、タケノコは言うまでもなく、あちこち踏みしだいた。二年もしないで竹園は隙間だらけになった。

紙細工職人は竹細工職人が一日の相当長い時間を竹園で息子の守りをしているので言った。

「うちの篩《ふるい》も籠もぼろぼろだ。毎日竹園にいて暇なら作るのを覚えろ。うちには刀もノコギリもナイフもあるんだから」

竹細工職人は賢く、手先が器用だったので、よその村の竹細工職人の家に何度か見学に行き、帰って試しに作ってみると、竹を割るのも青竹や黄竹を分解するのもわけはなかった。竹籠は一番簡単だった。続いて、ざる、塵取り、竹扁《ちくへん》（竹で作られた扁額）も細かな作業は必要ないので、すぐにできた。紙細工職人はそれらを見ると、こんなに器用だったのかと喜び、さらに竹で寝椅子や背もたれのある椅子を作らせることにした。どうせ竹園には竹がいくらでもあるのだ。竹細工職人はそれらの古いものを探してくると、あちこち見たり分解したりして作り方を理解してしまった。一年余りすると、竹細工職人は模様入りのゴザまで織れるようになった。中村にやっと自分たちの竹細工職人が生まれたというので、村人はよその村まで竹製品を頼みに行く必要がなくなった。

最初に竹細工職人を雇ったのは五寿《ウーショウ》の妻だった。五寿《ウーショウ》が死に、五寿《ウーショウ》の妻は後家になった。無理やり女房にしようとする者がいたが、五寿《ウーショウ》の妻はそうはさせず、逆にしたたかに打ちすえた。五寿《ウーショウ》の妻は家の竹製ベッドなどの家具を新しくして、厄払いをしようとしたのである。

五寿《ウーショウ》ばあさんが雇って以来、竹細工職人を雇う者が増えて行った。竹細工職人は紙細工職人に暇をもらい、竹細工作りに専念した。紙細工職人もどうしようもなく、竹細工職人が去ると自分の家の竹園の門に立ち、しばらく文句を言うしかなかった。

一九五五年、中村に初級農業合作社（農民が自発的に組織した集団経済組織）ができた。竹細工職人は貧しく畑もなかったから、すぐに合作社に入って豚小屋の豚と牛の飼育員になった。時々は籠や竹扁も作った。豚や牛の飼育は一人では手が回らないので、隊長は紙細工職人の息子の嫁の芹秀《チンシュウ》を助手にした。紙細工職人の息子というのは、竹細工職人が子守りをしたあの子どもで、成長して結婚したがすぐに死んだ。芹秀《チンシュウ》は若い後家になった。

豚小屋で働いて一年で若い芹秀《チンシュウ》も死んだ。芹秀《チンシュウ》が死んだ年、牛が子のアカウシを産んだ。一九五八年に合作社は人民公社（末端の行政機関であると同時に集団所有制の工業、農業、商業活動や教育文化を営んだ。従来の権力機構と合作社を一つにしたもの）になった。その年の暮れ、大飢饉が起きた。豚小屋の豚は飼料を食うので全部殺された。牛がいないと重労働ができないが、何頭もは飼えないのでアカウシだけが残された。アカウシはあっという間に大きくなり、何年もせずに大活躍するようになった。碾き臼を引き、車を引き、畑を耕し、何にでも役立った。アカウシは人の心が分かるらしく、竹細工職人の言葉をすべて理解していた。何をさせるにも竹細工職人がひとこと言うと、てくてくと前に進んでいく。竹細工職人は決して人にアカウシを触らせなかった。隊長でも駄目だった。どんな仕事も竹細工職人がアカウシを引いてやらせた。夜になるとアカウシはゆっくり草を食み、竹細工職人はその横で寝た。アカウシが反芻する音を聞くと安心して眠れるのだった。ある人が竹細工職人に冗談を言った。

「竹細工屋、アカウシを養子にするんだな」

竹細工職人は笑って罵った。

「あっちへ行け。お前なんか、こいつの毛一本にも及ばん」

竹細工職人の女房は早死にして息子が一人だけおり、壬小《レンシアオ》といって十歳だった。ちょうど成長期でたくさん食べる頃だった。一九五九年はみんなが飢えていた。壬小《レンシアオ》は手がかかる子どもで、腹が減ると竹細工職人にまとわりついて離れなかった。

「父さん、腹減った」

竹細工職人は仕方がなく、自分の食べるのを我慢して壬小《レンシアオ》にやったが、それでも腹が減ったとわめく。ある時、壬小《レンシアオ》がまたやってきたが竹細工職人は忙しかったので、息子に草を細かくして糠《ぬか》と混ぜてアカウシにやらせた。壬小《レンシアオ》が混ぜ終えて飼葉桶をアカウシの前に置くと、アカウシは何口か食べ、頭をもたげてモーモーと鳴いた。竹細工職人はアカウシが鳴くのを聞いて駆けてきて言った。

「しまった。お焼きを入れ忘れた。こいつ、口がおごっているな」

竹細工職人は大豆のお焼きを一枚持ってくると細かく砕いた。大豆のお焼きは大豆の油かすを大きな固い丸餅にしたもので、豚や牛の最高の飼料になった。竹細工職人はそれを棒で叩いて細かく砕き、アカウシの餌の桶に入れると壬小《レンシアオ》に混ぜさせた。腹が減りすぎたせいだろう、壬小《レンシアオ》は桶からひとかけお焼きをつまむと口に放り込んだ。アカウシの大豆お焼きを盗み食いするのに味を占めた壬小《レンシアオ》は二度と腹が減ったと泣きわめくこともなくなり、背はさほど伸びなかったが身体は明らかにがっちりしてきた。竹細工職人は申し訳なさから、毎朝毎晩、新鮮な葉っぱを取ってきてまめにアカウシに食べさせた。アカウシが一日の仕事を終えると、竹細工職人は刷毛《はけ》でアカウシの全身を上から下までこすり洗いして、毛に泥がこびりつかないようにした。アカウシは毎日とても清潔だった。

一九八〇年、中村は家庭聯産請負制（集団的土地所有の下での生産責任制で、一定数量の農作物を国家に上納する以外は農民が自由にしてよいというもの）を始めた。田畑を家の頭数で分け、生産隊（人民公社の下にあるのが生産大隊、その下が生産隊で二十戸から三十戸から成り、土地を集団所有する基本の単位）の農具、建物も分ける。この年、アカウシは二十四歳になり充分な年寄りだった。生産隊長はアカウシをしめて各家に肉を分けようと考えたが、竹細工職人はどうしても承知しなかった。六十過ぎの老人が毎日隊長の所に来ては涙を流した。隊長は自分の役職もなくなることだし、面倒は嫌だったので、「だったら自分でみんなに言え、みんなが殺さないと承知したら殺さない」と言った。竹細工職人は一軒一軒懇願して回った。

「俺と二十年以上も暮らしてきたんだ。殺せないよ。ひと口肉を食うのを我慢してくれないか。俺の顔は立てなくても、命を一つ救えば徳を積むというものだろう？」

ある者が言った。

「お前が買うと言うなら殺さなくてもいい。大きな牛だ。だが、ただってわけにはいかねえな」

竹細工職人に金などあろうはずがない。思いあぐねて隊長に相談した。

「アカウシが俺のものになるなら、生産隊で分配するものは何も要らない。アカウシの代金は毎年穀物を売った金で返す。一年で返しきれなければ二年かけて返す。二年でも返せなければ三年で返す」

ところが、この話を聞いた息子の壬小《レンシアオ》が帰ってきて竹細工職人を怒鳴りつけた。

「おいぼれ牛などもらってどうする。働くこともできない。そのうち死ぬんだ。毎年金で返すだと？」

壬小《レンシアオ》はどうしても承知しなかった。竹細工職人は息子を叱りつけた。

「この畜生めが。アカウシがいなかったら、お前はとっくに飢え死にしてたんだぞ」

壬小《レンシアオ》は侮辱されたとばかりに怒りを爆発させた。

「そんなにアカウシが大事なら、いっそのことアカウシと暮らせよ」

竹細工職人は理解した。息子は分家を要求しているのだった。壬小《レンシアオ》は小さい時に母親を亡くしたので竹細工職人は息子を溺愛して育てたのに、自分が年取ると息子は自分を要らないと言うのだった。

聞きつけた村人が次々やってきて、二人を仲裁した。壬小《レンシアオ》はうつむいたまま何も言わない。壬《レン》小《シアオ》の女房が手や足をばたつかせて言った。

「ボケたのよ。うちにあるいいものは何でも牛に食べさせる。自分の孫より可愛がっているのよ。聞いてみてよ。孫に何かお菓子でもやったことがあるか」

竹細工職人はつぶやいて言った。

「金は全部お前たちにやっているのに、なんでそんなことを言うんだ?」

竹細工職人と壬小《レンシアオ》は分家した。竹細工職人は相変わらず豚小屋に住み、豚小屋は二間を残して取り壊された。一間にアカウシが住み、一間に竹細工職人が住むので二間で充分だった。一人暮らしはかえって気楽だった。

土地が各家に分配され、細かい仕事は自分たちでできるが畑を耕すのには労働力がいる。みんなが竹細工職人に頼みに来た。竹細工職人は犂《すき》を担ぎ、アカウシを引くと文句も言わずに各家の畑を耕した。夜になると各家が竹細工職人を夕飯に呼んで言った。

「竹細工職人よ、牛はお前のものだ。うちの分は返さなくていい。返す分から引いてくれ」

中村の人々はみんな仁義に厚い。一軒がそう言えば、みんなそれに倣った。細かく計算する者などいなかった。第一、竹細工職人は孤独な老人だ。金を寄こせだなんて口にできるはずがなかった。

壬小《レンシアオ》の家も畑を耕すのに壬小《レンシアオ》の子を竹細工職人に頼みに行かせた。

「祖父ちゃん、うちの畑を耕してよ」

竹細工職人は言った。「帰れ」

だが、翌朝早く竹細工職人は壬小《レンシアオ》の家の畑を耕した。壬小《レンシアオ》はまた息子を竹細工職人を呼びに行かせた。

「祖父ちゃん、夜、うちに食べにおいでよ」

「夜は別の家に呼ばれている」

竹細工職人は行かなかった。

竹細工職人は今は暇な時間がたくさんあるので、長年放っておいた腕を復活させた。豚小屋の前を通りかかると、竹細工職人が竹の椅子に座り、竹を削ったり編んだりするのが見られた。アカウシは近くに寝そべって口を動かしながら見ている。竹細工職人の住まいの壁にはさまざまな竹の器や篩や籠、竹扁、ワンタンをすくうざる、痒《かゆ》いところをかく孫の手などが掛けてあり、市が立つ日はそれらを背負って売りに行った。竹細工職人の竹製品は売れ行きがよく、市が閉じる前に売り切れてしまう。竹細工職人は孫にお焼きを買った。餡入りのお焼きだ。ゴマ砂糖、大豆餡、大根のみじん切りなどが入っていて、大根のみじん切り入りが一番美味しく、ひき肉と小エビも入っていた。市が立つ日の午後は孫が豚小屋に遊びに来る。竹細工職人が籠から油紙の包みを取り出して開けるとお焼きが一つ入っている。竹細工職人は小さなかけらを千切ってから孫にやる。かけらは自分が食べるのではなく、隣のアカウシにやるのだ。孫とアカウシが旨そうに食べるのを見て、竹細工職人は笑う。笑うと顔中皺《しわ》だらけになり、乱ぐい歯が見えた。

この二年ほどは大晦日になると、竹細工職人が各家を回って金を払って歩く。各家は数十元というろいろである。これは竹細工製品を売った金で、竹細工職人はアカウシがいくらでどの家にいくら払えばいいか計算済みであった。息子の壬小《レンシアオ》にすら支払った。分家したのだから家計は別である。各家は辞退する。

「要らないと言っただろ？　こんなことされたら困るよ」

口ではそう言いつつも結局は受け取る金は少なくなかった。面白くないのは壬小《レンシアオ》とその女房だった。父親がそんなに金を貯めていたとは思いもよらなかったからだ。壬小《レンシアオ》の女房は言った。

「そんなに貯めたのなら孫にやればいいのに、他人にやるなんて。いい人だと言ってもらいたいわけ？　年取って、ますますボケたんだわ」

それから考えると言った。

「壬小《レンシアオ》、あんたの父親は金を稼ぐだけあんたよりましよ。家を元に戻そう。戻ってきてもらおう」

竹細工職人は私の祖父を訪ねてきた。二人は仲のいい友人だった。

「親方、壬小《レンシアオ》がまた来て一緒に暮らそうと言うんだ。どうしたものかな？」

「他人がどうこう言えることじゃないさ。別れるのを諫《いさ》める者はいても一緒になるのを諫める者はいない。他人にはそれ以上は言えないよ」

「なんだよ、冷たいなあ」

「一緒に暮らせ。年取ったら何があるか分からん。独りで倒れたら水も飲めない。息子を育てたのは何のためだ？　看取ってもらうためだろ。一緒に暮らせ」

竹細工職人は喜んだ。

竹細工職人はアカウシを引いて息子の家に戻った。ちょうどある家が嫁をもらい、畑を分ける必要があった。生産隊は豚小屋の建物を壊し、土地を耕してその嫁にやった。月日は静かに過ぎて行った。七、八年経っても何も起こらなかった。ただ人は年を取り、アカウシはもっと年老いた。アカウシはもう何もできなかった。竹細工職人は竹器を作って暇つぶしをした。市には毎回出かけて行った。一日草を食み、寝そべり、何もしなかった。ある時、市からの帰り道で後ろからバイクが走ってきて、ハンドルが竹細工職人に触れ、竹細工職人はひっくり返った。バイクは停まりもせずに走り去った。竹細工職人は地面に倒れたまま動かなかった。壬小《レンシアオ》が呼ばれてきて、あたふたと病院に担ぎ込んだ。レントゲンを撮ると肋骨が二本折れていた。

壬小《レンシアオ》と女房は初めのうちは食事を届けたり、洗い物をしたりしていた。竹細工職人はさすがに年なので、このぐらいの怪我でもすっかり弱ってしまった。数か月経っても起き上がれず、どんどん痩せていった。寝たきりが続くうちに壬小《レンシアオ》は嫌になってきた。女房が言った。

「すぐには死にそうもないわね。自分の父親なんだから、あんたが面倒見なさいよ。女の私が身体を洗ってやるわけにはいかないでしょ」

壬小《レンシアオ》は数日に一度父親を風呂に入れ、あちこちに愚痴を言って回った。ある独り者が普段から無駄口を叩く男で、一緒にマージャンを囲んでいた壬小《レンシアオ》の愚痴が煩わしくなり、思いつくまま言った。

「身体が汚れるぐらいなんだ？　飯を食わさなければ糞も垂れないから、きれいなもんだぜ」

　数日後、竹細工職人の家の前を通りかかった者が竹細工職人が腹が減ったと叫んでいるのを聞いて、壬小《レンシアオ》に言うと壬小《レンシアオ》は言った。

「ボケたんだ。相手にしないでくれ。飯は食わせたばかりだ。ほら、食器もまだあるだろ」

　アカウシも外にいて竹細工職人の声を聞きつけてモーモー鳴いた。また誰かが壬小《レンシアオ》に聞いた。壬《レン》小《シアオ》は腹を立てて、その晩、戸口でわめいた。

「年寄りがボケたら俺が親不孝だと言う。苦労しているのにこんな風に言われるなんて。今度何か言ってくる奴がいたら、でたらめを言いふらしたと訴えるからな」

　さらに十数日経って、竹細工職人は死んだ。

　葬式が終わると、壬小《レンシアオ》はアカウシの買い手を見つけてきた。買い手はアカウシの歯を見て、腰のあたりをつまむとかぶりを振り、欲しがらなかった。

「年寄りすぎる。たいして肉もないし、肉も硬くて売れない」

　壬小《レンシアオ》は買い手と粘って交渉し、すぐにも手にした縄を牛の首にかけたくて仕方ない様子だった。その時、アカウシがいきなり頭で壬小《レンシアオ》を突き上げると地面に叩きつけ、また突進してきて角で刺そうとした。買い手がさっと牛に縄をかけて横に引っ張り、しっかりと結わいつけた。

　壬小《レンシアオ》は病院に運ばれた。肺をやられていた。医者は、退院しても重労働はもうできないと言った。壬小《レンシアオ》が入院すると女房は泣いて家に帰り、刀を取り出してアカウシを殺そうとしたが、隣人たちに止められ説得されて家に入った。

この騒ぎの一部始終を祖父は見ていた。祖父は八十過ぎで、父がその数日、祖父の誕生祝いについての相談をしていた。その夜、祖父は父に言った。

「人ができないことを牛がやった。徳の高い牛だ。あんな牛は殺してはならん」

「壬小《レンシアオ》の家のことだから、口出しはできないよ。知っているだろ。あの家の夫婦が乱暴なのは」

「これだけは口出ししないわけにいかん。今年の忌日は祝わなくていい。その金で牛を買い取ってこい。うちで飼う」

忌日というのは死者を送る日だ。自分の誕生日を忌日と言い違えたのはわざとで、腹立ちまぎれに言ったのだった。父は祖父の気性をよく知っているので、言い争わなかったし、できなかった。ここで言い争えば年寄りが何をするか分からないからだ。父は一人では買えないので、村の人望ある数人と相談をした。翌朝早く、壬小《レンシアオ》の女房は人を呼んで牛を縛り上げようとしたが誰も来なかった。仕方なく自分ででたらめに縛ったが、アカウシはすっくと立っていた。さすがの女房も牛は殺せない。豚の屠殺《とさつ》職人を雇って殺してもらおうとしたが来てくれなかった。昼になって見知らぬ者が何人か来て値段をつけた。高くはなかったが相応の値段だった。女房は金を受け取るとアカウシを引いて行かせた。アカウシが歩き出すと女房があとを追いかけて、竹竿でアカウシの尻を引っ叩いて前に突き倒した。アカウシの買い取り手は振り向くと地面に唾を吐いて罵った。

「このクソ女が！」

二日後、父は自転車に祖父を乗せて、遠く西にある村に連れて行った。アカウシを見舞いに行ったのだ。アカウシの飼い主は五十過ぎのおとなしい夫婦だった。息子が出稼ぎに行っていて家の条件もなかなかだった。以前、牛を飼っていたこともあり、牛が好きで飼いなれていた。申村は、アカウシを彼に売るよう頼んだのだった。

あの夜、申村の数十軒が金を出し合った。

豆腐屋

豆腐屋は串《シェン》村で最も面子を重んじ
礼儀を大切にする人だった。
私は最初の食卓の礼儀を彼に教わった。

豆腐屋は中村で最も面子を重んじ、礼儀を大切にする人だった。私は最初の食卓の礼儀を彼に教わった。

その時、私は六歳で、村では高齢で誕生日を迎える人がいると各家一人が食事に呼ばれる決まりだった。最初の日は三食、翌日さらに朝食と昼食を食べる。全部で五食。そのうちの一食に私が一人で行かされたのだ。うちの大人たちに用事があり、どうしても行けなかったのだろう。私と一緒のテーブルに座ったのが豆腐屋だった。

大人の食事は面倒で、やたらと乾杯し合って長い時間をかける。私は食べるのが早く、食べ終えると箸を放り出して外に出て行こうとした。遊びたかったのだ。豆腐屋が呼び止めた。

「大魚《ターユイ》、戻ってこい。走るな」

「なに？」

豆腐屋の厳しい顔を見て私は何が起こったのか分からず、すごすごと戻って席に着いた。

「食べ終わったら箸を投げ出してはならん。二本の箸を揃えて両手で捧げ持ち、人々に向かって、わしから始めて順にぐるりとひと回りする。一人一人に、ごゆっくりと言い、箸を碗の上に横に置き、縦に置いてはならん。それが自分は食べ終わったという意味で、他の人が食べ終えるのを待つ。大人が出て行かないうちは、お前は出て行ってはならん。大人が立ち上がって出て行こうとしたら、お前はもう一度箸を取ってテーブルの上に置く。これが決まりだ。決まりが分からん者はテーブルに着いてはならん」

豆腐屋がそう言うと、テーブルの大人たちは全員うなずいて言った。

「子どもには小さいうちから決まりを守らせなくてはならん。それが礼儀だ。礼儀を知って初めて大人になれる」

大人たちがかしこまって言うのを見て、私はびっくりしてすぐに箸を拾い、お碗の上に横に置くときちんと座り直し、大人たちが話す訳の分からない話を宴会が終わるまでじっと聞いていた。

豆腐屋は厳格な人で、冗談を言ったり笑ったりすることがまったくなかった。よその村の豆腐屋を見たことがあるが、遠くから声を上げながらやってくる。

「豆腐は要らんかねー」

でも豆腐屋は決して声を上げなかった。ゆったりと自分の二十八インチの永久自転車（中国の自転車の老舗ブランド）をこぎ、後ろの座席の両側に大きな木桶をぶら下げて、少しこぐと呼び鈴を二回鳴らした。鳴らす時もゆったりと鳴らした。それでも人々はこの鈴の音を聞くと豆腐屋が来たと分かるのだった。

私はよく豆腐屋の家に行った。豆腐屋の息子の桶頭《トントウ》と仲が良かったからだ。でも豆腐屋に怒られるのが怖いので家には入らず、遠くから石を投げる。桶頭《トントウ》はその音を聞くと出てくるのだった。

小学校二年に上がった頃、私と桶頭《トントウ》は白蛇を叩き殺した。蛇の肉は旨いと聞いていたのに食べたことがなかったからだ。二人で蛇をぶら下げて野原に行き、拾ってきた木の枝で火をおこした。木の枝が乾いていなくて煙ばかり出たため、豚小屋の飼育員の竹細工職人が気づいて出てきた。竹細工職人は見るとびっくりして、蛇を取り上げて放り投げると、私たちがやっとおこした火を足でもみ消して大声で吼えた。私と桶頭《トントウ》は走って逃げた。ところが、私の父と桶頭《トントウ》の父、つまり堅物の豆腐屋はわざわざ私たちが残した小火《ぼや》の痕跡を見に来た。

豆腐屋が言った。

「うちの桶頭《トントウ》は救いようがないいたずら者だから、あいつが言い出したに違いない」

父も言った。

「大魚《ターユイ》をかばうことはない。あいつのことはよく知っている。悪いことにはいつも関わっている。しばらく殴らないと屋根瓦まではがしかねん」

二人は争って自分の子を責め、自分たちがえこひいきをする人間でないことを表明した。そうしてこそ面子が保てるからだ。面子さえあれば人前で顔を上げられる。結局、私たちはそれぞれ一発思いきり殴られた。

蛇を食ったことで大人たちは私たちをこう呼ぶようになった。

「怖いもの知らずのロクデナシ」

肝っ玉が大きいだけの馬鹿野郎という意味だ。豆腐屋は桶頭《トントウ》に言い含めた。二度と大魚《ターユイ》の馬鹿もんと遊んではならん。確かに蛇を食う件は私が首謀者で、桶頭《トントウ》は手伝いに過ぎなかった。こうしたことが重なって、私は豆腐屋というクソ真面目な男があまり好きではなかった。好きでなくても仕方がない。年越しには豆腐屋に頼みに行かなくてはならない。うちだけでなく、村のどの家も豆腐屋に頼んだ。

大晦日の食卓には料理が三つ並ぶ。私が小さい頃からそうだ。青菜と豆腐、骨付き肉、魚である。魚は食べられない。飾るだけで「年々余りある」（「余」の中国語音が「魚」と同じであることから、余りがあるようにと魚を飾る風習がある）という意味を表し、手をつけずに食事が終わったら片づける。正月二日に親戚が挨拶に来たら出して食べる。骨付き肉は一人一塊。食べ終わってもそれ以上欲しがってはならない。そもそも子どもには大きな塊を選んでやっているのだ。欲しくてじっと見つめていれば、母や父、祖父までが自分の塊を寄こすだろうから、それは良くない。

三つの料理のうち、豆腐料理だけはいくら食べてもよかった。食べても食べてもまだあった。豆腐は自家製で大きな桶いっぱいに作る。まず前日に桶に大豆を入れて水に浸けておく。そして桶頭《トントウ》が「大魚《ターユイ》、お前の家の番だぞ」と叫んだら、母と私で桶の大豆を桶頭《トントウ》の家に運ぶ。豆腐屋の家の二間の部屋には豆腐作りに必要な道具が揃っている。

まず大豆碾き。ひとすくいひとすくい、大豆を碾き臼の目から入れていく。私と母が木の竿で碾き臼を押す。

「ゆっくり、ゆっくり。そんなに急ぐな。何を急ぐ必要がある？」

豆腐屋は碾き臼のてっぺんの革袋の口を緩めて水を下に滴らしながら私に怒鳴る。

大豆を碾き終えると私はもう疲れて動けなくなり、あとは豆腐屋の仕事だ。二本の棒を十字形に置き、鉄の輪でつないで天井の梁《はり》に吊るす。四角い厚いガーゼの四隅を二本の棒の四端に縛り袋状にする。碾いた大豆の汁をこの袋の中に入れる。豆腐屋が二本の棒を操って搾ると、豆乳が最初は速く、だんだんゆっくりと下に置いてある陶器の甕《かめ》の中に流れていく。最後に袋の中におからが残る。丸々とした一塊だ。おからも捨ててはいけない。塩を入れて煮ればお粥を食べる時の副菜になる。

甕の中の豆乳を大鍋にすくって入れる。普通、一家に大鍋いっぱい。大きな大きな鍋だ。豆乳を煮る薪も家から持ってくる。火を扱うのは豆腐屋の女房で、煮終えたらまた大きな甕の中に入れ、豆腐屋がにがりを入れる。

にがりを入れる作業が最も大事である。甕いっぱいの豆腐の良し悪しはすべてこれにかかっている。豆腐屋は左手ににがりが入った瓢箪を持ち、右手に柄の長い木の柄杓を持って少しずつ豆乳をかき混ぜながら、にがりを滴らす。時に速く、時にゆっくりかき混ぜると、だんだんと甕の中の豆乳が固まってきて豆花《トウファ》（豆乳を凝固剤で固めたもの。スイーツとしても）になる。そして黄色い透き通った水が出てくる。

「できたぞ！」

豆腐屋が叫ぶ。

豆乳の甕の横に四角い台があり、台の周囲には縁がある。最も内側の縁の上は溝が空いていて斜めに下るようになっていて木の桶に面している。

母と豆腐屋の女房は大きなガーゼの布を引っ張り、この台の上にぴったりと伸ばし、両手でそれぞれ角をしっかりつかんで放さない。豆腐屋がひとすくいひとすくい、豆花をこのガーゼの布の上にすくい入れ、全部すくい入れ終えるとガーゼ布の四隅を持って結んで風呂敷包みにする。そして、その上に厚い重い木の蓋をする。蓋の上に石を置く。石を置いたら放っておく。この時、水が溝から木の桶に入っていく音が聞こえてくる。水は黄色い。水が滴らなくなったら終わりだ。

石をどけ、木の蓋を開けると包みをほどく。包みの中に巨大な豆腐ができている。豆腐屋が刀を抜く。特製の刀だ。横に一太刀、縦に一太刀と、豆腐屋が碁盤の目を描くようにすると豆腐が一丁一丁できあがる。豆腐屋は豆腐を水の入った木桶の中に入れる。この木桶の中の豆腐は元宵節《げんしょうせつ》（旧暦の一月十五日、新年最初の満月の晩に、さまざまな形に作った灯籠を飾って楽しむ）までずっと食べられる。私は待ちきれなくて、その夜、家に帰ると一丁取り出し、碗に入れ醤油をかけて、箸で口に入れる。食べ終わると、また口に入れる。

年越し前の数日、豆腐屋は申村の各家の豆腐を作るので大忙しになる。豆腐作りは完全なボランティアだった。申村の人たちはその後の一年間、いつでも豆腐屋が暇な時に家に呼んで食事を出す。それは豆腐屋のための食事で、豆腐屋が主席に座る。その他の人、村長あるいは名望ある年寄り、あるいはその他の特別な人が次席に座って相伴する。豆腐屋が最も鼻高々になる時で、普段は酒を飲まない彼もこの時だけは二杯飲む。二杯だけで、それ以上は飲まないので酔わない。

豆腐屋は酒は飲まないが、煙草は吸う。特製の煙管で太くて長い。煙管の先と口は銅でできていて、真ん中の煙筒だけが竹でできている。湘妃竹《しょうひちく》だ。筒は一メートルもあり、なぜこんなに長いのか分からないが、それを持つと堂々として見えるからかもしれない。豆腐屋が煙草に火をつけるのも興味深い。日に干した麻の茎を使うが、麻の茎は田舎のどこにもあり手を伸ばせば手に入るものだ。各家が麻を植え、繊維を縒《よ》って紡いで、麻布を織るからだ。夏の衣服は麻で作る。この麻の茎を伸ばして行燈か竈にかざして火をつけると、麻の茎についた炎を吹き消しても麻の茎はずっと燃えていて、半時ほどは消えない。煙草の葉は自分の畑に植えたものだ。質が良く、吸うといい香りがして、うっとりする。こだわる人は煙草の葉を白い紙で巻き、指にはさんで吸う。豆腐屋は灰色の蓮の包みに入れている。吸う時は中で小さな団子にするとちょうど煙管に詰めるくらいになる。長い煙管を口に咥《くわ》えて手を伸ばし麻の茎で火をつけて吸うと、煙が鼻から出てきて煙管の口に移る。上を向いて虚空を見つめ、長い長い息を吐く。煙が頭上に立ち昇ると、豆腐屋は満足そうな笑みを顔に浮かべる。たいてい二口吸うと煙草の葉は灰になり、豆腐屋が煙管の口をぷっと吹くと、煙草の灰が立ち昇り放物線を描いて地面に落ちる。豆腐屋がもう吸わずに片足を組んで煙管の先を靴底で叩いたら吸い終わったということで、やるべきことをやり始める。灰を叩き落とした煙管は腰に差す。

桶頭《トントウ》は豆腐屋の煙管を盗み出したことがある。豆腐屋が豆腐作りに忙しくしている時、私と桶頭《トントウ》で鍛冶屋の裏に隠れて吸って遊んだのだ。この時、私と桶頭《トントウ》は中学に入っていて、ますます仲が良くやんちゃになっていた。煙草の葉は何とかなる。鍛冶屋の所にもあり、屋根の上の竹籠に入れて干してある。私たちができないのは麻の茎で火をつけることで、私がうちの竈から盗んできたマッチを使った。煙草の葉を詰め、桶頭《トントウ》が吸う時は私が火をつけた。私が吸う時は桶頭《トントウ》がつけた。二人はむせて咳き込み、涙が出て止まらなくなり、それから嬉しくて大笑いした。煙草の葉は完全には灰にならず、叩き出すと隣にあった草山に落ちて燃え出し、私と桶頭《トントウ》は走って逃げ出した。その一切を近くにいた口の利けない聾唖者に見られていた。聾唖者は家から金盥《かなだらい》を下げきて必死で火を叩き消し始めた。村人たちも驚いて箒《ほうき》や水桶を手に駆けつけてきた。火は燃え広がることはなく、鍛冶屋の家のそう大きくない草山を燃やしただけですんだ。

桶頭《トントウ》は豆腐屋に縄で吊るし上げられ、死ぬほど打たれた。これはあとで聞いた話だ。というのも、私もその頃、父親に両手を縛られ屋根の梁に吊り下げられていたからだ。父が麻縄で二回ひっぱたいたところで、祖父が鍛冶屋と竹細工職人を呼んできて止めさせた。子どもを殴る時は家族は仲裁してはならず、よその人を呼ぶ。鍛冶屋も竹細工職人も父より年長なので、一人が父を押さえ一人が縄をほどいて私を放した。

「人を殺したり、強盗したわけでなし。息子を殴り殺したいのか？」と鍛冶屋が父を諫めた。殴るのはやめたが、父は一日飯を食わせてくれなかった。ただこの日以来、桶頭《トントウ》は二度と私と遊ばなかった。やがて二人とも中学を卒業した。私はよその土地の高校に行き、桶頭《トントウ》は豆腐屋に無《む》錫《しゃく》にある工場に送られて、ハンダごて工員になった。

私が大学受験で忙しい年に桶頭《トントウ》は死んだ。私と同い年で、死んだ時は十八歳だった。ボイラーが爆発したと聞いた。豆腐屋が駆けつけると工場が説明した。ボイラーは桶頭《トントウ》の仕事ではないのに自分で触って遊んでいて爆発させたのだと。賠償金もなく、無駄死にだった。

豆腐屋が無錫から中村に戻ってきたのは真夜中だった。村の入口の道端に明かりが点っていて、それは少し前に誰かが投げ捨てた煙草だと思った。豆腐屋は歩き疲れて、腰から長煙管を取ると煙草の葉を詰め、かがんで煙管をその捨て煙草に近づけて火をつけようとした。何度吸っても火がつかない。豆腐屋は腹を立てて、煙管で火を思いきり叩いて言った。

「ぶっ殺してやる」

煙草の吸殻を蹴るとそれははるか遠くまで飛んでいって見えなくなった。鬼火だったのだ。

無錫から戻った翌日、豆腐屋は病に倒れた。何の病か知らないが豆腐屋は医者にかかろうとしなかった。二か月経って死んだ。桶頭《トントウ》の遺骨が無錫から送られてきた。父親と息子は豆腐屋の家の裏の北西の角に合葬された。

灯籠《ランタン》職人

走馬灯が回転すると、無数の兵馬が
項羽を追いかけているように見える。
それは外祖父の傑作品だった。

私の外祖父の家は村はずれの小山の上にぽつんと建っていた。入口は東向きで南北の大きな通りに面していた。これはとても変わっていた。田舎の家はほとんどが南向きだ。理由はよく分からない。外祖母は早くに亡くなり、三人の息子はそれぞれ独立して外祖父と一緒に住んでいなかった。私は正月に外祖父の家で数日間を過ごした。それは外祖父が最も忙しく、つまり私が最も面白いと思える日々だった。外祖父は元宵節の灯籠《ランタン》を作っているのである。

正月の二日、私と弟は茶菓子の包みを二つ持って外祖父の家に正月の挨拶に行く。一つは北京《ペキン》の菓子、もう一つは桃酥《タオスー》（桃の形のクッキー）だ。うちから外祖父の家までは二十里あるが、私と弟は遊びながら行くので少しも遠いと感じなかった。北京の菓子の匂いが漂ってくると私が言う。

「俺たちで一つずつ食おうか、誰にも分かりゃしないさ」

弟はもちろん賛成する。一つ、二つ、三つ、いつの間にか袋の半分を食べてしまう。袋に半分の年始を持っていくのはみっともない。外祖父は一袋をお返しにくれるしきたりだった。だったらいっそのこと一袋全部食べてしまい、外祖父にお返しは要らないと言えばいい。そこで全部食べてしまった。

外祖父は歯が全然ない。唇が萎んで笑うとみっともなかったが優しそうではあった。私たちが桃酥を持って年始に行くと唇を平たくして笑い、すぐウサギの形をした灯籠をそれぞれに一つずつくれて遊びに行かせた。

外祖父の家は三間の茅葺きの小屋だった。左の一間は寝室で、真ん中が居間、右が仕事場だった。

小屋の外にもう一つ小さな部屋をつけ足して台所にしていた。周囲はすべて木で、桑の木、柿の木、銀杏、桃、ナツメの木があった。夏になると家全体が緑陰に覆われる。周囲は野原なのでニワトリや羊を放し飼いにしていた。誰も面倒を見ないし、誰もかまわない。家畜を見張るのは小さな赤犬だけだった。赤犬も自分が遊ぶのに夢中で真剣に任務を果たすわけではなかった。

外祖父の仕事場はさまざまな紙と竹ひごと灯籠だらけだった。外祖父は私と弟を可愛がり、どの灯籠でも勝手に遊ばせ、壊しても平気だった。ただ一つだけ例外があった。それは八角形の走馬灯だった。走馬灯の骨組みは梨の木で、さまざまな武器が彫ってあり、笠は透明なセロファン紙だった。中の灯りは馬に乗った何人かの小人で、そのうちの一人は顔に白黒の隈取《くまど》りをしていて、項羽《こうう》（秦末の楚の武将。のちに漢を建てた宿敵・劉邦との戦いを『史記』で司馬遷が描いた有名な覇王）だそうだ。灯りの底の台座には「十面埋伏《じゅうめんまいふく》」の四文字が彫ってあった。これだけはいつも梁の上に掛けてあり、誰も触ってはならなかった。三月十六日の東岳《とうがく》大帝（道教の神で五山の一つ、泰山の神）の縁日の時にだけ下ろされて、東岳廟の神像の前に掛けられた。ロウソクに火を点し灯りの中の人が回転すると、外から見ると無数の兵馬が項羽を追いかけているように見える。全郷でこの灯籠が最も目立つ、外祖父の傑作品だった。毎年東岳の縁日になると私は子どもたちみんなに言ったものだ。

「見ろよ、あの動く灯籠は俺のじいちゃんが作ったんだぞ」

二十歳過ぎから始めた外祖父の灯籠作りは四十年になるが、六十五歳の年にある日突然作らなくなった。「盲人引き」に改業したのだ。

「盲人引き」とはどんな仕事か？　仕事でも何でもない。盲目の男が突然どこからか出現したのである。右手に小さなドラを持ち、数歩歩くとドンと打ち鳴らす。左手には長い竹竿を握り、人が前に立って竹竿を引いて歩く。竹竿を引いて歩くのが外祖父だった。

盲人はドラを鳴らしながら村の家々を訪ねて回って占いをした。外祖父は知り合い全員に盲人を紹介して回った。おとなしい灯籠職人を知らない者はいないので、みんなできるだけ盲人の商売の面倒を見てやった。

小学校に上がった私は体面を気にするようになっていた。盲人のドラの音は学校の外でもよく鳴り響いていた。そこは四つの村が交差するところだった。

「お前のじいちゃんだろ？　盲人引きをしてる」

「盲人は人の金を騙し取るんだ」

「盲人引き、盲人引き」

みんなは私を見るとこう囃《はや》し立てた。そのために同級生と何度殴り合いの喧嘩をしたかしれない。私が怒って恥ずかしがれば恥ずかしがるほど、同級生たちのからかいの対象になった。何かで友達と衝突するとすぐに「盲人引き」と言われた。

ほとんど毎週、盲人を引いて歩く外祖父に遭遇した。外祖父は私を認めると遠くから私を呼んだ。

「大魚《ターユイ》！」

私は聞こえないふりをして飛んで隠れた。でも外祖父は私を見つけるとやはり叫んで呼ぶのだった。私は母に恨み言を言った。

「母さん、じいちゃんは灯籠職人だろ？　なんで盲人なんか引いて歩いているんだ。みっともないよ。盲人は人の金を騙し取るんだよ」

「でたらめを言うものじゃない。信じる人だけが呼ぶんだから騙すも何もないよ。第一、盲人に占い以外何ができると言うんだい？」

「盲人が占いをするのはいいけど、なんでじいちゃんが引いて歩くのさ。みっともなさすぎるよ」

母は手にした野菜を脱穀するくるり棒を止めて言った。

「豚の餌の草を採っておいで」

最後に外祖父の家に年始に行ったのは中三の時だった。外祖父はやはりあのボロ家の茅葺き小屋に住んでいた。私は大きくなっていたので自転車をこいで行った。外祖父が音を聞きつけて出迎えた。私は「じいちゃん」と言うと、ハンドルに下げてきた茶菓子を居間のテーブルの上に置いた。年越しなので外祖父の家の中も外もきれいに片づいていた。梁には大きな豚肉の塊が掛けてあり、危うく頭にぶつかるところだった。

私は座らず、座りたくもなかった。

「じいちゃん、用事があるから帰るよ」

「どうしてだ？　そんな年始の挨拶があるか。せめて昼飯ぐらい食っていけ。ほら、こんなに肉があるぞ。魚もある」

「要らないよ。本当に用があるんだ」

外祖父は私と押し問答したが、私が本当に帰る気なのを見ると、「ちょっと待て」と言い、ぶつくさ口の中でつぶやきながら家に入っていった。出てくると私に二元くれた。お年玉だった。お年玉は断れない。二元は外祖父と私にとっては大金だった。それまで外祖父が私にくれるお年玉はいつも五角だけだった。

私は自転車に乗り、飛ぶように帰った。外の通りに出てから振り向くと、外祖父はまだ家の戸口で私のほうを見ていた。

「また来いよ!」

外祖父は叫んだ。これが外祖父に会った最後だった。私はよその土地の高校に行き、ほとんど帰らなかったからだ。年始の挨拶にも行きたくなくて弟に行かせた。後に私は外祖父の恥ずべき過去を聞いた。

外祖父は脱走兵だった。

高校の同級生に外祖父と同じ村の者がいた。初めは仲が良かったが、やがてなぜか仲違いした。彼が人に言ったのだ。申賦漁《シェン・フーユイ》の外祖父は逃亡兵だと。

父は知っていた。私が聞かなければ永久に私には言わなかっただろう。私は戦争の話にとても興味があった。あの頃の子どもはみんなそうで、大きくなったら戦いに行きたいと思っていた。申《シェン》村一帯は新《しん》四《し》軍(揚子江の中下流域を作戦地域とした共産党の軍隊)の根拠地で、私はよく彼らの話を聞いていた。粟裕《ぞくゆう》(人民解放軍の大将で遊撃戦の理論家として知られる）はうちの村に滞在していたこともあるらしい。

「じいちゃんは新四軍だったの？」

子どもの頃、夏の庭で夕涼みをしながら父はガマの団扇を扇ぎながら表情たっぷりに庭に集まった子どもたちに「説書《シュオシュー》」（中国の民間芸能で語り物のことをいう）をしていた。本物の説書ではないが、みんな喜んで聞き入っていた。私がそう聞くと父はじろりと私を睨んだ。

「もう寝ろ」

その夜のお楽しみは興ざめして終わった。

高校の同級生が言うのを聞いて、私は何か事情があると思った。もう大きくなっているので聞いてもいい。学校から帰ると父に聞いた。

一九四〇年、村の幹部に動員されて外祖父は新四軍に参加した。十月に入り、黄橋《こうきょう》戦役（一九四〇年十月、陳毅が指揮し、粟裕が助けて四倍の兵力の国民党軍を破った戦い）が起きた。相手は韓徳勤《かんとくきん》（国民党の軍人で共産党軍征伐の指揮を執った）の部隊だった。台児《だいじ》荘《そう》会戦（日中戦争期の一九三八年三月から四月にかけて山東省で行われた戦いで、中国が抗日開戦以来の大勝利を収めた）でその部隊は蘇北で日本軍と何度も激戦を戦い、蔣介石（国民党主席、初代中華民国総統）に表彰されたという。強敵だった。幸い粟裕の指揮が良かったため、三日戦って勝利を収めた。だが、外祖父は肝を冷やしてしまった。十月七日の夜、黄橋戦役の勝利の翌日、外祖父は銃を投げ捨てて野営地から逃げ出した。

外祖父は野営地からさほど離れていない所で見張りの兵に見つかった。見張り兵はいきなり木の陰から出てきて銃を外祖父に突きつけた。二人の間は十数メートルと離れていなかった。外祖父は立ちすくんでいた。二人は同じ班の戦友だった。一分ほど対峙したのち、見張り兵は銃を下ろして外祖父を行かせた。

外祖父は一気に家に駆け戻った。人に見つかって縛られて部隊に送り返されるのが怖くて、家にはいられなかった。

外祖父は村から離れた小高い所に茅葺き小屋を建てた。小山の東側は村を出入りするための唯一の南北に伸びる通りだった。小屋からはその通りの突き当たりまでが見渡せ、誰が村を出入りしようと遠くから見ることができた。小山の後ろは広々とした畑だった。畑には溝が縦横にはりめぐらされ、潜れば隠れることができた。逃げることは外祖父が部隊で学んだ唯一の役に立つ技だった。誰も捕まえには来なかった。外祖父は小山の上に住み着いた。まず茅葺き小屋を拡張し、それから身を立てた。身を立てるとは、つまり灯籠を作ることだ。こんな外祖父だから、盲人引きどころかどんなことでもしでかせただろう。私は二度と会いたくなかった。外祖父も二度と盲人を引いてうちの村に来ることはなかった。私たちが恥ずかしく思っていることを知っていたのかもしれない。

高校を卒業し、私は無錫に働きに行った。その後は広州、珠海《じゅかい》、北京、南京に行った。放浪から帰った時には外祖父は亡くなっていた。

母が私にじいちゃんはもういないよと言った。病に倒れ、叔父たちが引き取りに行っても外祖父は一緒に行こうとはしなかった。母と父が申村に引き取ろうとしても承知しなかった。仕方なく、みんなで交替で面倒を見に行った。そして、例の盲人もそこにいて毎日外祖父に付き添っていた。

「じいちゃんが引いて歩いてた盲人？」

「そう、あの盲人よ。じいちゃんの戦友だったの」

「戦友？　じいちゃんは数か月で脱走したんだろ？」

「その数か月に知り合ったのよ。逃げ出せたのも、その人のおかげなの。その頃は盲人ではなくて見張りの兵士だった。じいちゃんを見逃してくれたのよ。あの人がいなければとっくに撃ち殺されてたわ」

「盲人も新四軍だったの？」

「そうよ。その後の戦いで目をやられて見えなくなったのよ」

外祖父は六十五歳でその盲人と再会した。外祖父が八十一歳で亡くなるまでの丸々十六年間、二人は一緒にいた。

外祖父の葬儀の後、母は盲人に私のことを占ってもらった。もう何年もよそを転々としていて、どこにいるのか、どうやって暮らしているのか、母は何も知らなかった。

盲人は指を曲げて開くと言った。

「心配ないよ、娘さん。もうすぐ連絡がある」

盲人がそう言った三日目に母は私からの手紙を受け取った。手紙は珠海からだった。私は手紙に書いていた。

「仕事を見つけた、元気にやっている」

私は仏山《ぶっさん》の黄岐《こうき》鎮の家具工場で運搬工をしたが将来がないと思い、珠海に行ったのだった。手紙を書いた時はちょうど珠海の国際貿易センターでコンピューター修理の仕事を見つけたところだった。

盲人が最後に占ったのは私のことだったのかもしれない。母は私の手紙を受け取ると盲人に感謝の印に五元やった。盲人は受け取ると、もう占いには行かないと言った。

「家で死ぬのを待つよ」

外祖父が死んだ年の冬、盲人も死んだ。

大工

夜中にノコギリが大きな音を立てる。
誰かが死んだのだ。亡霊が知らせに来て
祖父に棺桶を作ってもらいたいのだ。

うちの居間の壁に大きなノコギリが掛けてある。それはたまに夜中に大きな音を立てる。ノコギリが裂けるような音だ。家の者は驚いて目を覚まし、急いで起きる。家族はみんな、誰かが死んだのだ、これは亡霊が知らせに来て祖父に棺桶を作ってもらいたいのだと知っていた。

祖父は百里四方にその名を知られた腕の立つ大工だった。

祖父が死んでもう十数年になる。祖父の生誕百周年に、家のしきたりで家族みんなが遠くから故郷に祝いに帰った。

祖父の墓は清明節に草を刈ったばかりで、もう青草は生えてはいたが整っているのは見て取れた。墓地から帰ると私は屋根裏で祖父のあの伝説のノコギリを捜した。ノコギリは長さが二メートルあり、歯は錆びて所々に斑点ができ、柄は杵に使われる木で埃を拭うと黒光りがして、歳月に磨かれてつるつるになっていた。指で軽く刃を叩くとウォンというよく通る音がして、突然の訪問者に親しみのこもった挨拶をしたかのようだった。音はすぐには消えず、窓の外遠くまで飛んで行った。太陽の光に照らし出された埃がウォンウォンという音の中で舞っていた。

祖父がこの世を去ってからノコギリは十数年間ここで埃が積もるに任されていた。有名な大工のことを思い出す者ももういなかった。

実は祖父は一九五八年から大工ではなく、大工仕事もしていなかった。農作業もしなかった。その年、祖父は四十六歳だった。大工から足を洗うと決めた祖父は無為徒食の人になった。一九五八年に人民公社ができるとすべては公のものになった。田畑、家畜、家具、家の周囲の銀杏の木までが道路の脇に移植され、全人類の物になった。今、家の前にある銀杏の木も移されたことがある。

この銀杏の木は祖父がまだ見習い大工だった時、親方の家から移してきたものだった。若い時の日々を思ってか、祖父はその木をとても大切にしていた。毎年の年越しには幹に「福」の字を貼りつけ、いつか天まで届くような木になるよう祈った。今、その枝は村のどの家の屋根より高く、濃い緑の木陰は家族全員を覆い隠すほどだ。だが祖父はもういない。

一九五八年の秋、生産隊から二人の人が縄とシャベルを持ってやってきて、その銀杏の木を掘り返して遠くの道路の脇に移し植えようとした。祖父は彼らを止めて言った。

「お前たちが掘ったら木を死なせてしまう。俺が掘る。俺が掘ったら、お前たちが運ぶのについて行き、植えるのを手伝う」

その銀杏の木は近隣の家々の前にあった銀杏の木とともに埃だらけの知らない道路脇に移植された。一九六二年、ブームが過ぎ去ると、人々は次々と道路脇に駆けつけて自分の家の木を掘って帰った。移し植えた時に木の半分は死に、戻した時にまた半分が死んだ。祖父も行って自分の銀杏の木を掘って帰ってきた。この時、私の父は十八歳になっていたので、祖父と一緒に担いで来た。木は三年の間にひと回り痩せていた。その後、元通りになるのに三十年かかった。

人民公社化で祖父は人生の努力目標を失った。苦労して稼いだすべてがなくなった。自分と何の関係もなくなった。祖父は集団労働に二度と参加しようとせず、村の幹部が何度も人を寄こして縄で祖父を引っ張って仕事をさせようとしたが、最後はかつての祖父の大工の名声に免じて好きにさせるしかなかった。ただ穀物は配給せず、飢えるに任せた。家族は姿が映って見えるような薄い大麦粥を節約して祖父に分けた。祖父はひと碗しか食べず、食べ終えると隅っこの小さなスツールに腰を下ろし、木片に小刀で「酔八仙《すいはっせん》」（道教の有名な八人の仙人が酔っぱらった姿）を彫った。この「酔八仙」の図柄は村の西の土地神廟の東渓《トンシー》がくれたもので、東渓《トンシー》は祖父の親友でやはり有名な彫物師だった。

　私が子どもの頃、祖父の道具箱から、ロバに後ろ向きに乗り手招きして笑っている張果老《ちょうかろう》仙人を見つけて宝物にしていた。祖父にまた彫ってもらおうとすると、他の事なら二つ返事で応えてくれる祖父が相手にしなかった。その後祖父は二度と「酔八仙」を彫らなかった。

「祖父ちゃんにはどんな夢があったの」と父に聞いたことがある。

　父も知らなかった。

　母は言った。

「何もあるもんか。怠け者なだけよ。朝飯だってベッドに座って食べるんだから」

　父が言った。

「怠け者じゃない。お前たちは親父が仕事する時の様子を知らない。働き者で昼も夜もなく働いた。昼間は大工仕事をして、夜は畑仕事をした。力が有り余っていた。独りで俺たち家族全員を養っていた。祖母ちゃんは嫁に来て以来、病気がちで働けなかったから、家族は祖父ちゃんだけが頼りだったんだ」

　私は信じなかった。祖母は天下一の働き者だった。私の知っている祖母は毎日祖父のために料理をして運び、箸すら祖父の手に渡してやっていた。祖母が祖父を養っていたと言われたほうが信じられる。

祖母は私が十歳の時に亡くなった。一九八〇年のことだ。私は家の前の銀杏の木の下に立ち、人々が長い長い竹扁に祖母を乗せて担いで帰ってくるのを見た。父は後ろについて歩きながら泣いていた。祖母は居間に置いたベッドに寝かされ、私はそのそばに座って祖母を見守った。祖母は息をぜいぜいして話ができなかった。祖父は祖母の足元に座り、祖母の氷のように冷たい足を温めていた。ゆっくりと祖母の呼吸が停まった。それでも祖父は身じろぎもせず、ずっと祖母の足を抱えて懐に入れていた。

三十年が過ぎたが、祖母を思い出すといつも温かな幸せな気持ちになる。祖母はつねに笑っていて歯が全部抜けているのも気にしなかった。顔中皺だらけにして笑っていた。祖母は私に祖父が年取ってボケたと言わせたがった。私はテーブルの下に隠れて祖父を「ボケ」と罵った。祖父はそれを聞くと笑って少しも気にしなかった。祖母も喜んで、けたけたと笑った。私も弟も祖母の味方で、祖母に言われることは何でもした。祖母はよく太陽の下で髷《まげ》に差した銀の簪《かんざし》を抜くと、白髪混じりの髪を下ろし、歯が欠けた櫛でゆっくりと梳きながら私に祖父の話をした。私はすぐ聞き飽きて少し聞くと逃げ出し、草を引っこ抜くとうちの土壁の穴に突っ込み、穴に住む蜂を突っついた。

祖母は言った。

「いい子だから突っつかないでおくれ。それ以上突っついたら、家が倒れてしまうよ」

家は祖父が若い時に建てた。私たち一家は土壁の茅葺きの屋根の家に四十年間住み、私が十代になった時にようやく父が瓦屋根の平屋にした。だが祖父がこの家を建てるのは大変なことだった。その頃は家の基礎もなく、袁大頭《ユエンタートウ》（袁の大頭、袁世凱の頭像を彫った銀貨のこと）で買うしかなかったのだ。当時の祖父は腕が良く、周囲の人はみんな祖父に仕事を頼んだ。祖父は忙しかった。毎日徒弟とノコギリを担いで行ったり来たりしていた。ノコギリはずっと居間の壁に掛けられていた。私が十八歳で家を出て遠くに行く時もそこにあった。

ノコギリは極めて意味のある象徴である。それは祖父が一生で最も輝いていて、得意だった頃の象徴だ。毎日仕事で忙しく人々に腕前を褒められた。だが、腕の良い大工になるために、祖父は想像できないほど恐ろしい思いを味わったという。

祖父は十八歳で北の村で作正新《ヅオ・ジョンシン》という腕の立つ大工に見出されて徒弟になった。だが祖父の父親は許さなかった。祖父の父親は万里《ワンリー》といい、性格は一本気で言葉数が少なかった。祖父の父親は、「下働きになっても大工にだけはなるな」と言った。下働きというのは土地を持つ人の家の使用人になることだ。大工になるためにはまず三年奉公してやっと親方の家の下働きになり、どんな仕事も親方に代わってやらなければならない。大工の仕事はいろいろなことを覚えなければならず、賢くないと物にならない。物になっても道具をひと揃えするのもかなりの負担であった。

曽祖父の万里《ワンリー》の家は貧困というほどではなかったが、祖父が生まれた年に家が大火事に遭い、きれいさっぱり焼けてしまった。一九一一年の冬のことで、祖父はまだ生後数か月、服を着せる暇もなく万里《ワンリー》は布団に赤ん坊の祖父をくるんで家を飛び出た。それは放火事件だった。この大火事が我が家の運命を大きく変えた。放火した者の家は百年後の今も奇妙な説明のしようのない遺伝子を持っていて、三代続けて知恵遅れが生まれている。百年前、放火した者がまだ生きていた時、一人の道士が面と向かってそのことを予言した。

赤ん坊の祖父を抱いて火の海を飛び出した万里《ワンリー》という曽祖父について、私は何の記憶もない。曽祖父は一九四六年に亡くなっているからだ。印象があるのは、祖父が毎年清明節になると、私を連れて曽祖父の墓参りに行き、頭を三度地面にこすりつけて拝んでいたことだ。家の居間には長机の上にその人の名が書かれた位牌があった。位牌とは小さな木の板に刻まれた墓碑のことで、祖先の魂がそこに宿っている。清明、冬至、年越しは祖先の忌日なのでひざまずいて拝まなくてはならない。今、その長机には万里《ワンリー》の位牌の他に祖父と祖母の位牌がある。祖母のはやや複雑で、祖母の死後、祖父が作った。位牌の外側に絵を彫った木の覆いがある。この木の覆いは何十年も腕を遊ばせていた祖父の最後の作品で、丸々一か月かけて作ったものだ。私が毎日学校から帰ると、祖父が戸口に座って彫ったり刻んだりしていた。若い時に使いすぎたため、祖父の手にはもう震えが来ていて、腕を上げ下げするのも大変そうだった。

祖母が死んだばかりの頃、私は毎日ご飯を盛って位牌の前に供え、涙声で言っていた。

「祖母ちゃん、ご飯だよ」

飯茶碗の湯気が風に吹かれて立ち昇ると、本当に祖母が優しく微笑んでいるような気がした。祖母が死んだ年、私は十歳だった。祖母が死んでから誰も私をかばってくれる者がいなくなった。父は好きに息子を鞭で打つことができた。父へのその後の気兼ねゆえに私を溺愛した亡き祖母を懐かしく思ったのかもしれない。

祖父が死んだ時は、私はもう二十三歳になっていて、珠海で冤罪で拘置所に入れられていた。出てきた日に弟からの「祖父ちゃんが死んだ」という手紙を受け取った。ちょうど中秋節だった。私は独りで海辺に座り、暗い海の音をひと晩中聞いていた。

人が亡くなって四十二日以降は誰も位牌に茶碗と箸を供えず、あの世に戻って食べてもらう。時が流れるにつれて私たちからは遠ざかる。今は清明節にたまに田舎に帰ると祖父と祖母の墓に行き、雑草を抜いたり新しい土を盛ったり、野原で駆け回る娘を引っ張ってきて叩頭させたりする。子どもの頃の清明節の一番の思い出は、朝早く祖父がシャベルを担いで祖父の両親と祖父母の墓参りをしたことだ。私は祖父についていき、祖父の真似をして藁を揃え、新しくなった墓に叩頭した。

一九二九年、祖父は十八歳で正新《ジョンシン》親方の徒弟になった。

祖父の徒弟修業は大変だった。親方の正新《ジョンシン》は腕は立つが弟子を育てられなかった。気性が荒っぽく、誰もが怖がった。祖父が弟子になってたった一か月の頃、カンナで木を削っていて、カンナの刃がなまっていたために力を入れて前に押すと木がはね跳んだ。正新《ジョンシン》はすぐさま手に持っていた木を投げつけ、それは祖父の手に当たり、血が流れ出した。祖父は家に飛んで帰った。正新《ジョンシン》が娶ったばかりの妻は賢妻で美人でもあったが、その妻が何度も仲裁に来てくれて祖父は一緒に戻った。半年が過ぎた。半年の間に何度殴られ蹴られたかしれなかった。何が何だか分からないうちにいきなり正新《ジョンシン》が怒り出し手にした斧を投げてきたこともある。祖父は避けたが間に合わず、斧が頭に当たり、たちまち顔中血だらけになった。祖父は泣いて家に帰り、何を言っても戻ろうとしなかった。だが徒弟になる時に契約書を交わしていて、弟子は親方に罵られても打たれても文句を言わず、死んでも賠償を求めず、三年間は勤めると書いてあった。正新《ジョンシン》親方が人を介して二度と殴らないと約束して、ようやく祖父は仕方なくまた戻って仕えた。

ところが一年半仕えた時、正新《ジョンシン》は病気になりひと月寝込んだ後に死んでしまった。祖父は家に帰り、ほっとすると同時に意気消沈もした。技術はまだ身につかず、この一年半の辛抱も無駄になってしまったのだ。正新《ジョンシン》親方が亡くなって、親方の女房が親方の工具を祖父に送り届けてくれた。他の物はたいしたことはなかったが、ノコギリだけは確かに良い物で祖父もとても満足していた。八十いくつになり大工をやらなくなって三十年が過ぎても、毎年の年越しにはそのノコギリを取り出して布でよく拭き、私に赤い紙を切らせて自ら筆で「木を治めること神の如し」と書いてノコギリに貼っていた。そのノコギリは祖父の最愛の宝物だった。外に出て仕事をするようになると、どんな遠くの家からでも夜は必ず持って帰った。父が言った。ノコギリには不思議な力があるんだ。ノコギリが不思議な力を発揮したのは祖父が大工として最も脂の乗っている頃だった。

祖父が正新《ジョンシン》親方の家から戻って間もなく、北村の二親方《アル》が祖父を弟子に取った。二親方《アル》は気性は穏やかだったがろくに教えてくれず、ただ祖父を自分が助手に雇っている華《ホア》親方につけた。華《ホア》親方は一種の奇人だった。字もよく知り、品があり、大工に見えないが大工の腕は抜群だった。祖父は華《ホア》親方について確かに多くの技を学んだ。字もたくさん覚えた。『三字経』（三文字で一句の韻を踏んだ平易な文章で昔の初学者用の学習書）、『百家姓』（中国人の姓を並べたもので、『三字経』と同じく初学者の漢字学習に使われた）はみんな華《ホア》親方に教わった。華《ホア》親方について二年半、ある日突然華《ホア》親方は黙っていなくなった。祖父だけが知っていた。華《ホア》親方は共産党だった。後になって祖父は一度、華《ホア》親方のもとに行こうとしたことがあったという。

祖父は大工の技術を身につけると家に戻って独り立ちし、すぐに頭角を現した。そこで結婚して家を持った。

祖母は北新街《ほくしんがい》の人で元は金持ちのお嬢さんだったが、父親が賭け事が好きで財産を使い果たし、大工の祖父の嫁になるしかなかったのだ。祖母は若い時は美人だっただろうと思う。でも父は、祖母は若い時は病弱で黄ばんだ顔色をしていて、祖父が人気大工だった時は少し良かったぐらいだと言う。一九五八年になり、食べる物がなくなると、祖母は床の下に隠していた米をひと缶掘り出して重湯を作った。米を食べ尽くすと、また魔法でも使ったように木の葉を摘み、野菜を掘ってきた。「祖母ちゃんがいなければ、うちは餓死していた」と父は言う。祖母は家族のことを思い、自分はろくに食べなかったので病気になった。私が覚えているのは祖母が竈の前の低いスツールに座り、片手で胃を押さえて、もう片方の手で色褪せた藍の前掛けで顔の汗と涙を拭っている姿だ。祖母は朝起きるとすぐこの前掛けをつけ夜寝るまで、年越しの時ですらつけていた。家族全員の食事を作り、いつも何かしら食べ物を作り出した。父は祖母は胃癌で死んだのだと言った。

「病院に運び、医者がメスで切り開いて見た途端、もう助からないと言ったので、担いで帰った。おからのようにぐちゃぐちゃだった」

祖母は嫁いできた翌年、伯父の慶林《チンリン》を産んだ。祖父は大工で稼いだ金で土地を買ったが家を建てる金はなかったので、それまで住んでいた家を移築してきて住んだ。家を移築させるのは難しくない。まず丸太で家のあちこちのつなぎ目を支え、縛り、それから土壁をひっくり返すと、家の屋台組みと茅草の屋根だけになる。祖父の弟がドラを手にして一軒一軒鳴らして「家を持ち上げるぞ！」と声を掛ける。全村の男たちが仕事の手を休めて駆けつけてくる。数百人が掛け声とともに一斉に家を持ち上げ、平らにならした土地に移す。移し終えるともう一度周囲に土壁を築いて囲むのである。

土壁を築くのには数日かかる。だが、二、三人の屈強な男がいればいい。二枚の板ではさんだ間に泥を積み上げ、泥が固く丈夫になるまで柄の長い木槌で力いっぱい叩く。それから板を上にずらし、また泥を埋め入れて叩く。高さがちょうどよくなったら壁のできあがりだ。移してきた家は屋根も葺き替える。祖父は大工なので葺き替えはお手の物だ。梁は動かす必要がない。梁は大木なので買い替えられない。破損した垂木《たるき》を修理するだけだ。垂木にかけるのが葦のむしろで、むしろの上を草で覆う。こういう家はスズメのお気に入りだ。屋根の草の中に上手に巣を作る。誰もスズメをかまう者はいない。

祖父はさらに頑張って数年後には東側にまた土地を買い、家を二間から四間に広げた。土地を買い、家を建てる金は大変なものだ。祖父は来る日も来る日も夜昼なく働いて銀貨を稼ぎ、畑の数年分の収穫も注ぎ込んだ。新しい家が落成すると祖父は満足した。一生懸命働き続け、日が昇る前に出て行き、日が暮れてから帰る。名声もどんどん高まっていき、百里四方で最も腕の立つ大工となっていた。

ある日突然、祖父が毎日壁に掛けるノコギリに奇妙なことが起こった。深夜、みんなが寝静まった頃、壁のノコギリがいきなりタンタンと鳴った。誰かが指を鳴らしたみたいだった。家族は全員驚いて目を覚まし、何かが落ちたのかと思った。すぐにまた鳴った。起き出して見ても何ともない。夜が明けると戸を叩く者がいて、昨夜死人が出たので棺桶を作ってほしいと言った。

周囲の村々で祖父が作る棺桶が一番だった。祖父は伯父と父にあちこち助手を探しに行かせた。こういう時は一日で棺桶を作らなくてはならない。どんな大工も一声かけるとふさがっていた仕事がどんなに大事でもその手を休めて駆けつける。やる気もあった。一日分の工賃が手に入るからだ。しかも、たいして工賃がなくても行かなくてはならない。行かなければどんな厄災が身にふりかかるか分からないからだ。だから棺桶作りは大工たちの何よりも重要な仕事だった。

奇妙なことに、この時以来、夜中にあのノコギリが鳴ると、翌日の夜明けに必ず人が死んだ知らせがあり、棺桶作りを頼まれた。

父が言った。

「いつも真夜中だった。ノコギリが鳴るとみんな飛び起きた。祖母ちゃんが祖父ちゃんに飯を作って食べさせ、俺と兄貴が連れ立って近隣の村に祖父ちゃんの助手を探しに行く。ある時など夜中に大雨が降って、俺たち二人はびしょぬれになって大工の親方に頼みに行ったものだ。こんな風に慌ただしく大工を探しに行ったのには理由がある。貧しい家の棺桶は五、六人がかりで一日で作らないといけない。金持ちの家は凝ったものを作るので、七、八人で一日で作る。棺桶は必ず当日作り上げないとならない。だから人手が要る。遅くなると大工は仕事に行ってしまい頼めなくなるから、時間も無駄になる」

ノコギリの知らせについて、父と伯父が話したのは一度や二度ではない。あまりにも信じがたいこととして二人は何度も私に繰り返し話した。私はそれでも半信半疑だった。ただ家に掛けられたそのノコギリには畏敬の念を覚え、触れることはなかった。私だけではない。家族の者は誰も触らなかった。だから、祖父が死んで十数年が過ぎた今もノコギリは大切に保存され、祖父の他の道具のように壊れたりなくなったりすることはなかった。

ノコギリが鳴らなくなったのは人民公社化の後で、すでに大工に頼む者はなくなり、家具を作ってもらうこともなくなっていた。

一九五八年、人民公社が設立された。田畑で天文学的数字の穀物を収穫できるように、土地を深く耕すというのである人が「攪関《ジアオグアン》」という機械を発明した。攪関は木で作った巨大な碾き臼のようなものだった。丸い碾き臼の周囲に棍棒を差し込んで人が押して回し、回す時に長い太い縄をひと巻きひと巻き引っ張り、縄の反対の端は巨大な犂に結んである。この犂が深く土地を耕すためのものので、牛では引っ張れないので人が攪関を押して動かすしかない。人々が号令をかけて前後になってこの攪関を押すと犂が深く耕して黄土を掘り起こす。だが縄も棍棒も重さに耐えられず、しばしば千切れるので、木でできた攪関もやたらとばらばらになる。祖父は攪関の横に控えて随時修理をした。

祖父はこれを今まで見た中で最も馬鹿げたことだと思い、仮病を装い行かなくなった。やがて人々も食う物がなくなり、攪関を押す力もなくなった。

続いて「万頭豚場」建設が始まり、短期間で百間ある養豚場を建てることになった。一九五八年の年末前に、人民公社が検査に人を寄こした。祖父と伯父の慶林《チンリン》とあと二人の村人は日夜奮戦して村中の雑木を切り払った。ちょうどこの年に村の木の一部は道路の脇に移され、一部は集団農具を作るのに使われ、最後に残った木がこの時残らず切り倒された。村中から茶碗ほどの直径の木すらなくなった。祖父は木を切らされた時、内心どれだけつらかっただろう。

「ひどいもんだ。あと数年すればこれらの木は大いに役に立つのに」

それでも木が足りなかった。大隊の党書記が言った。

「百間の養豚場は絶対に期日までに完成させる。建てさえすれば勝利が待っている。完成しなければ反革命だ」

伯父は反革命になるのを恐れて、村中のひまわりを探し回って養豚場の柱と垂木にした。上からこわごわ薄い茅草をかけ遠くから見ると建物に見えた。すぐに百間の養豚場はできあがった。党書記は満足して、一人一人に米を一斤奨励に与えた。祖父は米を担いで帰ってくると長いため息をついて言った。

「木が一本もなくなった」

万頭豚場の百間養豚場は検査団が帰って数日も経たずに半分が倒壊した。

祖父は伯父に言った。

「お前が建てたざまがこれだ」

一九五八年以降、田畑と一切の財産は集団化され、村にはもう大工は必要なくなった。たとえ必要でもろくなものは作られなくなった。祖父のような大工にとって最大の屈辱だった。祖父は家に閉じこもり、どんな集団労働にも二度と参加しなくなった。自分で適当な木材を探してきて椅子を作り、毎日起きるとその椅子を家の前の銀杏の木の下に運び出し一日中座っていた。何を考えているのか、日が暮れるまでそうしていた。

一九九三年の旧暦六月二十日、私の祖父、三十五年間その腕を断った大工は亡くなった。一番年かさの孫の私は祖父のそばにいなかった。珠海の拘置所に監禁されていたのだ。家に帰った時には、祖父は自分で作った位牌の祖母の名の隣の黒々とした一行の墨痕になっていた。

床屋

申《シェン》村の人たちは床屋を
少し過度に尊重していたふしがある。
私は高校に入ってからその訳を知った。

「床屋のおじいさんが来たよ」

遠くに床屋の姿が見えると、私は家に駆け戻り大声で叫ぶ。続いてスツールを持ち出して家の前の銀杏の木の下に置く。床屋はいつも子どもから刈り始めるからだ。床屋が脇の下に細長い木箱をはさみ軽快な足取りで歩いてきて声を掛ける。

「親方！」

床屋は祖父に声を掛けながら、脇の下の箱を私の前の椅子に置く。祖父は私の声を聞いて外に出て来ており、にこにこと戸口に立っている。

箱は桃の木でできていて、表と裏に二人の神将が彫ってある。神将はそれぞれ怪物にまたがり、一人は鐗《かん》（刃のない角棒が据え付けられた剣）を、一人は剣を持ち、恐ろし気な表情をしている。この箱は人に凄腕の武林（武侠小説によく使われる言葉で、武術を身につけた者たちが属する世界のこと）の豪傑を連想させた。だが、床屋本人はまったく恐ろしくなく、いつもにこにこと大人や子ども相手に冗談を言っていた。

「大魚《ターユイ》、お前のうちの羊はどうした？　あとで一緒に走ってみせてくれないか？」

私は無視した。私と羊の駆けっこの話は村人の私へのからかいの種になっていた。一か月少し前、うちの子羊が私に走り回らされ、疲れきって死んだのだった。

床屋は蓋を引くと箱を開けた。中には二本のカミソリと真四角に畳んだ布、ハサミ、カミソリを研ぐ細長い布、豚毛の刷毛、耳垢掃除の道具が入った竹筒、幅広いのと細いのと二本の木櫛、曇った鏡、油を差したばかりのバリカンが入っている。床屋は毎回始める前にバリカンで虚空を切り、カチャカチャと音を立てる。道具を試しているのか、これから始めるぞという合図なのか、よく分からない。

私の頭を刈るのはあっという間で、箱の中の道具をひと通り見ているうちに終わる。床屋は刷毛で私の顔をはたき、首をはたいて、胸の前に掛けた布を外してぽんと払うと、私はもう駆け出している。

祖父はいつも最後だった。髪を刈るだけでなく、顔も剃り、耳かきもする。顔を剃るのが一番気持ち良さそうだった。

床屋はまず熱いタオルを絞って祖父の顔にかぶせ、箱からカミソリ研ぎの布を取り出すとひと払いして一方の端の縄をスツールにかけ、もう一方を手で引っ張って布をぴんと張り、それからカミソリをその上で「シュッ、シュッ」と電光石火の如く行ったり来たりさせて研ぐ。カミソリを研ぎ終えると、床屋は手で祖父の顔に薄く泡を塗る。石鹸だろう。祖父は西洋石鹸だと言った。この時の動作は軽やかで、カミソリが顔の上でシャッシャッという音を立てる。祖父のひげ面が少しずつきれいになっていく。目を軽く閉じ、口で気持ち良さそうに、うん、うんと声を立てている。この顔そりの儀式は私が思っているよりも長い。カミソリは額から両頬、唇、顎、喉へと進む。剃り終えると、祖父は椅子に寄りかかったまま寝ているようだった。床屋が熱いタオルで祖父の顔を拭く。二回拭いて、首から布を外し、ぱんと音を立てて払うと、ようやく祖父が目を覚ます。

「親方、どうだい？」

「ん、ん」

これが祖父の答えだ。この声を聞くと床屋は満足そうにした。

床屋は祖父より数歳年下で、二人は同年配だった。床屋は祖父をいつも一番最後に刈ることにしていて、剃り終わると二人で話をする。時には夜の八時、九時まで話し込む。床屋は村の裏の河べりに独りで住んでいた。二間半の茅葺きの小屋で周囲は坂だった。裏口から出て階段を何十段も下ると河に出て、河には床屋の舟が停泊していた。舟は長い長い竹の櫂《かい》でこぐ。河の北岸の村には大きな百貨商店があり、比較的高級なものが買えた。中村《シエン》の人はたまに買い物に行く時、床屋に舟を出してもらい渡してもらう。助け合いは当たり前で互いの貸し借りはそれぞれの胸三寸にあり、現金で返す必要はなかった。

床屋は月に一度、一軒一軒回って歩き、ひと回りするのに五日かかる。ある家に行った時に運悪く留守だった場合、その家の人間は帰ってくると床屋がどの家にいるか聞き、追いかけて行って刈ってもらう。床屋はまた戻って来ることはないからだ。この五日間は昼食と夕食を各家で順番に食う。うちで昼食を食えば、夕食は隣の家という具合だ。翌日はさらに隣の家で食う。そうやって順繰りに回る。どの家の飯が美味いとか、不味いとか、床屋は文句を言わない。出されるものを食べるだけで注文はつけない。でも床屋が食べに来る時は、どの家も肉を切ったり、ニワトリをしめたりして、これは相当なご馳走である。どうせ月にたった一度のことだ。そうひどいものは出せない。

年越し前の数日が最も忙しい。誰もがこざっぱりとして新しい年を迎えたいからだ。

「床屋のおじさん、年の頭を刈りに来てよ」

道で床屋に会った私は言った。

「年の頭って何だ？」

「年越しに頭を刈ることさ」

「それは年の頭とは言わん。だが確かにぼさぼさだな。ちょっと来い。坊主頭にしてやる」

大晦日は床屋は家から離れない。庭をきれいに掃き、戸口に春聯《しゅんれん》（春節に赤い紙に書く対聯）を貼り、梁の埃を払い、福禄寿《ふくろくじゅ》の神の画像を貼り、さらに赤い紙に福の字を書いて舟の舷に貼る。これらをすべて午前中に済ます。午後は椅子を戸口に出して座り、水煙草を抱えてごぼごぼと吸う。一年の髪刈りを終えて、その収穫を待つのである。

中村の各家はみんなこの日の午後、床屋の家を訪れる。ある者は蒸し上がったばかりのマントウを、ある者は豆腐を、ある者は魚や肉を届けに来る。米、小麦粉、油、自家製のソーセージやアヒルの塩漬け卵を届けに来る者もいる。

誰が何を届けるか、多いか少ないか、床屋はまったく気に留めることなく申し訳なさそうに言う。

「いやあ、こんなに多すぎるよ」

祖父はいつも最後に行って、床屋の収穫を一つずつ見ていく。床屋は一つずつ指さして祖父に見せながら、得意そうに顔を輝かせる。全部見終わると祖父は家に帰り、床屋の年越しに足りないものを持って行く。もし何も足りないものがなかったら祝儀を包む。床屋に祝儀を送るのは祖父だけではない。だが、その多くは身分のある人か、比較的裕福な人だ。

中村の職人たちはみんながみんな床屋のように工賃を物で受け取るわけではない。祖父は現金か、穀物で取った。多くの職人が受け取るのは現金だけだ。払わない者はいるか？　いる。でも大晦日にちゃんと断りに来る。

「本当に申し訳ないが、来年でいいかな」

「いいよ、いいよ。急がない」と職人は大抵答える。挨拶もしない者は少ないが、いることはいた。そういう家はその後二度とその人に仕事を頼むことはない。

中村の人たちは床屋を少し過度に尊重していたふしがある。その尊重の加減は村長に対するよりも、祖父のような職人に対するよりも重かった。私は高校に入ってから、その訳を知った。その頃の床屋はもう七十を過ぎていた。カミソリを持つ手も震え始めていた。だが、祖父たち年寄りは床屋に頼み続けた。幸い、何事もなかったが。

床屋は若い頃は北のほうにある大きな寺で下働きをしていた。その仕事には「挑経担子《ティアオジンダンズ》」という特別の名前があった。和尚たちが村を出て法事をする時、各種経典や法器を持って行く。そのためにはそれらを担ぐ者が必要になる。そうした雑用を和尚たちは自分ではやらない。そこで人を雇う。床屋が挑経担子をして一年余りが経った時、方丈はこの若者は心根が良く、手先も器用で、何より苦労を厭わないというので頭を剃ることを学ばせた。和尚の頭を剃るのは簡単ではない。二年学んで、まだ修業が明けないうちに日本人が攻めて来た。

ある日、共産党の県書記が寺で会議を開くのを日本人がかぎつけ、夜中に包囲された。書記は包囲を突破して他の者たちを先に逃がし、自分は逃げ遅れて自決した。

日本人は大騒ぎの末に書記の死体一つしか戦果を上げられなかったので腹を立てて、和尚たちを寺の入口に追い立てると方丈に共産党の行方を吐かせようとした。方丈が知るはずもない。日本人はしばらく問い詰めたがらちが明かないので、方丈を銃剣で刺し殺し寺に火を放つと、和尚たちと下働きを追い立てて弾薬を運ばせた。

数日後、日本兵は大きな町に駐屯した。長いこと戦闘が打ち続き、何日も風呂に入れず、全身が痒くて臭うので、熱い湯が出る場所を探してさっぱりとした。身体を洗うと、髪を刈れる者がいればもっと気持ちがいいと思った。すると誰かが床屋を推薦した。

修業は明けていなかったが床屋の腕前はかなりのものになっていて、やらせてみると兵士たちは満足した。そこで日本兵はここに駐屯し、調達した下働きたちは解散させたが、床屋だけは例外だった。必要な人材だったのである。

駐屯地に通ううちに、小隊長、中隊長も床屋に刈ってもらうようになった。

その日の午後、中隊長が床屋を呼んだ。中隊長が住んでいるのは前後に二つ部屋のある古い建物で、手前の部屋に兵士たちが寝起きし、奥の部屋が中隊長の寝室兼執務室だった。床屋はもう何度も来たことがあり、中隊長だけでなくここにいるすべての日本人と知り合いだった。全員の頭を刈ったことがあった。

中隊長にはある習慣があり、顔を剃り終えると気持ち良くなり、椅子に寄りかかってしばらく昼寝をする。この時は起こしてはならない。剃り終わったらそっと道具を片づけて、抜き足差し足部屋を出て行けばよい。

中隊長は執務室の真ん中の椅子に座り、床屋が入ってきたのを見ると笑って巻き煙草を差し出した。床屋は受け取ると、腰をかがめて礼をして煙草を耳にはさんだ。吸うのがもったいないからだ。髪を刈ると、床屋は湯に浸したタオルを絞ってそっと中隊長の顔にかぶせ、カミソリを取り出しカミソリ研ぎの布で上下に研いだ。タオルをはがすとカミソリは中隊長の顔を柔らかな指のように撫でていく。中隊長のまぶたがぴくぴくと動き、息を吸って吐くと身体全体の緊張がほぐれていく。カミソリは額、鼻翼、唇、顎、喉を経て、それからそっと擦った。中隊長は何も音を立てなかった。血が溢れ出た。

床屋は道具を片づけ、ドアを開けて出るとそっと閉めた。手前の部屋で耳たぶにはさんだ煙草を取り、兵士の一人に火を借りると、腰をかがめて礼をして出て行った。

床屋は舟をこいで離れた。舟はとっくに用意してあったのだろう。

数日後、床屋は長年帰ってなかった中村に戻った。小舟を岸につなぎ、人に頼んで小屋を建ててもらった。

床屋は七十八歳でこの小屋で亡くなった。

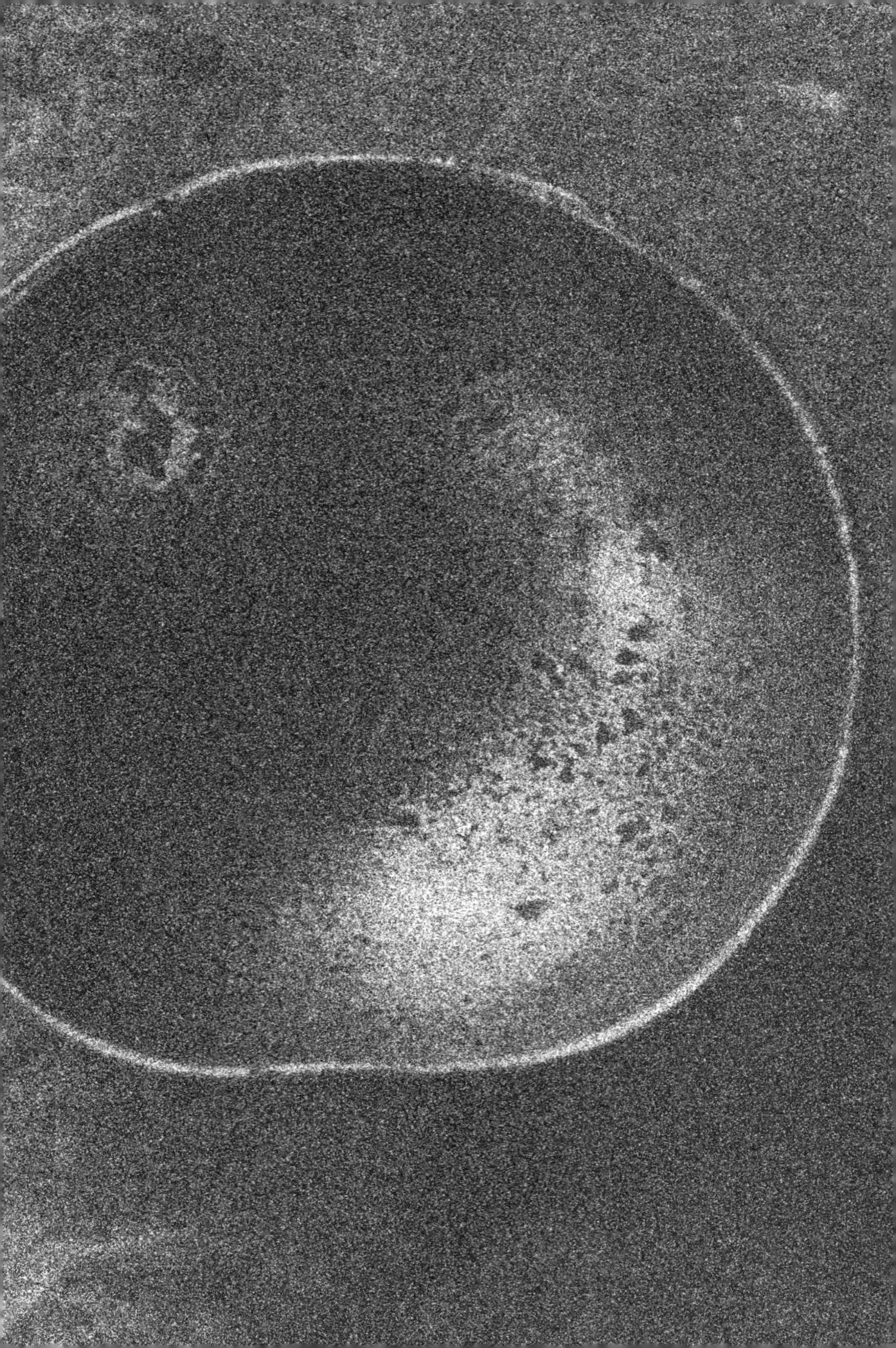

鋳掛屋

「鋳掛屋シーホウ夜に来る、肩には大きな
麻袋、子をかどわかして売るために」
村の人々はこんな言葉で子どもを脅した。

竈《かまど》の鍋は一定期間使用すると鍋底に煤《すす》が付着するので、しょっちゅう削り取らないと薪の無駄になる。鍋底を削るのはたいてい朝だ。夜が明けると鉄のシャベルで鍋を削る耳障りな音がする。一軒だけではなく、たくさんの家の音が重なって聞こえてくる。鍋を竈から下ろし戸口の地面に逆さに置き、鉄のシャベルで少しずつ少しずつ鍋底の煤を削り取る。削り終えた鍋を持ち上げると、鍋の煤が地面に丸い黒い円を作っている。この時、必ず黒い円の中に大きな十文字を描く。村の言い伝えで、いたずら好きな小鬼が鍋を削る音を聞きつけてのぞきに来るが、人には見えない。小鬼は人が鍋を削り終えると鍋を盗んでいくらしい。夜中に鍋が竈の上にあると思っていると実は小鬼に持って行かれたあとで、持ち出して人を驚かすのだそうだ。人が独りで外を歩いていると鍋を頭からかぶせるので、目の前が真っ暗になって手先も見えなくなり、帰り道も分からなくなる。だから、十文字を描く。小鬼はこれを見ると手を出せなくなる。なぜなら十文字は縛った縄で鍋に結んであるから、小鬼は盗んで行って人の頭にかぶせられないのだ。

朝、私は母が鍋を削る音で起き、母が飯を作るのを待って飯を食い学校に行く。この鍋を削る音は十八歳で家を出るまで耳になじみ深い音だった。

学校に上がる前は母が鍋を削る音とともに床から這い出して遊んだものだ。

ある時、母が鍋を削るのを私がシャベルを持って手伝っていて鍋の底を叩き割ってしまった。母の叫び声を聞きつけて駆け出てきた父は怒って地団太を踏んだ。

祖父が言った。

「何を騒いでいる。鋳掛屋が来るから、直してもらえばいい」

一里離れた所からかん高い叫び音が聞こえてきた。

「鍋修理は要らんかねー」

祖父は家の外の河べりまで出て行くと、やはり大声で叫んだ。

「鋳掛屋！」

「あいよ！」

鋳掛屋は腰をかがめて重い天秤棒を担ぎ、河沿いにやってきた。もうかなりの年で、祖父よりも年寄りだった。痩せて小さいが元気はいい。鋳掛屋は天秤をうちの戸口の銀杏の木の下に置くと、一つ一つ道具を取り出した。

まず、ふいご。ふいごの口には管があって炉の下につなぐ。炉で燃やすのはコークスだ。コークスの上には小さなるつぼがある。鋳掛屋は用意してきた鋳鉄《ちゅうてつ》のかけらをそのるつぼに入れた。その時はまだ火はつけない。

祖父が大きな鉄鍋を持って出てきた。

「お、これは大きな穴だねえ」

「大魚《ターユイ》のいたずら坊主がやったのさ」

私は鋳掛屋の手伝いをした。工具を取って渡したり、コークスを取ったりした。手が真っ黒になっても気にしない。顔にも塗りつけて、目だけ残して真っ黒い顔になると、大人たちが大笑いした。

鋳掛屋は鍋を持ち上げ、しげしげと眺めてから炉に火を入れた。

「すごい顔をしているな。おいで。ふいごを引いてくれ」

私はふいごを引くのを手伝った。

鋳鉄が溶けてどろどろになると、鋳掛屋は長い火箸で小さな柄杓をはさみ、溶けた鋳鉄をすくってすばやく鉄鍋の裂け目と両脇の穴に注ぎ込んだ。石綿で押すと裂け目がふさがる。鋳鉄で突起した疵《きず》は、粗い砥石で打ち、紙やすりで磨き、つるつるにした。

鋳掛屋の家は北河《ほくが》の河べりにあり、家の前には「ダム」があった。ダムの下には石で作った二つの半円のアーチがあり、アーチには石畳が敷かれている。なぜか橋には欄干がなく、そのため橋とは呼ばず、ダムと呼ばれている。ダムは高さがなく水が溢れると埋没してしまう。こういう時に河を渡るには注意が必要で、這って渡らなければならない。この這って何とか渡れるダムは昔、何度か建て直されている。建ててすぐ夜中に騒がしい音が聞こえるようになり、まるで結婚式の花嫁を迎える隊列が通り過ぎているようだった。外に出て行って見ても何もない。そんな音が幾晩も続き、河の水が溢れてダムが水没する。また建て直しても同じことだった。この奇怪な出来事は村人を不安にし、何人も陰陽師が呼ばれたが理由は分からなかった。のちに東台県《とうだい》にすごい人がいて、陰陽眼を持ち、前世と来世が見えると聞き、族長は厚礼を用意して来てもらった。

陰陽師はダムの表と裏を見ると、河べりに線香を立てて護符を書いて燃やした。両目をぐるりと回すと座布団の上に座り込み、しばらくすると起き上がって大笑いして言った。

「めでたいことだ。河べりには誰が住んでいる？　家族にどんな者がいる？」

河べりに住むのはおとなしい男で、拳頭《チエントウ》といった。拳という名の読んで字の如く、両手で畑を耕すだけで何の技もない。女房は妊娠六か月だった。

「この音は何の音だと思う？　神様がお出ましになる時の儀丈隊の音だ。ダムは建ててはならん。建てるとせっかくの幸運を損なう。中村《シエン》に死人が出る」

陰陽師の言葉に中村は張り切った。先祖がここに居を定めて六百年、何人か秀才も出たが、風水を見るに中村は鍋底のような低地にあり、平坦で何の取り柄もない。村人の数は多いが、小金持ちはいても大金持ちはいない。大人物も出そうになかったのだ。

陰陽師は拳頭《チエントウ》の家の表と裏を羅針盤で測ると、うなずいた。

「やはりな。貴人はこの家の子の身の上に現れる。成長したら間違いなく身分の高い者になる」

拳頭《チエントウ》はそれを聞くと大変な幸運が舞い降りたとばかりに、その晩は宴席を設け、族長と陰陽師を上座に、二人の私塾の先生を相伴に呼んでもてなした。その他に大きなテーブルで近所の全員を招待した。みんな大喜びで、二度とダムを築く話は出なかった。

拳頭《チエントウ》は貧しいので、近所から借金して銀貨をかき集め、陰陽師に贈った。陰陽師はその夜、したたかに酔っぱらい、拳頭《チエントウ》が一輪車に乗せて東台県の家に送って行った。

半月後、陰陽師は目の具合が悪くなり、赤く腫れて涙が出て次に目がぼんやりとしてきた。陰陽師は自分で調べると仰天した。天の秘密をうっかり漏らしてしまったので目が見えなくなってしまうという。

さらに十日経つと陰陽師は再び中村にやってきて、族長を訪ねて言った。

「村のダムを修復する方法を見つけた」

やはり河べりに線香台をしつらえ、豚、羊、牛の肉を供えて線香を燃やし、呪文を唱え、護符を燃やし、肉を盛った皿を河に沈めた。それから座り込んで片方の足の草鞋《わらじ》を脱ぎ、腰に下げた袋から刀を取り出すと、草鞋に何度か斬りつけて大声で言った。

「まだ行かぬか！」

そう言うと河べりに歩いて行き、草鞋を河に投げ捨てた。続いて身体をかがめると、手で水をすくって目を洗った。

「これでよし」

陰陽師はそう言うと丁重に礼をして、一銭の報酬も受け取らずに帰って行った。

もう一度ダムを建てると、なるほど今度は順調だった。夜中になってもドラや囃子の音は聞こえてこなかった。ダムも倒れず、村人たちは喜び、あの陰陽師はたいしたものだと言い合った。

ダムができて間もなく、拳頭《チエントウ》に息子が生まれた。村に身分の高い者が出るという陰陽師の予言があったので、拳頭《チエントウ》は息子に侯官《ホウグアン》と名をつけた。生まれたばかりの子どもは痩せて小さく身体中産毛に覆われていたので、近所の者はちび猿、「細猴《シーホウ》」と呼び、本名は誰も気に留めなかった。

細猴《シーホウ》は二十八歳になっても勉強もしないし、何の取り柄もなく、一日中遊んでばかりで父母を手伝って野良仕事をするだけで、出世する兆しはまったく見えなかった。家が貧しく見た目も冴えないので、嫁の来手もなかった。息子に期待をかけていた両親もようやく諦めがつき、道具を揃えてやり鍋の修理を身につけさせた。

この細猴《シーホウ》が鍋修理を学んでいた頃、細猴《シーホウ》の両親は東台の例の陰陽師が人の家の幸運を台なしにしたらしいことを聞きつけた。

村の老人たちが言うことには、陰陽師は天の秘密を漏らしたので、天の怒りを買って目の具合が悪くなり、いろいろ頭を使って怒りを解く方法を考え出した。中村に二度目に来た時は表向きはダムを建てるお祓いのためだったが、実は風水を破壊しに来たのだという。刀で草鞋を斬り、お囃子つきの化け物を追い払ったので、自分の目も見えなくならずにすみ、中村に再び平凡な静けさが戻った。

大人物になるはずだった細猴《シーホウ》は鋳掛屋になり、猿顔だけが残った。

細猴《シーホウ》の両親は事実を知ったのちに相次いで病死した。にこにこと鍋修理をしていた鋳掛屋はそれ以来、性格が変わってしまった。寡黙になったばかりか、人を見る目つきが冷ややかになった。いつも独りで過ごしていた。鋳掛屋は一人しかいないので鍋の修理を頼まれたが、もし他にいればその者が頼まれただろう。中村の人々は笑顔のない者を嫌ったからだ。

鋳掛屋の陰気な顔に、中村の人々はこんな早口言葉で子どもを脅すのに使った。

「鋳掛屋シーホウ夜に来る、肩には大きな麻袋、子をかどわかして売るために」

そのイメージは鍋を盗みに来る小鬼に似ていた。そう言われれば言われるほど鋳掛屋は子どもに怖い顔をしてみせた。中村の子どもたちはみんな鋳掛屋を恐れた。鋳掛屋が来たと聞くと、蜘蛛の子を散らすようにいなくなり、遠くから盗み見ているのだった。

私はと言うと別に怖くはなかった。どんな顔をして見せられても平気で鋳掛屋のあとをついて回った。度胸があるからではなく、小さい頃から家族に私はこの家の子ではなく、漁船から拾ってきたから大魚《ターユイ》と呼ぶのだと騙されてきたため、それを信じていたからだ。私は思った。鋳掛屋が私を売ってくれれば、本当の親が見つかるかもしれない。子どもが考えることなど分からないものだ。とにかく、私は鋳掛屋が怖くはなかった。そうなると鋳掛屋もどうしようもなく私を弟子に取ると言い、そのため私には小鍋修理というあだ名がついた。

このあだ名はずっと私につきまとい、私を悩ました。嫌だった。あだ名のおかげで自分が汚れるようで、そのためにたくさんの子どもと喧嘩をした。誰かがそう呼べば、そいつと喧嘩した。

誰も私を小鍋修理と呼ばなくなったのは高校に入ってからで、本物の鋳掛屋が死んだからだ。それ以来、中村に鋳掛屋はいなくなった。鍋が壊れたら、どうしていたのか？　私は知らない。

明朝の初め、申良三《シエン・リアンサン》が蘇州の閶門《しょうもん》を出て、中村を建てて六百年以上になる。六百年間で人物が出るとすれば、鋳掛屋のはずだったが、残念ながら陰陽師が風水を破壊してしまった。中村に人物が出ることはほとんど不可能になった。今の中村は老人と病人ばかりで、若者はみんな都会に出て行ってしまった。年寄りを都会に引き取った者もいて、残された家は荒れ放題になっている。中村は小学校も閉校になり、校舎の屋根も壊れ、あと二年もすれば壁も倒れるだろう。中村全体が荒れ果てた雰囲気だ。人物が出るどころか、中村そのものがなくなってしまうだろう。

今の中村の人たちは鋳掛屋の中村における意味を知らない。鋳掛屋が生きている間は、その生い立ちを鋳掛屋の背後からこうひやかしたものだったが。

「よう、大人物!」

彫物師

立夏に、思い人の腕に結ぶ「長命紐」。
生涯独身だった彫物職人は
五色の長命紐を、木槿の木に結んだ。

一

「バスに乗り合わせた娘の顔は舜華《しゅんか》のよう」という歌がある。

舜華とは木槿《むくげ》の花のことである。木槿は土地神廟の入口に生えている。門の左に一株、右に一株、左の木槿の木の下には井戸があり、井戸の石の手すりは縄でこすられて擦り減っている。遠く村のほうからニワトリの鳴き声が聞こえてくると、空がだんだん白み始め、ギイッと音がして土地神廟の扉が開く。彫物師が木の盆を持って出てくると、井戸で顔を洗う水を汲む。顔を上げると、木槿の枝に咲いたばかりの花が見える。彫物師は今日は立夏だったと思い出すのだった。

朝飯を食うと彫物師は五色の糸で編んだ紐を門の右の木槿の木の枝に結ぶ。紐は長命紐といい、立夏に思い人の腕に結ぶものだ。彫物師は二十六歳独身で、独りで土地神廟に住んでいる。立夏なので午後になると村人たちが土地神様を拝みにやってくる。彫物師は本堂をきれいに掃き浄め、庭に水を撒いた。それから土地神様と土地女神様の彫像を庭のテーブルに出し、きれいな布で丁寧に拭いた。土地神様も土地女神様もクヌギの木に新たに彫ったもので、細工は細かく眉毛も彫ってあり、今にも動き出しそうだった。彫物師が彫像を拭いているところへ誰かが呼ぶ声が聞こえてきた。

「彫物師、乾燥菊はあるかい?」

来たのは大工職人だった。「あるよ」と彫物師は答え、土地神様を本堂の長机に据えると、西側の部屋から花の模様を彫った箱を持ってきて蓋を開け、大工に自分で中からつかみ出させた。

「もっとつかめよ」と彫物師は勧めるが、大工はひとつかみしただけで半夏河《はんげが》から摘んできた蓮の花の中に置く。

「たくさんは要らんさ。気持ちだから」

大工は菊の花を持ち帰り、燃やして灰にして麦に撒く。立夏に菊の灰を撒くのは虫除けのためである。

「親方、灰が半夏河に飛んで行かないように注意してくれよ」

「分かっているよ」

大工は帰りがけに木槿の枝の長命紐をちらりと見た。

二

大工は私の祖父で、同守《トンショウ》という。祖父は八十三歳で亡くなった。生きていたら、今年でちょうど百歳になる。

彫物師が木槿の木に長命紐を結ぶことは祖父が私に話してくれた。

私は聞いた。

「彫物師の爺ちゃんにはなぜ婆ちゃんがいないの?」

祖父は言った。

「要らないからさ」

「どうして要らないの？」

「欲しくないのさ」

「だったら長命紐を木に結んでどうするの？」

祖父は言った。

「お前はまだ小さいから分からん。大きくなったら、話してやろう」

私は言った。

「どうして分からないの？　分かるよ。もう十歳だもの」

祖父はそっぽを向きもう私を相手にせず、刀を手に祖母の位牌を彫るのに没頭した。祖母が死んで数か月が経つが祖父は休まずに位牌を彫り、位牌の表面に美しい花模様を刻み続けていた。

彫物師の爺ちゃんが木槿の木に長命紐を結ぶことを知ってから、私は毎年立夏になると土地神廟に見に行き、毎年それを目にすることができた。木の下のテーブルにはいつも薄荷を煮た冷たい水がひと桶置いてある。木の柄杓でひと口飲むと、土地神様の前でひざまずいて拝む。拝みに行くのに手ぶらでは行けない。うちの田んぼの稲穂を何本か持って行き、恭しく土地神様に供える。土地神様と土地女神様は嬉しそうだった。叩頭していると、彫物師が横に立って両手を合わせて祈っていた。彫物師は痩せて背は高くなく、顔にあるかないかの笑みを浮かべていた。

叩頭を終えると彫物師はいつも言う。

「菊の灰を半夏河に飛ばさないようにしろよ」

私は言う。

「彫物師の爺ちゃん、分かっているよ。菊の灰を河に撒いたら、アオガエルが鳴かなくなるのだろ。アオガエルが鳴かないと豊作にならないんだ」

彫物師は笑った。でも次の年もやはり同じように注意した。土地神様がどうしても彫物師にそう言わせているかのようだった。

三

彫物師は朝鮮戦争に行った。帰ってきて住む所がないので、村長が土地神廟に住めるようにした。廟はおんぼろで、土地神様も土地女神様もなくなっていた。村長は私の祖父に手伝いの人をつけて修理させた。

彫物師は兵士として六年も出征していた。村に戻ったその日、すぐに芹秀《チンシュウ》の家に行った。半夏河は南北に流れる小川で、村を二つに分けて木の小橋がかかっている。芹秀《チンシュウ》の家は河の東側にあった。橋を渡って左手の入口に大きな桑の木がある家がそうだ。

芹秀《チンシュウ》の夫は亡くなり、家には紙細工職人の舅と芹秀《チンシュウ》だけで住んでいた。彫物師が芹秀《チンシュウ》を訪ねたのは井水《ジンシュエイ》のためだ。井水《ジンシュエイ》は彫物師と一緒に兵隊に行き、彫物師は帰ってきたが、井水《ジンシュエイ》は帰ってこれずに朝鮮の上甘嶺《じょうかんれい》で死んだ。

井水《ジンシュエイ》は兵隊になるのを嫌がった。井水《ジンシュエイ》が連れて行かれる日は村中の人が見に来た。

家に男兄弟が三人いたら、一人は兵隊に行かなければならない決まりだった。徐州で戦いがあり、人手が足りないということだった。

彫物師の長兄、次兄はいずれも結婚し、彫物師だけが独り者で彫物の技術を身につけた。村の翻身主任（共産党の幹部の役割の一つで、新中国になり貧しかった人々に地位や仕事を配分するなどの仕事を担当した）である鍛冶屋の曹《ツァオ》は徴兵の担当責任者で、彫物師を説得して言った。

「兵隊になれば食える。彫物師をやっているより、ずっといいぞ」

彫物師はそれで承知したのだ。長兄と次兄は順番に弟にご馳走をした。

井水《ジンシュエイ》は四男だった。三年間私塾で学び、物もよく分かっていた。親孝行で、三人の兄にも礼儀正しかった。どこかの家に手伝いを頼まれれば、すぐに駆けつけた。兵隊になるように言われて断るはずがなかった。ところが同じように鍛冶屋の曹《ツァオ》が話をすると、どうしても承知しなかった。両親は毎日泣いて頼んだ。三人の兄には女房も子どももいる。万一のことがあれば後家と孤児になってしまう。井水《ジンシュエイ》も泣いて、黙りこくった。

出発の日、鍛冶屋があちこち探したが井水《ジンシュエイ》は見つからず、鍛冶屋は軍服を井水《ジンシュエイ》の父親に投げつけると言った。

「兵隊になるのは名誉なことだぞ。それなのにお前の家は嫌って押しつけ合っている。名簿にはもう載っているんだ。俺も困るんだ」

井水《ジンシュエイ》は芹秀《チンシュウ》の部屋に隠れていた。

芹秀《チンシュウ》は去年、夫を亡くした。芹秀《チンシュウ》は良い家の娘だった。肌が白く、瓜ざね顔で、人を見るとまず笑い、何か言いかけてやめる。嫁いできてからは夫がそれは大事にして、畑仕事などの重労働は決してさせなかった。夫が死ぬと村人は、もともと身体が丈夫ではなかったのに、嫁が美しすぎて毎晩の過労で命を落としたのだと噂し合った。

芹秀《チンシュウ》の結婚式の宴会で井水《ジンシュエイ》は魂を抜かれた。その後の二年間、両親は井水《ジンシュエイ》に五回も縁談の話をしたが井水《ジンシュエイ》は断り続けた。

井水《ジンシュエイ》は綿叩きの技術を学んだ。芹秀《チンシュウ》が嫁に来た年の冬、芹秀《チンシュウ》の夫は井水《ジンシュエイ》を呼んで新しい布団二枚分の綿を叩かせた。井水《ジンシュエイ》はことのほか念入りに叩き、芹秀《チンシュウ》も何か感じたのだろう。八斤の布団を井水《ジンシュエイ》は細かい綿の塊が一つもできないようによく叩いた。弓に抑揚をつけて叩き、琴瑟《きんしつ》の調べのようだった。綿を居間の真ん中に敷くと細かい柳絮《りゅうじょ》（春に舞い散る、白い綿毛のついた柳の種）が舞った。芹秀《チンシュウ》が何度かお茶を淹れてきて、井水《ジンシュエイ》の目の輝きに気がつくと新婚の部屋にこもって出てこなかった。綿を叩く音はいつまでもいつまでも聞こえていた。

井水《ジンシュエイ》が次に芹秀《チンシュウ》に会ったのは一年後の冬だった。芹秀《チンシュウ》の夫が死に、居間の中央に寝かされていた。井水《ジンシュエイ》が弔問に来て礼をすると、芹秀《チンシュウ》は真っ白い喪服に身を包み、目を泣き腫らしていた。井水《ジンシュエイ》もその姿をひと目見ると胸が詰まり、涙を流した。家に帰ると布団をかぶって横になり、湧き上がる喜びで胸をいっぱいにしていた。

井水《ジンシュエイ》と芹秀《チンシュウ》が出来たことを知っていたのは次兄だけだった。次兄はおとなしく口数が少ないので、知っても何も言わなかった。その次兄が父親に言ったのだった。

「井水《ジンシュエイ》は芹秀《チンシュウ》の所にいると思う」

父親が芹秀《チンシュウ》の部屋から井水《ジンシュエイ》を引きずり出すと、井水《ジンシュエイ》は芹秀《チンシュウ》の家の前の桑の木にしがみついて大泣きに泣き、村中の人が集まってきた。鍛冶屋はそばに立ったまま、何と言って説得すればいいか分からず、井水《ジンシュエイ》が泣き止むのを待つしかなかったが、午後になっても井水《ジンシュエイ》は桑の木にしがみついて泣いていた。

彫物師はすでにきちんと軍服を着ていた。隣人たちは彫物師の立派な姿を見て、水煙草を差し出す人もいた。彫物師は井水《ジンシュエイ》と芹秀《チンシュウ》のことを知って驚き、井水《ジンシュエイ》という綿叩きがこの村の人たちの美味しいところを独り占めしたような気がして憤慨し、心中で井水《ジンシュエイ》を罵っていた。

芹秀《チンシュウ》がいきなり戸を開けると早足で井水《ジンシュエイ》の前に来て、手を伸ばして抱きしめようとして、やめた。芹秀《チンシュウ》は手の甲で涙を拭うと、小さな声で「行くのよ。ずっと待っているから」と言うと、身を翻して家の中に入り、ぱたんと戸を閉めた。

四

彫物師は井水《ジンシュエイ》と六年間兵隊に行き、その間、村とはまったく音信がなかった。彫物師が村に帰って初めて、人々は井水《ジンシュエイ》が死んだことを知った。

彫物師は芹秀《チンシュウ》の家に行った。多くの人が彫物師が古い軍服を着て半夏河の木の小橋をぎいぎい鳴らして渡って行くのを見た。彫物師はのちに言った。芹秀《チンシュウ》に「井水《ジンシュエイ》は死んだ」と言うと、芹秀《チンシュウ》はその場で地面に卒倒し、自分が人中《じんちゅう》（鼻の下から上唇に通じる溝）のツボを押すと気がついたのだ、と。

彫物師は数日経って、もう一度、井水《ジンシュエイ》がどうして死んだのかを芹秀《チンシュウ》に話しに行った。行った時はすでに日が暮れていた。芹秀《チンシュウ》の家の犬が狂ったように彫物師に吠えたてたが、誰も出てこなかった。

彫物師は意を決して家の中に入った。戸を開けると空いた場所いっぱいに、形が出来たり、出来ていなかったりする人や馬や家具の形をした紙細工が置かれていた。芹秀《チンシュウ》の舅は数里四方に一人しかいない紙細工職人だった。家の中の八仙卓（八人で囲む四角い中国式テーブル）には紙細工職人の刀やハサミ、糊、各種の紙が置かれていた。テーブルの真ん中に明るい卓上灯があり、紙細工職人は八仙卓の横に座り、西向きになって顔も上げずに何やら作っていた。少し作ると酒瓶を取ってひと口飲み、酒の肴もない。紙細工職人の向かいに芹秀《チンシュウ》が座っていて、うつむいて椅子に寄りかかり、骨がなくなったようだった。

彫物師は戸を背にして八仙卓に向かって座ると、北側の壁を見つめながら二人に話し出した。北壁に寄せて香台があり、死んだ祖先の位牌と香炉と燭台が置いてある。石灰を塗った壁には大きな毛沢東の絵が貼ってあった。実際、彫物師は毛沢東像に向かって話をしたことになる。

五

大砲の音が一日中鳴ってようやく止むと、彫物師は班長と陣地に出た。班長とは井水《ジンシュエイ》のことである。朝鮮に着いて間もなく班長になった。陣地に出て見ると生きている者は一人もいなかった。班長が部下を四方に散らすと、緊張のせいか彫物師はズボンの腰紐を解いて煙を立てている木に向けて小便をした。煙を消そうと思ったのだ。いきなり腰の後ろにひんやりとした感触があり、振り向くと銃が向けられていた。彫物師は両手でズボンを上げると体が硬直した。

彫物師が味方だと分かると、その負傷兵はまた目を閉じて唸り、手にした銃を置いた。

「班長！　班長！」

彫物師は井水《ジンシュエイ》に向かって叫んだ。井水《ジンシュエイ》は走ってくると負傷兵の血だらけの綿入れを引き裂き、包帯にして兵士をぐるぐる巻きにした。彫物師が負傷兵の手から銃を取って確かめると弾倉は空っぽだった。彫物師は振り返ると空き地に向かって憎々しげに唾を吐いた。

「おぶって行け」と井水《ジンシュエイ》は彫物師に手を振った。

彫物師が負傷兵をおぶって裏山に向かって歩いて行くと、太陽が沈むところだった。

彫物師が急ぎ足で歩いたので、がたがた身体が揺れて負傷兵は彫物師の背中で悲鳴を上げた。彫物師は歩みを緩めると負傷兵に言った。

「同志、叫ぶなよ。敵に聞きつけられたら終わりだ」

負傷兵は叫ぶのを我慢した。

夜になった。敵の砲火が再開した。彫物師は焦って夜通し歩き、八回休憩したが病院にはまだ着かなかった。ついてない。両足ががくがくになったので、彫物師はやむなく道端に座り込んで休憩した。彫物師は負傷兵に言った。

「同志、我慢してくれ。もうすぐ病院に着くから」

負傷兵が凍死しないよう、彫物師は綿入れを脱ぐと負傷兵にかけた。疲れたのだろう。負傷兵は唸り声を上げる力もなくなっていた。空が少し白み始めた頃、彫物師は前方五百メートルの彼方の山の溝に病院を見た。

「行くぞ！」

彫物師はひと声叫ぶと負傷兵をおぶって駆け出した。

彫物師は負傷兵を病院入口の担架に下ろすと大声で医者を呼んだ。若い医者が出て来て手を伸ばして負傷兵に触ると、顔を上げて彫物師を見た。

「もうとっくに死んでいるのに運んできてどうする？」

彫物師の顔はさっと青ざめ、低い声で医者に言った。

「だったら帰ります」

「少し休んでいけ。飯を食いに行こう」

医者が横に手を振ると、二人の女性兵士が来て担架を運んで行った。

彫物師はお粥を二碗食べると元気を取り戻し、一路小走りに陣地に向かって走った。井水《ジンシュエイ》に何と報告したらいいのだろう。ひと晩かけて負傷兵を運んだのに死んでしまっていたとは。

だが、陣地に戻った彫物師は愕然と立ち尽くした。昨日の夕暮れに自分が小便をかけて煙を消した木からまた煙が立ち昇っていた。山の斜面を見ると同じ班の仲間のほとんどが坂道に横たわっていた。

弾薬がなくなり、敵と肉弾戦をしたのだろう。ある者は背中を刺され、その体の下には別の死体が押しつぶされている。敵前に行き着く前に弾で撃ち抜かれた者もいる。周囲を捜して回ったが井水《ジンシュエイ》の姿はなかった。

坂の下までたどりつき、ようやく井水《ジンシュエイ》を見つけた。頭と肩だけが残っていた。周りはすべて敵の死体だった。井水《ジンシュエイ》は手榴弾を抱いて敵の群れに跳び込み爆死したのだ。

彫物師は井水《ジンシュエイ》の頭を抱えて壕に戻った。しばらく捜してやっと手榴弾二発を見つけた。いずれも死んだ戦友が握っていたもので抜くのが間に合わなかったのだろう。銃弾は一発もなかった。彫物師は壕に寄りかかって座ると、手榴弾の導火線を指に絡ませたまま敵を待ち続けた。銃声がやみ、大砲の音がやみ、何の音もしなくなった。

六

彫物師は生きて帰ってきた。

彫物師は毎日芹秀《チンシュウ》の家に駆けて行った。芹秀《チンシュウ》が彫物師を呼び、井水《ジンシュエイ》のことを話すよう頼んだのだと言う。彫物師は毎日、夕食を終えると出かけて行った。芹秀《チンシュウ》の舅は初めのうちは我慢していたが、とうとう怒りを爆発させた。

「いい男が用事があろうとなかろうと、毎日うちに来るというのはどういうわけだ?」

彫物師は舅が酒好きと知っていたので、除隊金で酒を買ってやった。紙細工職人は酒さえあれば文句は言わない。彫物師に吠える犬を叱りさえした。

芹秀《チンシュウ》は養豚場で竹細工職人を手伝って豚や牛に餌をやっていた。彫物師は人民公社員と畑で野良仕事をしているので、二人が昼間会うことはなかった。夜になって仕事を終えると、彫物師は夕飯を食ってから来て井水《ジンシュエイ》の話をした。彫物師は自分の命は井水《ジンシュエイ》に救われたような気がしていたので、芹秀《チンシュウ》に優しくしてやろうと思っていた。戦場で井水《ジンシュエイ》は毎日彫物師に芹秀《チンシュウ》の話をし、二人は数年来毎日一緒だったので暇さえあれば芹秀《チンシュウ》の話をしていた。

彫物師は井水《ジンシュエイ》と同じぐらい芹秀《チンシュウ》のことをよく知っていた。井水《ジンシュエイ》は朝鮮に来ると生きては帰れないと思い、彫物師に芹秀《チンシュウ》の話をし続けた。芹秀《チンシュウ》の窓の下に隠れて歌を唱ったこと、芹秀《チンシュウ》が実家に帰るのにずっとついて行ったこと、あれこれ美味しい物を買ってこっそり芹秀《チンシュウ》の部屋の出窓に置いたこと。芹秀《チンシュウ》の家の犬さえ手なずけて、犬の頭をぽんぽん叩くと尻尾を振るまでになったこと。そして、とうとう芹秀《チンシュウ》の部屋に入ったこと。井水《ジンシュエイ》は思い出せるすべての細部を彫物師に話して聞かせた。彫物師は毎日真剣に聞き入り、井水《ジンシュエイ》が話し終わっても呆けていた。そんな時、井水《ジンシュエイ》は彫物師の頬を叩いて言うのだった。

「馬鹿だな。お前も俺と同じでここで死ぬんだ」

木の橋を渡るぎしぎしという音がすると、いつも芹秀《チンシュウ》の家の犬が走り出てきて、ふた声吠え、彫物師と分かると尻尾を振って道案内するように前を走り、戸口に来ると地面に仰向けになって彫物師を見上げた。戸は少し開いていて、中の光が洩れている。彫物師は腰をかがめて犬の頭を撫でると戸を開けて入っていく。芹秀《チンシュウ》と紙細工職人はテーブルの両側に座り、顔を上げてちらりと彫物師を見ると、またそれぞれの手仕事を続ける。

紙細工職人は酒を飲みながら、紙の家具を糊付けしていた。紙細工は今はもう彼の趣味で、頼む者はいなくなっていた。誰かが死んだら紙を燃やせばいいだけで、以前のような紙の家や紙のベッド、紙の家具は必要なくなった。生きている者だけで精一杯なのに、死んだ者をかまう余裕がどこにある？

芹秀《チンシュウ》は布靴の底を作っていた。彫物師が毛沢東像に向かってあれこれ話をするのを聞きながら、たまにさっと彫物師に目を走らせた。彫物師はそのとらえようのない視線の中に少しでも笑みを感じるだけで満足だった。さらにしばらく座ってから、喜びで胸をいっぱいにして自分が住む土地神廟に帰って行くのだった。

七

もちろん彫物師は自分が井水《ジンシュエイ》と芹秀《チンシュウ》のことを知り尽くしていることを芹秀《チンシュウ》に教えることはなかった。井水《ジンシュエイ》は芹秀《チンシュウ》とのすべてを彫物師に語っていた。それも一度や二度ではない。最後はそれが本当のことなのか、それとも井水《ジンシュエイ》がほらを吹いているのか、分からないほどだった。

彫物師は部隊の中でのことだけを話した。芹秀《チンシュウ》は戦争のことは聞きたがらず、兵隊たちの悪ふざけや冗談に興味を持った。のちに彫物師は芹秀《チンシュウ》に井水《ジンシュエイ》が脱走したことを話し出した。

彫物師と井水《ジンシュエイ》は溱潼《しんとう》に連れて行かれて新四《しんし》軍に入り、二人とも一つの班に編制された。班長は元は里下河《りかが》の村の翻身主任で、新四軍が北に撤退する時、村に留まって反動派にされて殺されるのを恐れ、そのまま部隊に従って北に撤退し、再び戻ってきた時は班長になっていた。班長はほっそりとして歩く時は腰をひねり、女形のようだった。声を張り上げて話すが怖くはなく、顔は優しく微笑んでいた。班長は四人の新兵を連れ、徴用した民間人たちに前線に食糧を運搬させた。歩きながら新兵に銃の使い方を教える。本物の銃を使ってではなく、ただ身振り手振りで教えるだけで、弾薬を無駄にせず、何となく要領が分かればそれでよかった。

食糧を運ぶ隊列がとある河べりに差しかかり、対岸にいた渡し船を待っていると、敵機が飛んできて人の群れをめがけて爆弾を落とし、機銃掃射してきた。班長が叫んだ。

「伏せろ！」

みんなは顔を上にして伏せた。彫物師と井水《ジンシュエイ》は長いこと伏せていた。何の動静も聞こえなくなってようやく身を起こすと、河べりには人がいなくなっていた。台車が何台か弾が命中して燃えていた。班長は死んだ。顔を上向けにして目を見開いたままだった。隣で呻いているのは一緒に来た新兵だった。もう一人の新兵の姿は見えず、逃げたようだった。運搬夫たちも逃げていた。逃げていない者は全員横たわって死んでいた。

「どうする？　帰ろうぜ」と彫物師は言った。一面の死体を見て怖くなっていた。

「部隊に戻る前に撃ち殺される」。

井水《ジンシュエイ》が言った。

「部隊に戻っても死ぬだけさ」

二人は蘇胖《そはん》村で捕まった。モーゼル銃を下げた隊長はひと目で二人を逃亡兵と見抜いた。脚絆を巻き、民間人の服を着ているが、道も不案内だった。隊長が合図すると二人の民兵がやってきて、二人を後ろ手に縛った。

井水《ジンシュエイ》が言った。

「俺たちは仲間です。新四軍です」

隊長が近づいてきて井水《ジンシュエイ》の足を蹴った。

「恥知らずめ！　国民党の逃亡兵ならまだ解放したら我々の仲間になれる」

そして手を振ると言った。

「監禁しておけ。明日、町に送って銃殺刑にする」

彫物師と井水《ジンシュエイ》は農具を積んだ倉庫に閉じ込められ、壁に寄りかかって座っていた。民兵が一人、戸口の椅子に座り、ごぼごぼと水煙草を吸っていた。

二人はひと言も発しなかった。夜中になり、井水《ジンシュエイ》がめそめそと泣き出した。

彫物師が言った。

「芹秀《チンシュウ》のことを思っているんだろ？」

井水《ジンシュエイ》は何も言わず、ただ泣き続けた。看守兵が戸を開けカンテラを掲げて入ってくると二人を照らした。井水《ジンシュエイ》の涙を見ても何も言わず、また戸を閉めて出て行った。

井水《ジンシュエイ》は泣き止んだ。壁にどしんと寄りかかりため息をついたが、急に起き上がると彫物師の耳に口を寄せて言った。

「土壁だ。俺の手の縄を解いてくれ」

井水《ジンシュエイ》と彫物師は柄のないスコップで土壁に穴を開けて逃げた。

村から遠く離れた野原で二人は言い争いを始めた。井水《ジンシュエイ》はどうしても帰ると言い張り、彫物師は部隊を見つけて戻ろうと言った。どっちを選んでも危なかった。

彫物師は言った。

「家に帰っても、村長に町に送られて銃殺されるのがオチだ」

井水《ジンシュエイ》は言った。

「こっそり帰って、すぐどこかにとんずらする。身を隠す場所がきっとあるさ」

彫物師は言った。

「お前はいいさ。二人で楽しく暮らせばいいんだから。だが、俺はどうなる？　俺は帰らない」

井水《ジンシュエイ》はしばらく考えていたが、やはり彫物師についてきた。

井水《ジンシュエイ》と彫物師は一日追いかけて、ようやく食糧を搬送する部隊に追いついた。幸いなことに顔見知りの運搬夫が三、四人いて、二人に気がついた。新しい班長は詳しく問いただざず、ただ「新兵か？」と聞いただけなので、二人はうなずいた。班長の隣の老兵がにやにや笑っていた。

井水《ジンシュエイ》が負傷したのは、長江を渡ってからのことだ。

突撃ラッパが鳴り、井水《ジンシュエイ》は部隊と前方へと突撃した。空からは砲弾がバッタのように飛んでくる。

突然誰かが叫ぶのが聞こえた。

「当たったぞ！」

井水《ジンシュエイ》が足を停め、手で足を探るとべっとりと血がつき、身体がぐらりと揺れて倒れた。五、六人の兵士が駆け寄り、担ぎ上げた。

排長（小隊長のこと）が怒鳴った。

「馬鹿野郎、二人で担げ。他の者は俺と突進するんだ！」

彫物師は病院に井水《ジンシュエイ》を見舞った。井水《ジンシュエイ》の顔は輝いていた。

「足をやられた。歩けなくなった」

彫物師はちらりと井水《ジンシュエイ》を見て、言った。

「歩けないのが嬉しいのか？　芹秀《チンシュウ》がびっこを好きになると思うか？」

井水《ジンシュエイ》はけらけら笑った。

戦いの隙を見て、排長が前線から病院に井水《ジンシュエイ》と数人の怪我の癒えた兵士を連れ戻しに来た。井水《ジンシュエイ》は杖を二本ついて、ひょこひょこと中庭に行き、排長に会った。中庭は大きくなく、樹齢百年はありそうな銀杏の木が一本あり、排長はその木の下に立っていた。井水《ジンシュエイ》は排長の前に出ると、脇の下で杖を支えて手を半分伸ばして排長に握手すると言った。

「排長、お別れが名残惜しいです」

手を握ってから、排長の陰険な顔つきに気がついた。排長は井水《ジンシュエイ》の杖を奪うと、力いっぱい遠くに投げ捨てた。井水《ジンシュエイ》は重心を崩し身体を歪めると二歩ほどよろめいて地面に倒れた。排長は井水《ジンシュエイ》のそばからもう一本の杖を拾い上げ、ぱんぱんと井水《ジンシュエイ》の身体を叩いて言った。

「ふりをするな！」

井水《ジンシュエイ》はその後、三回逃亡を試みた。二回は彫物師に追いつかれ、説得されて戻った。一回は彫物師が告発して逃げないうちに捕まり、したたかに殴られた。彫物師のおかげだった。本当に脱走して捕まったら、銃殺刑である。村に戻れたとしても、手続きがなければ捕まる。彫物師はみすみす井水《ジンシュエイ》を死なすわけにいかなかったのだ。

井水《ジンシュエイ》は朝鮮に行って、やっと諦めた。諦めるとかえって彫物師と仲良くなり、彫物師を恨むこともなくなり、命がけで戦うようになった。

井水《ジンシュエイ》は彫物師に言った。

「死ぬ時は一緒だ」

彫物師も朝鮮で死ぬものだと思っていた。だが、井水《ジンシュエイ》には最後まで自分の本音は言わなかった。言いようがなかった。井水《ジンシュエイ》が逃亡するたびに邪魔をしたのは、捕まって死なせたくないからだと言ったが、それだけではなかった。井水《ジンシュエイ》を何が何でも村に帰したくなかったのだ。そういう気持ちがいつから起きたのか？　よくよく思い出すと、芹秀《チンシュウ》が家から駆け出て桑の木にしがみつく井《ジン》水《シュエイ》に「待っているから」と言った時からかもしれない。

井水《ジンシュエイ》は死んだ。当初の考えが彫物師を苦しめる悪夢になった。彫物師は自分に言い聞かせた。井水《ジンシュエイ》の代わりに芹秀《チンシュウ》の面倒を見ると。

八

彫物師が井水《ジンシュエイ》に代わって芹秀《チンシュウ》の面倒を見ることは不可能になった。彫物師は毎日来ていたが、もう十日以上も紙細工職人に酒を持ってきていなかった。紙細工職人も何も言わなかった。紙細工職人は知っていた。彫物師が除隊金を使い果たせば、また元の貧乏になることを。まして、村の噂はますます喧しくなっていた。

大晦日に彫物師は魚を二匹下げて芹秀《チンシュウ》の家に行った。庭に入ると、ちょうど芹秀《チンシュウ》が丸いざるを手に、中に石灰を入れて地面に白い円を描いているのに出くわした。これは「打囤《ダークン》」と言って穀物が多すぎるという表明で、灰で円を描いて豊作を祈る。大晦日の夜に必ずやるしきたりだった。彫物師が来たのを見ると、芹秀《チンシュウ》は腰を伸ばして満面の笑顔で迎えた。

「夕飯は食べた?」

「食べたよ」

月光の下で彫物師は芹秀《チンシュウ》の顔がまるで絵のようなのに思わず見惚れていた。芹秀《チンシュウ》は軽く笑うと彫物師の手から魚を受け取った。

「入って」

紙細工職人が彫物師がいつも座る席に座り、顔は外に向けて水煙草を吸っていた。彫物師が入ってきたのを見ると、煙草の箱から黄色い煙草の葉をひとつまみ煙管の先に置き、燃えた麻の茎で火をつけ、すうっと吸い込むと鼻から長い煙を吐き出し、軽く吹くとぷっという音とともに煙管の先の灰が床に落ちた。

「年が明けたら、もう来るな。お前も人に後ろ指をさされたままではいられまい」

彫物師は顔を真っ赤にして何も答えられずにいた。芹秀《チンシュウ》は彫物師が持ってきた魚を下げて台所に入ろうとしていたが、紙細工職人の言葉を聞いて魚を投げ捨てると身を翻して自分の部屋に入り、パタンと音を立てて扉を閉めた。

二匹の魚は床で跳びはねていたが、口を稲藁で縛られているので遠くには行けず床をはいつくばっていた。紙細工職人は魚を拾い上げて彫物師に渡すと、「同じ村だ。しょっちゅう顔を合わす。これ以上は言わなくても分かるだろう」と言った。

彫物師が魚を下げて半夏河の河べりまで来て、振り向いて芹秀《チンシュウ》の窓を眺めると灯りが点っていた。窓辺に人影が立っているのが見えた。彫物師は河沿いに歩いて、その窓の向かいに来た。手にした魚が跳ねていたが、彫物師はじっと灯りに映った人影を見つめていた。

灯りが消え、窓が部屋と同じく暗いぼんやりとした輪郭になり、彫物師は半夏河の木の小橋に戻ってきた。橋がぎしぎし鳴った。彫物師が小橋の中程まで来て振り返ると、芹秀《チンシュウ》の窓にまた灯りが点るのを見た。少し点っただけで、また消えた。彫物師は橋に立ちつくした。しばらくして、手の稲藁を解くと二匹の魚を半夏河に投げ、土地神廟に帰って行った。

年が明けてひと月経ち、村の男たちは全員古馬河《こばが》の水利工事現場に行った。

もう春だった。工事現場の工員たちはみんな綿入れを脱ぎ、上下一枚で泥を担いでいるのに、彫物師だけは軍服のオーバーを着ていた。軍用オーバーは汚れきって見られたものではなかった。そのため人々は陰で笑っていた。

彫物師は来た日からずっと黄色から黒に変色した軍用オーバーを着ていた。普段、彫物師と一番よく話すのが私の祖父で、祖父は我慢しきれずに聞いた。

「彫物師、こんなに暖かいのになぜまだオーバーを着ているんだ？」

彫物師は祖父を誰もいない工事小屋に連れて行った。

「親方、俺は退役してから自分に服一枚買ったことがなく、着るものがないんだ」

彫物師がオーバーの前をはだけると中は破れた下着のパンツ一枚きりだった。祖父は驚いて何も言わず、その晩家に帰ると自分の長ズボン一枚と伯父の上着を彫物師に届けた。

翌日、彫物師はオーバーを脱ぎ、薄物の上下を着て現場に行くと、河底から岸へ両天秤いっぱいの泥を担ぎ、人々と一緒に大声で掛け声を叫んだ。

その夜、彫物師は祖父と長々と話し込んだ。

彫物師は言った。

「俺の命は井水《ジンシュエイ》が救ったんだ。芹秀《チンシュウ》に尽くすのは井水《ジンシュエイ》に対する恩返しなんだ。だけど紙細工職人は俺を家に入れてくれない」

祖父が言った。

「諦めることだ。お前が芹秀《チンシュウ》に何ができる？」

「だったら死んだ井水《ジンシュエイ》に申し訳が立たない」

「お前が何をしてやれる？　金もない。あるのは両の手だけ。両の手が何になる？　やっぱり自分のことを考えたほうがいい」

影物師はため息をついて言った。

「俺は役に立たない男だ」

祖父はほとんど毎晩、影物師のため息を聞いた。影物師が何を考えているのか祖父にはよく分かったが、影物師が考えていることは誰にも言えないことも分かっていた。

古馬河の工事が終わらないうちに、芹秀《チンシュウ》が急病で死んだという知らせがあった。

九

芹秀《チンシュウ》は家の居間に寝かされていた。真っ赤な死に装束を着ていた。死に装束は旧式で、生地は粗かった。頭には黒い縁の軟らかい丸帽子をかぶっていた。帽子の縁に黄色い紙がはさんであり、芹《チン》秀《シュウ》の顔を覆い隠していた。この奇妙なしきたりは呉王夫差《ふさ》（春秋時代の呉国の王。越王と戦いを繰り返し、呉越同舟の成語のもととなった）が残した伝統だという。

影物師は涙を流していたが、大泣きに泣くことはできなかった。芹秀《チンシュウ》の前で三度叩頭し、床に置いてある鉄鍋で紙を燃やすと出て行った。

芹秀《チンシュウ》は翌日火葬された。芹秀《チンシュウ》は井水《ジンシュエイ》とのことで貞操を失った女なので、紙細工職人は芹秀《チンシュウ》の位牌は家に置けないと直接半夏河に遺骨を撒いた。

その日の夜、彫物師はずっと半夏河の河べりに座っていた。何人かが通り過ぎて彫物師に挨拶したが、彫物師はぼんやりしたまま反応しなかった。

十

彫物師が祖父に斧、ミノ、彫刻刀、やすりなどの大工道具を借りに来た。自分の道具はとっくに失くしていた。祖父が何を作るんだいと聞くと、彫物師は言った。

「土地神廟に住んでいるが、土地神様がいないと住んでいても落ち着かない。土地神様を彫って供えようと思う」

祖父は言った。

「いいことだ。確かに、もう長いこと土地神様を拝んでいない。道理でずっと凶作続きなわけだ。しっかり作れよ」

祖父は家から秘蔵のクヌギを探し出してきた。

「これはいい木だが、彫るのは難しい。言うだろ。クヌギは鉄のように硬いと。だが、土地神様を彫るのにはこれより相応しいものはないからな」

彫物師は祖父に礼を言って帰って行った。

それから数か月、クヌギを彫り続けた。まず土地女神様を彫った。見た者はみんな褒めた。彫物師の腕はちっとも衰えていなかった。

土地神廟は村の西はずれの荒れた坂にあり、村とは桑の林で隔てられていた。彫物師は独り寂しくそこに住み、土地女神を彫っていた。土地女神は芹秀《チンシュウ》の写真を見ながら彫った。この土地女神は笑顔だったが、芹秀《チンシュウ》はめったに笑わなかった。女神像は昔の服を着て昔の髪型をしているので、よく見ないとその秘密に気づく者はなかった。でも私の祖父は知っていた。

彫物師が彫り終えた時、祖父は言った。

「見たことがあるな」

彫物師は言った。

「親方、内緒だよ。漆を塗れば分からない」

祖父は言った。

「言わんさ」

そして付け加えた。

「とてもいい」

ある日、彫物師はとうとう我慢できずに祖父に言った。

「遺骨を河に撒くだなんて。人が死んだら土に還すものだろう。埋めるならともかく、魚の餌にするなんて」

「撒くしかなかったのさ。祖先の墓には入れられない。井水《ジンシュエイ》とあんなことがあったんだ。紙細工職人が墓に埋めるのを許すはずがない。祖先の墓に入れず、そのへんに適当に埋めたら幽霊となってさまよってかわいそうだ。撒いたほうがましだ」

「だが、撒いたら、魂が落ち着き場所を失ってしまう」

祖父と彫物師は土地神廟の戸口で話していた。そこまで話して祖父は廟の香台の上にあるまだ漆を塗っていない土地女神様を見た。

土地女神様を彫り上げた彫物師は続けて土地神様を彫っていた。当然、土地神様は井水《ジンシュエイ》に似せて彫っていた。

「親方はまだ井水《ジンシュエイ》の顔を覚えているか?」

「覚えているよ」

その件を彫物師は祖父に隠さなかった。祖父は秘密を私の父親だけに話して亡くなった。

祖父は言った。

「二人とも孤独な魂だ。かわいそうに。彫物師が二人の行き先を作ってやって良かった」

十一

今年の端午節のあと、父が田舎から南京の私に会いに来て、母が作った粽《ちまき》を籠いっぱいに持ってきた。

翌朝、私が起きると父はもう客間で長いこと座っていた。テーブルの上に白磁の大きな皿があり、蒸した粽が三つ載っていた。

「粽の葉っぱはやはり半夏河で摘んだもの?」

葉をむくと、中から白いもち米が現れた。

「半夏河のだ。粽を縛る紐も都会のようなプラスチックじゃない。裏の竹園の笹だ。粽にプラスチックの匂いがついたら、食えたものじゃないからな」

私は自分で捨てた粽を包んだ笹を見て言った。

「子どもの頃はみんな俺たちが摘んだ。ついでに半夏河で遊んで、イシガイやタニシを捕った」

「今は俺が摘み、母さんが包む。今でも母さんが包む粽が村で一番美しい」

私も賛同して、うなずいた。もう何年も母親が粽を包むのを見ていなかった。粽はいつも端午節の前日の午後に包む。母は戸口に置いた低いスツールに座り、目の前の水をいっぱいに入れた盥には、たくさんの笹の葉が浸してある。盥の縁には塵取りの口があり、塵取りにはもち米がいっぱい入っている。母は器用に笹を円錐形にすると小さな木の杓でもち米を注ぎ入れ、手でひと押しして包むとさらに笹の葉を折る。一番印象的なのが最後の動作で、母は包んだ粽を口に近づけると笹の紐の端を手で持ち、もう片方の端を歯で咬んで、力いっぱい引っ張ると三角の形の粽ができあがるのだった。

そう思い出しながら、私は粽を一つ食べ終わっていた。ポットの湯も沸いた。立って行って父と自分に白茶《はくちゃ》を淹れ、ソファに座る。二人は黙って白茶の葉がガラスの茶碗の中で立ち昇ってくるのを見つめていた。父が淡々と言った。

「彫物師が死んだよ」

十二

端午節の前日、彫物師は半夏河に粽の葉を摘みに行って溺れ死んだ。

彫物師の霊牌は土地神廟にしつらえられた。

彫物師が二十六歳の春、芹秀《チンシュウ》が二十五歳で死に、遺骨が半夏河に撒かれた。彫物師が半夏河で溺れ死んだ時は八十三歳だった。生涯独身で家族もいないので、村の年寄りが中心になって、その日のうちに火葬された。遺骨は彫物師が自分で作った箱に納められた。晩年の二十数年間は骨箱を作ることで生計を立てていた。なぜその仕事を選んだのかは私の祖父だけが知っていたのかもしれない。彫物師は生涯、芹秀《チンシュウ》の安身の地のことで悩んでいた。遺骨を撒いてはいけない、骨箱に入れて土に埋めるべきだと考えていた。人生最後の二十数年間、毎日骨箱を作っていた。

彫物師が死ぬと、それらの骨箱は土地神廟の本堂の壁に寄せて置かれ、出来上がったものもあれば未完成のものもあった。彫物師の骨箱は村の年寄りがその中から選んだもので、上に模様が彫られた一番いい出来のものと言ってよく、他はすべて燃やされた。

骨箱は土地神廟の本堂中央の長机の上に、土地神様と土地女神様の像の前に置かれた。長机にはロウソクが置かれ、香が焚かれている。長机の前には低い机があり、村人たちの供物、魚や肉の他、一番多い粽が並べてある。

弔いに来た者は年寄りも若者も低い机の前の座布団に座り、彫物師の骨箱に三度叩頭した。返礼する家族はいない。彫物師は独り寂しく暮らしてきたからだ。叩頭し終わって立ち上がると、微笑みを浮かべた土地神様と女神様が目に入る。彫物師が二十代の頃に彫ったものだ。数えてみると、ここに微笑んで座ってもう六十年になる。

彫物師の死で、その住まいは本当の土地神廟になろうとしていた。村の年寄りたちが協議して、遺骨はいつまでも土地神様の前に置いておけないし、村人が土地神様にお参りに来て彫物師の遺骨が置いてあったら彫物師を拝むみたいでよろしくないということになった。

「やはり彫物師を埋葬しよう。ここの庭のどこかに場所を探して」

彫物師のただ一人の知己だった私の祖父もとっくに亡くなっていた。だが祖父は父に彫物師の話をしていたので、父が提案して骨箱は土地神廟の入口西の木槿の木の下に埋められることになった。

十三

「あの二本の木槿の木をお前は覚えているか？」と父が聞いた。私はうなずいた。

「毎年立夏になると彫物師はあの木に長命紐を結んでいただろう？」

私はまたうなずいた。二人は少し沈黙した。

「土地神廟の土地神様を覚えているか？」

父はまた聞いた。

何か言いたいことがあるのだと思いながら答えた。

「覚えているよ。いつも笑っていた」

「あの土地神様に特別なところがあると思うか？」

「井水《ジンシュエイ》の様子を彫ったのだろう？　彫物師が祖父ちゃんにそう話した。村の人で他に知っている人がいるのかい？」

「いない」と父は言った。茶碗を胸に抱いたまま、飲んでいなかった。

「彫物師は井水《ジンシュエイ》の様子を彫ったが、彫り終えると祖父ちゃんも彫物師も気がついたんだ。土地神様は井水《ジンシュエイ》にちっとも似ていない」

父は言った。

「彫物師に似ていたんだ」

植木職人

植木職人が大学で働いて五年が経った。
彼は腕も良く、広いキャンパスの植木は
見事に手入れされている。

一

植木職人は私の紹介で都会にやってきた。

植木職人の名は如法《ルーファー》という。私とは小学校の同級生だった。私は毎日登校時、如法《ルーファー》の家の前を通った。当時はまだ植木職人とは呼ばれず、植木職人の息子だった。家には大きな庭があり生け垣はバラで、春になると完璧な花の壁になる。竹でできた庭の門はいつも開いていて、彼の家の前を通りかかると私は必ず中に向かって大声を上げた。

「如法《ルーファー》、学校に行くぞ」

同時に中をのぞいて、いろいろな花を見た。如法《ルーファー》の家は童話の世界だった。私は如法《ルーファー》のおかげで数十種類の花の名を知った。

私が叫ぶと如法《ルーファー》は飛ぶように走り出てくる。いつも手には泥がついていて、洗っても洗ってもきりがなかった。父親を手伝って花を植えていたからだ。少し行くと小川があり、彼は河で手を洗った。手の洗い方はとても丁寧で、爪の中まできれいに洗い落とした。如法《ルーファー》の父親は息子が生まれた時、もうすでにかなりの年だったので、息子をとても可愛がり頭に小さなおさげを結っていた。家の一人息子という意味だった。そのおさげのせいで同級生にからかわれ、喧嘩をすると同級生たちはおさげを引っ張った。彼が十歳になると植木職人は大宴会を催し、やっとそのおさげを切ったので私はほっとした。

私が高校を卒業して故郷を離れる時、如法《ルーファー》はもう三年も植木職人をしていて私に海棠の木を一本贈ってくれた。二十年経って家に帰ると、その海棠の木は二メートルの高さになっていた。

その如法《ルーファー》が私に会いに来た。

「大魚《ターユイ》、植木職人が来たわよ」

母が言い終わる前に如法《ルーファー》は玄関に立っていた。如法《ルーファー》が訪ねてきたのは私に都会での仕事を紹介してほしいからだった。子どもはなく、女房が死んだばかりで、もう村にはいたくないのだと言った。村から遠く離れられればいい、食えればそれでいいと言った。

二

植木職人が南京のある大学で働いて、あっという間に五年が経った。彼はみんなに好かれた。素朴でさっぱりとしていて、人の顔を見れば笑っていた。腕も良く、広いキャンパスの植木は見事に手入れされていた。

ある時、私は通りがかりに彼に会いに行った。山の坂道の下の平屋に住んでいた。家は小さく、中も外も花だらけで、いつ行っても生気に溢れていた。帰りがけにいつも五色梅、幸福の木、清香《せいこう》木《ぼく》、長寿の花などの植木を一鉢くれた。

その日、訪ねて行った私は彼をひと目見て、様子が変わっているのに気がついた。

三

植木職人はもう何日もよく眠れなかった。昨夜は寝入ったのは早いほうだったが、夜中に鋭いもので心臓を刺されたような痛みがして驚いて目覚めたという。植木職人は起き上がると水を飲み、刺さったものは抜いたが傷口が引きつれたような感じがして、動けなかった。植木職人はベッドにもたれて手でそっと胸を押さえ、ゆっくりと呼吸をした。だんだんと傷口の痛みが弱まっていき、かすかな具合の悪さに変わった。

真夜中だったが眠気は完全になくなっていた。

こういうことはもう三度目だった。二度目は植木職人はそのまま死ぬような恐怖に襲われた。市立病院に行くと、医者は問診して聴診器を当て心電図をとってから言った。

「大丈夫、植物性神経紊乱《ぶんらん》です。たいしたことないから、リラックスしていれば良くなりますよ」

はっきりした病名はなかったが、医者は薬を処方してくれた。そして、植木職人に何かの機械を背負って二十四時間計測するようにと言った。植木職人は薬は受け取ったが、計測しなかった。

薬を四日飲み続けると、頭がくらくらしてきた。薬の説明書をよく読むと、どの薬も副作用が少なくなかった。薬は三分は毒だと言う。特に西洋の薬は。植木職人は不安になり、勝手に薬を飲むのをやめてしまった。果たして、めまいはしなくなり食欲も出てきた。でも心臓の違和感はずっと残っていた。

人は四十を過ぎると、どこかに痛みがあればすぐ大げさに考え、不治の病ではと考えがちだ。まして今回のは死に至る可能性も感じられて、植木職人は放ってはおけなかった。いろいろ考えて、やはり中医の名医に診てもらうことにした。植木職人を診た中医師は七十過ぎで、穏やかな表情でゆったりと話をした。脈を診て、舌の苔を見ると言った。

「思いつめすぎて神経が自律できなくなり、動悸がおかしくなっているから、何回か鍼灸に通えば軽くなるだろう。ただ心臓はやはり気の持ちようから来る。胸襟を広く持ち、疲れすぎないことだ」

老医師の言葉に植木職人はいちいちうなずいた。

花や木と付き合っていると心がふさぐというほどのことはないが、近頃は確かにいらいらすることがあった。最近大学では新任の学長が農村出身の職員を解雇して、大学卒の職員を正規に雇おうとしていた。働く場所を換えるのはかまわないが、何年も働いてここの木や花に愛着があったので、この職を失うのは心残りだった。植木職人は電話してきて、最近またそめまいが再発したので六味地《ろくみじ》黄丸《おうがん》を数瓶買って送ってくれないかと言った。いろいろあって気がふさぐのだと植木職人は言った。

鍼灸に行ったばかりなのに、また心臓の動悸が早くなり、植木職人は怖くなった。死は怖くないが、なぜ死ぬのか分からないのは怖い。本当に何かの病気なら、まだいい。治療して治ればいいし、治らなければ仕方がない。少なくとも自分で理由が分かれば、覚悟のしようもあった。怖いのは理由も分からず、突然死ぬことだ。植木職人がそう考えていると外が白み始め、鳥の鳴き声が聞こえてきた。続いて人の声がし始めると、鳥の鳴き声は消えた。それから車の音、機械の音がして、完全に騒がしい昼間の時間になる。音を聞けば時計は見なくとも今は何時頃かが分かる。

私が植木職人に会いに行った日は彼がちょうど夜中からの心臓の痛みでひと晩中眠れなかった翌日だった。私は慰めたが当然何の役にも立たなかった。話をするうちに仙鶴観《せんかくかん》の正一《ジョンイー》道長（道教の寺の長）の話になると、植木職人は元気を取り戻し、道長に会いに連れて行ってくれと頼んだ。

四

仙鶴観に着くと正一《ジョンイー》道長はちょうど中庭で茶を淹れていた。

仙鶴観は山の上にあり、山は植木職人の大学の裏手にある。私は時々来て正一《ジョンイー》道長とよもやま話をした。飯時になっても道長と話していて素食をいただくこともあった。とは言え、もう何か月も来ていなかった。

雨だったせいか、山頂には一人も人を見かけなかった。混元殿《こんげん》に入ると中はしーんとしていて、私たちは手に乾坤《けんこん》の輪を持った太上老君《たいじょうろうくん》（老子をモデルにした仙人）を拝むと中庭に出た。中庭の真ん中に広々とした八卦《はっけ》亭があり、八卦亭の雨除けのカーテンの向こうにある中央の茶卓で道長が茶を淹れていた。私たちが傘をさして石畳を歩いてくるのを見ると、道長は軽い足取りで庇《ひさし》の下まで出て来て、笑いを浮かべて両手を掲げて私と植木職人に礼をした。

「お久しぶりですな。雨の中をお出ましとは風雅なことです」

「雨で静かなので教えを乞いに参りました」と私は言った。

植木職人は腰をかがめて礼をして言った。

「初めまして」

話しながら八卦亭に入ると、私は傘を畳んで振ってから廊下の柱に立てかけた。

道長は私たちを向かいに座らせ、木ばさみで沸騰する湯の中から茶碗を一つ取り出して茶を注いだ。

「先月、湖州《こしゅう》に参り顧渚山《こしょさん》で紫笋茶《しじゅんちゃ》を摘んできました。どうです、味のほうは？」

私は茶碗を鼻の下まで持ち上げて、そっと香りをかぐと笑って言った。

「陸羽《りくう》（唐代の文筆家で『茶経』三巻を著し、茶道の鼻祖とされる）が言うような名茶を道長がわざわざ摘んでこられたのに、私のような者ががぶ飲みするのはもったいないことです」

正一《ジョンイー》は言った。

「専門家じゃありませんか。ご謙遜を」

挨拶が終わり、私は正一《ジョンイー》に言った。

「少し道長にご相談したいことがありまして」

正一《ジョンイー》道長は技量が高く、よその省の役人までが禍福を尋ねに来るという。私と道長の関係はものすごく親しいというわけではないが、よく知った仲だった。初めて会った時、私は言った。

「道長の正という字は良いですね。字形に『上』も『下』もあり、『止』もある。上は天、下は地、止めるを知れば定まり、定まれば安んず、と言います。天、地、人のすべてがある。一は言うまでもありません。一が二を生み、二が三を生み、三が万物を生む。素晴らしい」

正一《ジョンイー》道長はそれを聞いて大いに喜び、以来、私を下にも置かずに遇してくれて、来るたびに茶をもてなしてくれた。

道長は私と植木職人を奥の三清殿に案内した。植木職人は玉清元始天尊《ぎょくせいげんしてんそん》の前に進むと三度叩頭した。正一《ジョンイー》道長は植木職人を机の前に座らせると一卦を立てた。正一《ジョンイー》道長が用いる八卦は蓍草古法《しそうこほう》で非常に複雑で、私にはまったく分からない。

正一《ジョンイー》道長の顔はだんだん和らぎ、顔を上げると植木職人に言った。

「井の卦です。六四、井甃、咎なし。井戸は修め治している最中なので、何の危害もありません。この卦の意味はお分かりのはず。私が多く申すまでもない。あなたの眉間はひとひらの雲のようで、これは邪気です。今年は太歳《たいさい》に当たり、初めはなかなかしんどいでしょうが、それを越せばあと二十年は好運が続きます」

植木職人が聞いた。

「それを越す良い方法はありますか」

正一《ジョンイー》道長は少し考えてから言った。

「何事にも気をつけること、争いごとを避け、何でも譲ることです。帰ったら、猫を一匹お飼いなさい。猫には霊感があり、邪を払います。年寄りの猫がいいでしょう」

五

植木職人の父は息子の電話を受けると、翌日すぐ申《シェン》村から南京に出てきた。家で飼っている年寄り猫を連れてきた。猫は相当な歳で、二十三歳、人間でいえば百歳だった。ここ数年は老植木職人と本当に離れがたい関係にあったが、息子のために連れてきたのである。父親は手に身の回りのものを入れた風呂敷包みを持ち、老猫はその足元をうろうろしていた。

父親が老猫を連れてきた晩、植木職人は本当によく眠れた。朝起きると顔色も良かった。植木職人は興味深げに老猫の前にしゃがみ、手を伸ばして頭を撫でようとした。猫は驚いて後ろにあとずさりすると、じっと植木職人を睨んだまま、耳を後ろにやり、尾をぴんと立てた。人と猫は硬直したまま対峙した。植木職人がじっと老猫の目を見つめると、老猫の目は多面鏡に映った底知れぬ虚空のようだった。

老猫は完全に植木職人を忘れていた。

実家を離れて五年以上になる。毎年何回か帰省してはいたが、老猫の相手をしたことはなかった。老猫は老植木職人が呼んだ時だけ姿を現す。普段は村のあちこちをうろついていた。村人たちもこの猫を知っていて、見かけると「あ、植木職人のところの猫だ」と言って餌をやるが、老猫は食べるでもなく、ちらりと見て離れて行く。老猫は老植木職人がくれる物か、自分で捕まえた物だけを食べた。ネズミはもうあまり見かけなかったが、たまに見つけるとご馳走になった。植木職人が去年帰省した時、老猫がどこからかドジョウを数匹捕まえてきて戸口の井戸のそばに並べた。老植木職人はそれをきれいに洗い、焼いて老猫にやった。老猫は二匹食べるとそばで休憩して前足で顔を洗った。隣の鉄頭《ティエトウ》の家の犬が匂いに誘われて近づいてきて一匹盗み食いしようとすると、老猫は犬の顔にパンチをくれ、犬は悲鳴を上げて逃げて行った。

植木職人は「勇ましい猫だな」と言った。

老植木職人は少し得意げに笑って言った。

「村の犬はみんなこいつを恐れている。こいつが歩いていると犬が避けて遠巻きにしているんだ」

驚くべきことに老猫は鳥も獲った。大きな木に登ると木陰に隠れてじっとしている。鳥が飛んできて前をとんとんとやってくると、老猫はひとつかみで仕留める。そんなだから、植木職人は老猫を半野良扱いしていた。

植木職人が近づけないので、父親がやってきてぽんぽんと老猫の頭を叩いて言った。

「お前の家の人間だ。よその人じゃない」

父親は老猫を抱き上げると猫の鼻を無理やり植木職人の顔にくっつけて言った。

「覚えておけ、うちの人だぞ」

老猫は分かったのか体の緊張が緩み、目の光もずっと穏やかになった。植木職人は手でそっと老猫を撫でた。老猫の毛はつやを失い、ぱさぱさになって色も褪色していた。老猫は植木職人に撫でられたところの毛を舐め、植木職人の手の甲も舐めた。父親が笑った。

「お前が分かったらしい。思い出したんだな」

植木職人は嬉しくなり、父親の手から老猫を受け取った。老猫は嫌がって跳び下りると、逃げて行った。

父親が言った。

「焦るな。まだ馴れていないんだ。馴れれば大丈夫だ。ただ、この猫は気難しいところがあるから、少し距離を置くことだ。人に抱かれるのが嫌いで、人にあまり近寄らないからな」

めまいのことは父親に言わないまま、彼の父は帰って行った。

植木職人は学校の門のところまで父親を見送った。家に戻り戸を開けた途端、戸の後ろに潜んでいた老猫が飛び出した。

植木職人が追いかける暇もなく、家を走り出た時には老猫の姿は跡形もなかった。

六

二十三年も飼ってきた猫を失うわけにはいかない。植木職人は三日間捜し続けたが見つからなかった。でも猫はきっと校内にいると睨んだ。校内にいるなら、まだ望みはある。

植木職人は校内にこんなにたくさんの野良猫がいるとは知らなかった。人に捨てられたのも、自分たちで勝手に繁殖したのも、太っているのや痩せているのや、大きいのも小さいのもいた。植木職人は朝早く市場に行き、小魚を一袋買って帰った。魚を手に校内を回り歩き、歩きながら猫たちに魚をやった。猫は魚を奪い取ると隠れて食べた。奪えなかった猫はじっと遠くから植木職人を見ている。近づきはせず警戒して、何か動きがあり次第すぐに草むらに隠れる。植木職人が猫を数えると百匹以上はいたが、老猫は見かけなかった。それでも見かけたと言う人がいたので、植木職人は諦めなかった。

植木職人がいなくなった猫を捜していることはすぐに学内に広まった。知り合いは会うと「猫は見つかったかい？」と聞くようになった。

昼近くになって、魚を配り終えると校内の池の畔にベンチを見つけて座り、池の蓮の葉を見つめてぼんやりした。夏はこうして過ぎていき、蓮の花もとっくに萎れて、蓮の葉はまだあったが池は物寂しくなり、水面の渦すら少なくなった気がした。一陣の風が吹いて、梧桐《あおぎり》の葉が頭の上から襟元に落ちてきたので、植木職人はそれを払うと何とはなしに襟を立てた。父親が何度か電話してきて、植木職人はそのたびに「老猫は元気だ、胸の息苦しさもかなり良くなった」と答えて父親を安心させた。

褐色の大きな猫が冬青《とうせい》の木の下から出て来て、何か変なものでも顔についているかのようにじっと瞬きもせずに植木職人を見つめていた。植木職人も見つめ返した。この猫は相当な乱暴者らしく、目の光も凶暴な感じで少しも怯えが感じられなかった。植木職人もひるまなかった。父親が猫には霊感があると言うのを信じてはいなかったが、少し前に新聞にある記事が載っていて、アメリカのロードアイランド州の療養院にオスカーという黒トラの猫がいて病人の死を予知するとあった。すでに五十件もの人の死を予知したので、人々はその猫に「四本足の死の天使」というあだ名をつけたそうだ。この記事を読んで以来、植木職人は猫を警戒するようになった。褐色の大きな猫はついに植木職人の直視に対抗できず、敵意を漂わせながら離れて行った。植木職人はほっとした。そしてすぐに自嘲して笑った。たいした大病でもないのに自分は何を神経質になっているのだろう、と。

植木職人は毎日猫に餌をやり終えると、このベンチにひと座りする。毎回違う猫がついてきて少し離れた所から見つめている。ある猫の視線は優しく、ある猫は怯え、ある猫はふてぶてしい。猫と猫の関係も非常に複雑だった。猫は一匹で行動しているように見えるが、何匹かは互いに親しく、何匹かは互いに素知らぬ顔をしている。会えば喧嘩する関係の猫もいる。植木職人は猫の世界にますます興味を持ち始めた。そして猫たちも毎日人が餌をやりに来ることに慣れ始めた。猫たちは毎日やってきて植木職人に挨拶する。でも老猫だけはずっとその姿を見せなかった。植木職人も老猫はもう校内から出てしまったのではないかと思ったが、それでも諦めきれなかった。外では捜しようがない。校内にいると思うしかなかった。老猫に本当に霊感があるのなら、きっと帰ってきて自分に姿を見せるはずだ。植木職人は思った。

七

いつものように魚を配り終え、猫たちに空になった袋を振ってみせると、池の畔の例の梧桐の木に向かった。

木製のベンチに中身のぱんぱんに詰まった黒いポリ袋が置いてあった。

植木職人はそれにはかまわず、隣に座った。誰かがちょっとここに置いただけで取りに来るのかもしれなかった。

ベンチに座った植木職人は変だなと思った。猫が一匹もついてこなかったからだ。池の近くまでは二匹の猫がついてきていた。その猫たちはかなり植木職人に馴れていて遠巻きにすることはなかった。抱かれこそしないが、足元で寝転がったりする。それを見ると植木職人は温かな気持ちになり、同時に恨めしくも思っていた。「老猫よ、二十三年も飼ったのに何も言わずにいなくなるなんて、お前は霊感があると言うが、こいつら野良猫以下じゃないか」と。

猫の姿が見えないので、植木職人はがっかりした。しばらくベンチに座っていたが、つまらなくなり立ち上がって帰ろうとした。

周囲を見渡したが誰もいない。この袋は誰のものだろうと疑問が湧いてきた。誰かの忘れ物だろうか？　植木職人は中を見てから考えようと思った。

植木職人は袋を開け、「わっ」と声を上げて袋を投げ捨てた。中には猫の死体が入っていた。猫は殴られて死んでいた。体中血だらけで、頭はひしゃげていた。棒か石で殴られたのだろう。植木職人はベンチのそばで気分が悪くなり、憤慨していた。人間はなぜこんな残酷な変態じみた真似ができるのだろうか？　猫を殴り殺して袋に入れてベンチに置いておくとは。そして、なぜこのベンチに置いたのだろう？

植木職人は身震いした。俺に見せるためだ。こいつはおれが猫好きなのを知っていて、猫を捜していることとも知っている。この猫は俺が殺したようなものだ。そいつは俺を恨んでいるのか、それとも猫を恨んでいるのか。植木職人は変態に対する恐怖に襲われ周囲を見回したが、誰もいなかった。もしかしたら、猫を殺した者がどこかに隠れて見ているかもしれないと思った。

植木職人には分かった。死んだ猫は先日、自分と睨み合った褐色の猫だった。あんな丈夫そうな粗暴な猫がこんな死に方をするとは。ここの猫王にすらなれると思ったのに、今はひしゃげた猫の死体になってしまった。

植木職人は猫の死体を持つと、家からスコップを取ってきて玉蘭《ぎょくらん》の木の下に埋めることにした。植木職人は玉蘭の木が好きだった。春になると真っ先に花が咲く。木一面に花が咲き、葉がない。すべての生命が木に掛かっているようだった。植木職人にはそれがどこかこの褐色の猫に似ているような気がした。でも褐色猫は死んだ。植木職人は歩きながらようやく気持ちが静まると決心した。この憎むべき人間をきっと見つけ出してやる。

小さな穴を掘って猫を埋めると、猫にすまない気持ちでいっぱいになった。自分が猫に餌をやらなければ人に近づかなかったし、やすやすと殺されなかっただろう。植木職人は罪悪感を感じ、そのことから余計に犯人に対する怒りが強くなった。猫を埋めると合掌して祈った。

「猫よ、来世では山林の虎に生まれ変われよ」

植木職人は大学の警備課に行き、校内に猫殺しがいると告げるつもりだった。

猫が死んだのを見て以来、ずっと背中を冷ややかな目で見つめられている気がした。家に帰っても同じだった。誰かがうずくまり窓を見上げているような気がした。

植木職人はその晩よく眠れなかった。一睡もしなかったと言ってよい。

八

翌日はやはり魚を買って猫たちに与えた。猫を見ると魚を遠くに投げ、猫が咥えてすぐに立ち去らないと声を上げて追い払った。もう猫たちを自分に近づけたくなかった。本当は餌もやるまいと思ったのだが、なぜか朝になると市場に出かけていた。来た以上、買うしかない。これが最後だ、もう二度とやらない。餌をやれば結果として害を与える。そう考えながら餌をやっていたら、気持ちが落ち込んだ。猫たちも植木職人がいつもと違うのを感じ取ったのか、いつものように積極的に近づいては来なかった。池の畔に来てもまだ魚が三、四匹残っていて、袋の中で跳びはねていた。

植木職人はいつも座るベンチには座らなかった。ちらりと見たが、ベンチの上には何もなく、変なものは置いてなかった。ほっと息をついて袋の中の魚を池に放した。

植木職人は校内を歩いていても依然として老猫の動静を探っていた。前よりずっと老猫が恋しくなった。あの猫と自分の運命に不思議なつながりがあるような気さえした。餌をやることで校内の猫たちと親しくなれば老猫の行方が分かるかもしれないと思ったのに、それがこんなまがまがしい心の持ち主にかき混ぜられ、計画は完全に狂ってしまった。
三、四日が過ぎても校内には何の変化もなかった。植木職人は魚の餌を手に校内を一周してから、池の畔に来て魚に餌をやった。老猫を捜すべきかどうかも分からないし、どこに捜しに行けば良いかも分からなかった。父親に本当のことを言おうかとも思った。でも、口元まで出かかってはこう言った。
「老猫は毎日俺といる。元気だよ」

植木職人が池の畔に立っていると、のっぽの陳《チェン》が通りかかって言った。

「また一匹、猫が殺された」

のっぽの陳《チェン》は警備員で、植木職人とも親しかった。植木職人は慌ててあとをついていった。死んだ猫を見つけたのは女子学生だった。防空壕の入口を通りかかって見つけたのだった。猫はナイフで切り殺されていた。片方の耳が切られて垂れ下がっていた。数人の女子学生が固まって離れた所で見ていて、一人は顔を覆って泣き、身体を震わせていた。

のっぽの陳《チェン》が猫を袋に入れ、植木職人も付き合って空き地を見つけて二人で猫を埋めた。

植木職人はまた心臓の具合がおかしくなり、あまり話さず家に帰った。

家で三日休んで、校内の植木の手入れに出かけ、校門の警備員室を通りかかるとのっぽの陳《チェン》に呼び止められた。

「植木職人、ちょっと来いよ」

のっぽの陳《チェン》は言った。

「校内で変なことが起きている。あんたが見た二匹以外に、もう十三匹も猫が人に殺されている」

植木職人はびっくりした。

「十三匹？」

のっぽの陳《チェン》はうなずいて言った。

「手段もとても残酷だ。頭が切り落とされたもの、尻尾が切り落とされたもの、皮がはがされたのもいて、変態じみている。警備課は俺たちに巡視させているが、犯人はまったく捕まらない」

太った年寄りの警備員が眉を寄せて言った。

「監視カメラにも映っていない。暗がりに隠れてやっているんだ」

「学生たちも噂でもちきりだ。ネットでも騒がれている。うちの大学には変質者がいると」

「十三匹」と植木職人は言った。「警察に通報は？」

警備員たちは笑った。

「これが事件になるか？　猫が殺されたぐらいで派出所が動くものか」

太った警備員がまた眉を寄せて言った。

「俺に言わせれば、ここは実際、野良猫が多すぎるんだ。ひと晩中、鳴きわめいていることもあり眠れないほどだ」

植木職人はじろりと睨んで言った。

「ひどいな。多いから殺してもいいと言うのか」

「呉《ウー》さん、ひどいことを言うなよ。もっと人道的になれ」とのっぽの陳《チェン》も言った。

呉《ウー》はのっぽの陳《チェン》を横目で見て言った。

「高潔ぶるなよ」

植木職人は浮かない顔で帰った。呉《ウー》は植木職人が遠ざかると後ろを向いて他の警備員たちに言った。

「植木職人がやっているんじゃないか？　校内を何もないのにぶらついて猫と付き合っているのはあいつだけだ。ここ数日、姿を見かけないと思ったら十数匹も死んだんだからな」

九

猫を殺した人間は見つからず、植木職人に関する噂が広まっていった。校内を歩くと多くの人が変な目で見るようになった。

植木職人は噂を知っていた。のっぽの陳《チェン》が教えたのだ。

「みんなが陰であんたのことを言っているのは知ってるか?」

のっぽの陳《チェン》は植木職人が渡した煙草を受け取ると言った。

「俺が何だって?」

「減らず口どもが、猫を殺したのはあんただと言っている。でたらめもいいところだ」

のっぽの陳《チェン》は道端の草むらにぺっと痰を吐いた。

植木職人はびっくりして言った。

「どうして俺なんだ?」

「だから、でたらめだと言っただろ」

植木職人は家に帰った。

猫殺しを捕まえようと思ったことはあるが、思っただけで行動に移したことはなかった。十数匹も殺されて、植木職人は老猫のことがさらに心配になった。だが警備員に責任を取ってほしいとは思わなかった。警備員たちは当然たいして気に留めていなかったからだ。植木職人は私に電話してきて、警察に聞いてみてくれないかと言った。

私は言った。

「どうかしているよ。猫が数匹殺されたぐらい、たいしたことじゃない。そんなことまで警察が関わっていたら、人手がいくらあっても足りないだろう。今は飲酒運転の取り締まりで大変なんだ。少し家でゆっくり休めよ」

数日経って、また電話がかかってきた。

「うちの大学で何者かが猫を殺し続けている。そのせいでみんなが落ち着かない。手段が残酷なんだ。取材に来てくれ」

「身体の具合は良くなったのか？　そんなことを気にしてどうなるんだ？　記事にもならないよ。相手にする記者はいない」

私は植木職人が余計なことをしていると思った。

「本当にみんな不安がっているんだ。報道してくれれば人の注意を引いて、その偏執狂も捕まるかもしれない」

「分かった、分かった。時間を見つけて、また会おうぜ」と私は電話を切った。

植木職人はまさか自分が犯人扱いされるとは思ってもいなかった。このままでは駄目だ。学校の並木道を行ったり来たりした。このままでは駄目だ。どうしてこんなことになった？　どうして俺なんだ？　植木職人はもう引き返せないと思った。あいつに追いつめられるところまで追いつめられたと思った。植木職人は懐中電灯とシャベルを持った。初めは小刀を持とうと思ったが、人に見つかったら言い訳ができない。仕事道具のシャベルなら、相手が襲ってきた時の武器にはなる。万一何かあっても正当防衛を主張できる。植木職人は細心に考えをめぐらした。

まず警備課に行った。警備課長は色白の中年男で、フレームのない眼鏡をかけていた。課長は植木職人を知っていて、植木職人が猫を殺したという噂も聞いていたが、あまり深くは気にしていなかった。大学には変人や鬱気味の者が多いことを知っていたからだ。刺激してはならない者がいて、刺激して何かあっても責任は負えない。だから何があっても証拠がない限り、植木職人がやったとは言えないのである。やったとしても、猫を数匹殺したぐらいでは法を犯したことにはならない。こういう変質者にはくれぐれも注意しなければならない。

そこで、植木職人が入ってくると、警備課長は振り向いて丁重に聞いた。

「何か用かね？」

「黄《ホアン》課長」と植木職人は落ち着いた口調で言った。

「最近、まだ猫が殺されていますか？」

「そうでもない。一、二匹だね」

「思うのですが、この猫殺しは猫を殺すぐらいだから何をしでかすか分かりません。校内にこんな人間がいたら危険です。警備課として重視すべきではないのですか？」

「重視しているよ」

「自分が調べると断りを入れたくて来たのです。今日から巡視に参加します。考えがあるんです。私にトランシーバーを貸してくれませんか。何かあった時にすぐお知らせできるように」

「我々には我々の決まりがあり、トランシーバーは外部の人には貸し出せない。絶対に駄目なんだ。

どうだろう。私の携帯電話番号を教えるから、もし何かあったら直接それにかけてくれないか？」

「分かりました」

植木職人は番号を自分の電話に登録した。

植木職人がいなくなると、黄《ホアン》課長は少々混乱した。植木職人は変質者なのか、それとも神経症なのか。おそらく神経症なのだろう。

十

のっぽの陳《チェン》が何度か猫の悲鳴を聞いたと言う。死に際の悲鳴だ、と。そのことから植木職人は猫殺し犯人は真夜中に殺害していると判断した。

校内の猫が集まる場所をいくつか、植木職人は承知していたが、連続の凶行に猫たちは恐れをなしていた。足にまとわりつくどころか、人声を聞いただけで姿を隠してしまう。広い敷地内を猫が闊歩している光景はまったく見られなくなった。猫たちの一部は他に棲《す》みかを移し、一部は蟄居《ちっきょ》して出てこなくなった。老猫もどこかに行ったのだろうと植木職人は考えた。のっぽの陳《チェン》が、殺された猫の中に植木職人が言うあの老猫はいなかったと言った。今、殺された猫を埋めるのは全部のっぽの陳《チェン》の仕事になっていた。

植木職人は梯子《はしご》を使い、木の幹に深く食い込んだ針金をペンチで外しながら言った。

「陳《チェン》さん、見ろよ。せっかくの木をこんな針金で縛って、木が成長したら食い込むに決まっている。さらに幹が太くなれば、もっと深く食い込む。針金を飲み込んで木の疵が膨らんでいるだろう。木は疵を治したいと思っているが、治せるわけがないんだ。針金が中に埋まれば木は成長できない。これを見ると心が痛むよ。自分の首が絞められるようだ。人間が木を傷め、猫を殺す。俺の田舎なら、そんな奴はとっくに殴り殺されている」

のっぽの陳《チェン》が言った。

「本当に猫殺しを捕まえる気か?」

植木職人は言った。

「捕まえるまでは眠れない。そのうち俺の家の老猫も殺すに違いない。それに、分かるだろ、捕まえないと人はみんな俺の仕業だと思うからな」

植木職人は幾晩も巡視をしたが、何の動きもなかった。猫が少なくなり、警戒心から機敏になり、犯人もなかなか手が出せないのかもしれなかった。あるいは植木職人の動きが猫殺し犯人の注意を引いたのかもしれない。植木職人はベテラン探偵のごとく、相手が学生だろうと教職員だろうと、校内で散歩する一般の人だろうと、じっと見守った。多くの人が居心地の悪い思いをして、陰で植木職人のことを頭がどうかしていると言った。最後の噂はこういうものだった。

「校内に精神病の植木係がいて、猫を殺しまくっている」

「女房を亡くして、気が触れたらしい」

十一

一日一日と寒くなっていった。猫の殺害事件はやはり時折り発生していて、植木職人はなす術《すべ》がなく、だんだんやつれて痩せて行った。植木職人は精神を病んでいるとみんな知っていたので、彼の猫殺しに恐怖を感じて学校の管理部門に苦情を言う者も少なくなかった。

植木職人は他人の目に自分が猫殺し犯人と映っていることを知っていた。変質者から精神病者に変わっていて、他人が自分を避け、恐怖を覚えているとも感じていた。時には学生に笑顔で挨拶して話しかけようとするのだが、学生、特に女子学生はさっと顔色を変えて、そそくさと逃げてしまう。そんなことが何度かあってからは自分から遠ざかるようになった。どうしてこんな状況になってしまったのか分からなかった。今できる唯一のことは陰湿な猫殺し犯人を捕まえることだけだった。だが犯人はまるで幽霊のようだった。二度、猫の悲鳴を聞きつけ駆けつけたが、猫は死に、周囲に人は誰もいなかった。猫の悲鳴だけが犯人が立てた唯一の物音だった。

黄《ホアン》課長は植木職人に対する訴えを受け付けたが、証拠がないので何の措置も取れず、監視カメラのモニターで植木職人を見張るしかなかった。時には真夜中になっても植木職人はぐるぐると歩き回り、薄暗い街灯の下を檻に入れられたオオカミのようにうろつきまわっていた。

ある夜の十一時頃、黄《ホアン》課長はパソコンでトランプゲームをして遊びながら、監視モニターで植木職人を見張っていた。歩いていた植木職人が突然立ち止まり、何か物音を聞いたのか、すぐに走り出した。黄《ホアン》課長は慌ててトランシーバーで警備員を向かわせた。

監視カメラの死角にまだ断末魔で痙攣している瀕死の猫がいた。植木職人がそばに立っていた。警備員はこっそりトランシーバーで報告した。

「奴がまた猫を殺しました」

警備員が来たのを見て、植木職人は言った。

「犯人は近くにいる。遠くには行っていない」

そう言うと手にした懐中電灯で木陰の藪をやたらと照らしながら駆けて行った。警備員は冷たい目で見つめ、あとを追いかけて行った。

犯人は跡形もなかった。植木職人は街灯の下で絶望して立ちすくみ、ポケットからシャベルを取り出し握りしめていた。歯を食いしばり、顔の筋肉がひきつっていた。

警備員は身震いすると急いで駆け戻って黄《ホアン》課長に言った。

「狂っています。自分で殺しておいて、あちこち捜すんですから。自分が何をしているのか分かっていないようです。夢遊病でなければ何かにとりつかれているんですよ」

黄《ホアン》課長はうなずいて、視線を監視モニターから動かすと言った。

「見たよ」

翌日、黄《ホアン》課長は出勤するとすぐ総務課に長い電話をかけた。

十二

私が植木職人に会いに行った時、彼の病状はかなり重く、げっそりと痩せていた。

私は彼を校内の湖南料理店に誘った。前回会った時と比べると人が違ったようだった。身体は痩せ細って棒のようで、顔色は黄ばんで皺も増え、表情に乏しく何かに怯えているようだった。それでも私を見ると喜んで、いろいろ話しかけてきた。

「他人には俺は頭がおかしいと思われている」とため息をついて箸を置いた。

「女子学生は俺を見ると逃げる。故郷に帰ったほうがいいのかもしれない。ここにはもういられない。だが老猫がいなくなってしまったから、帰っても親父に申し開きができない。この猫殺しは一体どういうことだと思う？　俺に対する嫌がらせなのかな？」

私は魚の頭の肉を口に入れ、うっかり唐辛子を噛んでしまった。息を深く吸い込み手で涙を拭いて、もごもごと植木職人に聞いた。

「誰かに恨まれる覚えはあるのか？」

「俺も考えたけど、植木係に何ができる？　他人に気分を害されても、俺はいつだってにこにこ愛想よくしている。ここに来て五年になるが、誰とも喧嘩をしたことがない。俺は植木職人で、出稼ぎの農民だ。教員や職員どころか、学生にだって逆らえない」

外に出ると、彼が「送らないよ」と言って握手した。手が冷たかった。

風が吹いて埃を巻き上げ顔に当たった。急いで手で口を覆うと、もう片方の手を植木職人に振って、二人それぞれもやもやした気分で別れた。

十三

警備課の黄《ホアン》課長は私が植木職人と会った三日後に、のっぽの陳《チェン》ともう一人の警備員を連れて植木職人の家に行った。学校の上層部の指示で植木職人を病院に連れて行くと言った。

植木職人は言った。

「病院には行きました。何も原因が見つからなかったんです」

黄《ホアン》課長が言った。

「もう一度、診てもらおう。安心してくれ。診療費はこっちで出すから」

彼らが連れて行ったのは精神科病院だった。医者は検査の結果、言った。

「かなり深刻です。重度の鬱病と言えます。ここまでくると危険で、自分で自分がコントロールできなくなっていることに自分では気がつかないので、薬物で抑えるしかありません。入院させるべきです」

診断結果に植木職人はやっと自分は病気だったのか、それも鬱病だったのかと信じる気になった。

植木職人はそんなのは何の苦労もないインテリがなるもので、自分のような花を育てる人間でもかかるのかと意外に思った。幸い黄《ホアン》課長が治療費は学校が持つと言った。そうでなければどうしようもなかった。

入院病棟に続く通路の入口には鉄柵があった。植木職人が来た時は夕飯の時間で、何人かが食器を持って通路で食べながら話をしており、一人がご飯の入った弁当箱を別の人の顔にかぶせて喧嘩になった。医者が植木職人を彼の病室に押しやり、喧嘩を止めに入った。病室の戸は外から鍵をかけるようになっていた。

植木職人はベッドに横になって展転とした。

彼は医者の言葉を信じて、あれこれ考え続けた。

俺なのか？　俺が猫を殺したのに自分で分からないのか？　俺は精神病なのか？　本当に？　もしそうでないなら、なぜ老猫を飼って邪除けにしようなどと考えたのか？　数年前なら絶対にそんなことはしなかっただろう。それもこれも心臓の動悸のせいだ。植木職人はちゃんと薬を飲んで早く治そうと思った。少し怖かった。自分が怖くなった。

十四

通報したのは息子が小児麻痺を患う、退職女性教員だった。自分が大学で教えていたので、彼女の息子は特別にこの大学に入学を許可されていた。彼女は毎日車椅子を押して息子の送り迎えをしていて、学校中が彼女のことを知っていた。その彼女が警備員に、自分が住んでいる建物の地下室に猫の死骸がいくつかあり、水に浸かって凍っていると通報したのだった。

黄《ホアン》課長は四、五人の警備員を連れて駆けつけた。

「ずっと鍵がかかっていたのに」とその退職女性教員は地下室の扉を開けて言った。「午後ここを通りかかったら、扉が少し開いていたので閉めようと思い、ついでに中をのぞいたら一面水浸しで凍っていたのよ。ごらんなさい」

地下室が水に浸かり、その水が凍って厚い氷の中に四匹の猫が凍っていた。猫の体の一部は氷の中に、一部は氷の外にあった。誰かに殺され床に投げ捨てられ、水をかけられ凍りついたのだろう。水は外から入ってきたもので、一週間ほど前に大雨が降っていた。壁際に厚い段ボールで作ったベッドが置いてあった。ベッドには何も置いてなかったが、身体で押しつぶされた跡があった。段ボール製のベッドも凍って氷の中にあった。地下室には他には何もなかった。

黄《ホアン》課長は引き返すと監視モニター画像を念入りに調べた。

録画ビデオでその人間が三回出入りするのを見ることができた。野暮ったく凶悪な顔をした四十がらみの男で、身長は百七十ぐらい。ガニ股で野球帽をかぶった男だった。大学の教職員ではなく、誰も見覚えがなく話したこともなかった。ビデオで見るに、一週間ほど前に校門を出て行ったきり、その後は戻ってきた様子がなかった。

十五

大学では二度と猫を殺す事件は起きなかった。猫殺しは学校から出て行ったと言う者もいたが、より多くの人は猫殺しの植木係が精神科病院に入れられたからだと言った。

かなり長い期間、校内には新しい植木係が配置されず、ほとんどの花が枯れてしまった。しばらくして学校が重要な会議を開いた時、美しいと評判だった校内が荒れ果てたのはどういうわけだと学長が聞いて、黄《ホアン》課長は植木職人がまだ精神科病院にいることを思い出した。

その時はもう黄《ホアン》課長は猫殺しが別の者の仕業で植木職人ではないと知っていた。

植木職人は病院から学校に戻り、校内の至る所に指名手配の人相書きが貼ってあるのに気がついた。数日前、何者かが銀行の入口で拳銃強盗を働き、一人を撃ち殺して二十万元を奪って逃げたという。

家に戻るとすぐ、植木職人は父親に電話をかけた。父親は電話を受けるとすぐ聞いた。

「南京で殺人があったそうだな」

「強盗だよ」

「捕まったのか?」

「まだだ」

「金を下ろす時は気をつけろよ。今の者は何をしでかすか分からんからな。強盗なら金だけ取ればいいものを、銃で人を撃ち殺すなんて。周りをよく確かめてから金を下ろすんだ。でも、まあ当分は大丈夫だろう。大金を取って逃げたそうだから、使いきるまでは強盗はすまい」

植木職人は黙っていた。

「身体の具合はどうだ?」

「良くなったよ」

「それならいい。近いうちに南京に会いに行くから。老猫は元気か?」

「うん」

植木職人はもごもご言ってから、顔を上げて窓の外を見た。校内に銃を担いだ軍人の姿が増えていた。

「父さん、もう来なくていいよ。俺が帰る。帰ったら、ずっと家にいるよ」

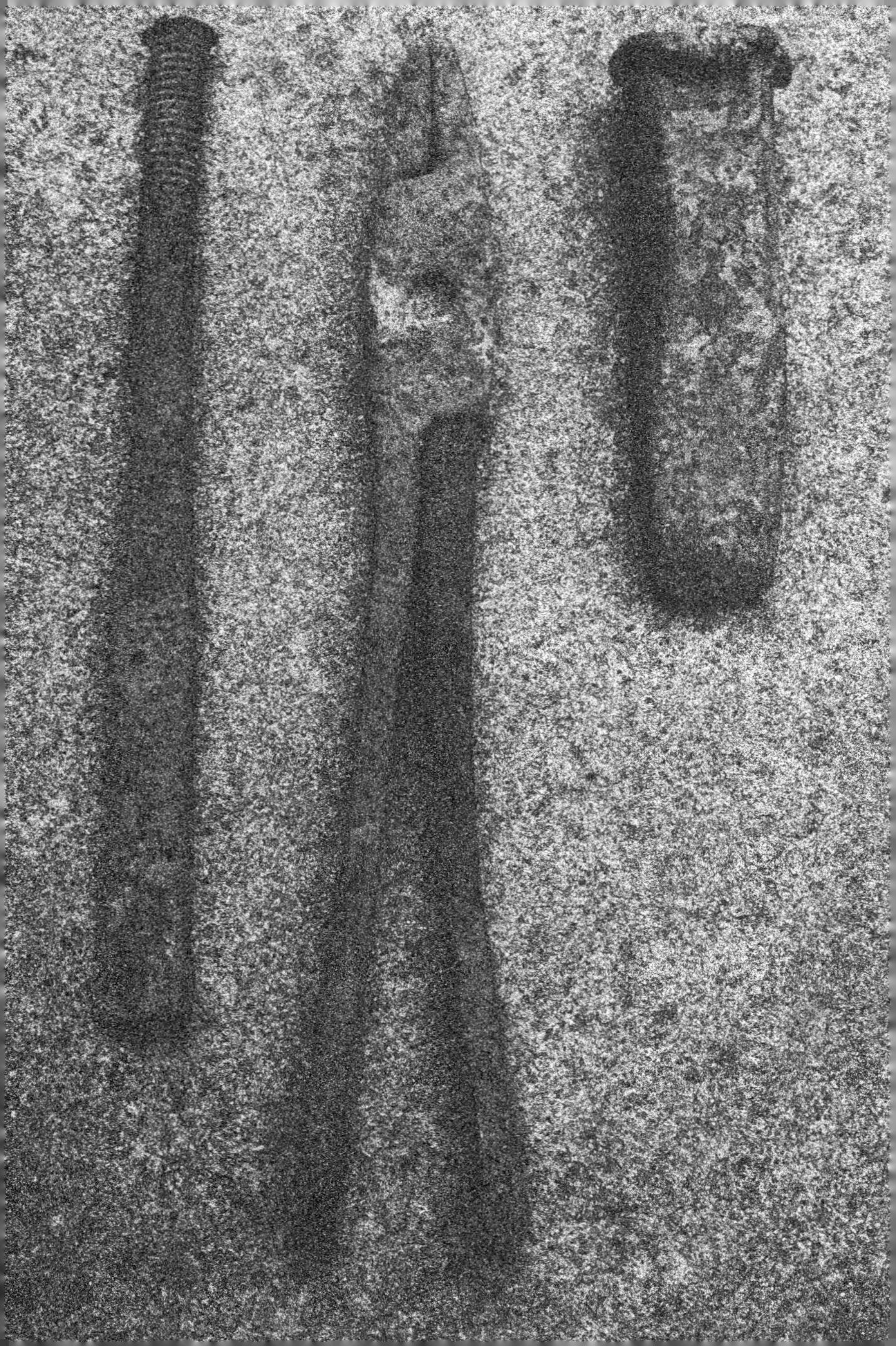

鍛冶屋

炉の火は赤々と燃え、鉄の塊が熱している。
鍛冶屋は、鉄の塊を打ち始めた。
かん、かん、かんという音が力強く響いた。

鍛冶屋は私の家のすぐ近くの半夏河畔に住んでいた。一九八五年、鍛冶屋の曹鞋《ツァオ・シエ》は八十歳で死んだ。二人の息子はこっそり遺体を家の裏に埋めたが、村の党書記に見つかり、掘り返されて火葬にされた。鍛冶屋の遺体が掘り返された異臭は申《シェン》村中に漂った。

村の党書記は自分で雇ったよその村の人に、鍛冶屋の腐乱した遺体をポリ袋にくるませ、トラクターに載せた。当時、私は十五歳で中学を卒業していて、百人以上の申村の人々と遠巻きにして、その凄惨な一幕を黙って見ていた。

二〇一四年の初夏の短い間、私は実家に帰って住むことになり、朱瀛椿《ジュウ・インチン》夫婦を招待して一緒に帰省した。中村に着いた日の午後、小雨が上がったばかりの村を夫婦を案内して歩いた。半夏河の河べりに来ると、老人が一人畑を耕していた。老人は半歩後ろに退くと力をふり絞って鉄の鋤《すき》を引き、畑を深々と耕していた。私たちが近づくのを見ると耕すのをやめて挨拶した。煙草を手渡すと老人は鋤にもたれて私たちと世間話をした。老人は曹鞋《ツァオ・シエ》の息子の紅栄《ホンロン》だった。紅栄《ホンロン》はもう八十一歳で、総白髪に皺だらけの顔にいつも笑みを浮かべていた。その年で独り暮らしは大変でしょうと私たちが言うと、天秤を担いで通りかかった女性が笑って言った。

「独りじゃないわ。西洋の女房がいるのよ」

紅栄《ホンロン》は笑って追い払った。

「あっち行け」

西洋の女房というのは紅栄《ホンロン》が飼っている年老いた羊のことだった（洋と羊は同音である）。もう何年も羊と寄り添って暮らしている。

紅栄《ホンロン》は次男で、兄と弟はとっくに死んでいた。生涯独り身で結婚したことはない。私は帰省するたびに、その羊が子羊と河べりで草を食んでいるのを見かけた。何もない時、日々老いつつある紅《ホン》栄《ロン》は小さな木の椅子に座り、煙草を吸いながら河のアヒルを眺めているのか、子羊が河に落ちないように見張っているのか、ぼんやりと河を眺めていた。いつか紅栄《ホンロン》が亡くなれば、中村の彼の一家は完全に途絶えてしまう。

鍛冶屋の曹鞋《ツアオ・シエ》、紅栄《ホンロン》の一家が中村に住んで三百年になる。

一九二三年の秋、大槐《タークワイ》の一歳の下の息子が夭折した。大槐《タークワイ》は嘆き悲しみ、大工に最上級の木で小さい丈夫な棺を作らせて赤ん坊の遺体を納めると、中村の西のはずれの大きな陵墓の前に埋めた。風水師がそこなら家族が栄えると言ったからだ。

その大きな陵墓は周囲の長さが九十メートル、高さは七、八メートルもある曹《ツアオ》家代々の墓で、清代の康熙《こうき》年間に建てられた。

曹鞋《ツアオ・シエ》の祖先は反清復明《はんしんふくみん》（満洲族が支配する清王朝に抵抗し、漢民族の王朝だった明を復活させようとする運動や意識）の志士で、清軍の追っ手から中村の親戚を頼って逃げてきて、田畑を買って身を落ち着けた。曹《ツアオ》家の祖先は軍事に通じた義勇軍の首領だったのだろう。中村に来た時、少なくない財産を持っていた。中村の西のはずれの広野に十ヘク

ター ル以上の土地を買い、土地の四方に小さな溝を掘り、田畑と周囲を分け隔てた。溝の両側には楊柳《ようりゅう》の木を植え、中村に向き合う側にだけ小さな石橋を作り、外界との往来に使用した。石橋を渡って東に千メートル行くと私の先祖の家があった。

　曹家《ツアオ》は中村の外にある高台にぽつんと建っていた。その高台は広野のど真ん中にあり、中村から少し離れていて、南、西、北の三方向は地平線上にようやく人家が見えた。どこから来る人にもはるか遠くから曹家《ツアオ》が見える。初代が死ぬと曹家《ツアオ》は溝沿いに大きな陵墓を建てた。四方数十里の人はみんな中村のはずれに曹家《ツアオ》陵墓があることを知っている。この陵墓は財産をひけらかすために建てたのではなく、見晴らし台なのであった。陵墓の頂上に立つと、四方の野原と中村全体が眺め下ろせた。

　私が子どもの頃、中村に民兵の軍営が作られ、民兵たちはよく曹家《ツアオ》陵墓の近くで練兵をしていた。彼らは陵墓から離れた所に簡単なシェルターを掘り、民兵たちはその中にはいつくばり、陵墓の前に突きさした的に向かって射撃訓練をした。的の下に穴を掘り、そこに人が隠れている。銃声がなると、その人が長い竿で札を上げて振り、今の弾が的のどこに当たったかを示す。

　陵墓の頂上には向かい風にたなびく赤い旗がさしてあった。旗がさしてある時は練兵中という意味で、はるか遠くからも見えた。赤い旗を抜くと練兵終了という意味で厳戒が解かれた。

　大槐《タークワイ》が下の息子を埋葬していくらもしない頃、曹鞋《ツアオ・シエ》の父親の曹斧頭《ツアオ・フートウ》が中村の陰陽師を呼んできた。陰陽師は二日ほどあたりを観察すると絵を描き、最後に紙にこう書いた。

「曹《ツアオ》家陵墓の南西にある墓は、曹《ツアオ》家に不利なり。軽ければ火災、重ければ人が亡くなる。破解の方法は二つあり。墓を移すか、自分が移転すること」

大槐《タークワイ》は、曹《ツアオ》家の陵墓前にある墓を移転するよう斧頭《フートウ》に要求されてもまったく相手にせず、両家はそのために裁判を起こして争った。

中村で最も有名な裁判だ。一九二三年から一九二五年まで争い、曹《ツアオ》家はほとんどすべての家作を売って、役所の上から下にまで付け届けをした。大槐《タークワイ》も厚礼を送った。大槐《タークワイ》の家は家業も大きいので、それによって家が傾くということはなかった。だが曹《ツアオ》家は裁判のために田畑も一ヘクタールほどに減り、曹《ツアオ》家の高台も自分の所だけのものではなくなった。役所は二年も裁判を長引かせて、曹《ツアオ》家から取れるものがなくなった頃、ようやく判決を下した。

「大槐《タークワイ》の家の墓は向きを南に変えれば移転の必要はなし」

このふざけた判決は事実上、曹《ツアオ》家の負けであった。判決が下りた一か月後、曹鞋《ツアオ・シエ》の父親斧頭《フートウ》は心身ともに疲れ果て、病に倒れて寝たきりになった。父親は息子の曹鞋《ツアオ・シエ》を枕元に呼んで言った。

「いいか、よく覚えておけ。誰が曹《ツアオ》家二百年の家作を台なしにしたのか。この恨みを晴らさねば、わしは黄泉《よみ》の国に行っても安眠できん。わしの息がまだあるうちに、お前は嫁を取って一家の主になり、わしの無念を晴らしてくれ」

二十歳の曹鞋《ツアオ・シエ》は父の言いつけ通り、子どもの頃に婚約を交わした戴《ダイ》氏を嫁に迎えた。戴《ダイ》氏が嫁入りした半月後に、五十一歳の斧頭《フートウ》は恨みを残したまま死んだ。

曹鞋《ツアオ・シエ》は半ヘクタールの土地を売り、父親の葬式費用を工面した。葬式に参列した人も多くなく、慌ただしい葬儀だった。埋葬の日は大雨で、親戚友人はそそくさと棺を墓地に送ると、すぐに帰って行った。曹鞋《ツアオ・シエ》だけが父親の墓の前で日が暮れるまで突っ伏していた。

ほんのわずかだけ残った土地ではまったく暮らしが成り立たなくなった。曹鞋《ツアオ・シエ》は仕方なく、町の鍛冶職人の徒弟になった。

曹鞋《ツアオ・シエ》は背が高くて体格も良く力があったので、弟子入りは遅かったが鍛冶屋に向いていて、たった一年で技術を身につけた。中村に戻ると、曹《ツアオ》家の高台の前に鍛冶屋を開き、商売も順調だった。一九四四年の夏、麦の収穫が終わると、畑に水を引いて田植えをし、束の間の空いた時間に鍛冶屋の曹鞋《ツアオ・シエ》は炉に火をおこし、農具を打ち始めた。遠くから村長の希旺《シーワン》が小橋を渡ってゆっくり歩いてくるのが見えた。

鍛冶屋は上半身裸で、腰には黒い破れた皮の前掛けを巻いていた。炉の火は赤々と燃え、鉄の塊が真っ赤に熱していた。鍛冶屋は手に柄の長い鉗子を持ち、鉄の塊を土台に置くと打ち始めた。かん、かん、かんという落ち着いた音が重く響いて力強かった。

希旺《シーワン》のことを鍛冶屋は歯牙にもかけていなかった。昔は自分より貧しい物乞いだったのだ。だが昔と打って変わり村長になると、突然威張り始めた。あちこちの家に出入りして、穀物を上納させたり、人に担ぎ出されて揉め事の仲裁をしたり、食べるにも飲むにも困らない身分になっていた。

鍛冶屋はそれが羨ましくてならなかった。

希旺《シーワン》が村長になって二か月余り、郷長は彼に助手を探させたが、なかなか成り手がいなかった。何人かに頼んだが全員に断られ、どうしようもなくなって鍛冶屋に頼みに来たのである。鍛冶屋はお節介で声が大きく、知恵も働き、手段が容赦ない。村の幹部になれば面倒も多そうだが、郷長はひっきりなしに催促してくるし、希旺《シーワン》はやむなく曹《ツァオ》家の高台にやってきたのだった。

希旺《シーワン》が来意を告げると、鍛冶屋は思いきりよく刀の形に打った鉄片を水に浸け、じゅわっという音とともに蒸気が立ち昇ってきた。鍛冶屋は仕事を放り出して、腰を伸ばすとあっさりと言った。

「わざわざ来てくれたのに、顔を立てない道理はない。まして、いい事だしな。村の仕事は誰かがやらなくてはならん。引き受けるのに異存はないぜ」

そう言うと女房に茶を淹れさせ、自ら希旺《シーワン》に差し出した。さらに手にした刻み煙草を手渡した。この刻み煙草は鍛冶屋の宝物で、めったに人に触らせない。稀に貴賓が来ると吸わせるぐらいだった。煙管は上質な湘妃竹で吸い口は自分でタニシで作った特製だった。煙草の葉は自分で植えた。鍛冶屋は粗末な煙草道具を腰に差して片時も手放さなかった。

鍛冶屋が興奮して、じりじりと五日間待ち続けると、とうとう希旺《シーワン》が会議を開くと通知してきた。鍛冶屋と希旺《シーワン》が祠堂に行くと、郷長の兪飛《ユイ・フェイ》と数人の重要な党幹部が揃っていた。中村周辺の最も初期の共産党員たちで、数年後に新四軍が北に撤退すると一人残らず国民党軍に殺された。

兪飛《ユイ・フェイ》が鍛冶屋に座るように言った。

「鍛冶屋はみんな知っているな。調べた結果、入党条件を満たしていると分かったので、この者を組織に入党させることにする。みんな、意見はあるか？」

みんなが意見なしと言った。

「では、入党宣言の宣読をする」

兪飛《ユイ・フェイ》が立ち上がると右の拳を上げた。鍛冶屋も真似して立ち上がると、一句一句あとに続いて述べた。

これが初めてだった。みんなが寄ってきて、一人一人握手をした。鍛冶屋は人生で握手をしたことが一度あるが、も下は子にも内は妻にも内緒だ。これは鉄則だ」と言った。

鍛冶屋はうなずいて言った。

「分かっている、分かっている」

兪飛《ユイ・フェイ》は鍛冶屋を見つめると冷たく言い放った。

「しゃべったら、銃殺だ」

鍛冶屋はびっくりして首が硬くなり、動けなくなった。

郷長が鍛冶屋に与えた任務は中村の翻身主任だった。

兪飛《ユイ・フェイ》は言った。

「お前の任務は希旺《シーワン》に協力して、貧しい者を動員し地主や富農の田畑を分配することだ。田畑を分けないとみんなついてこないし、穀物も出さず、力も貸さない、兵にもならない」

鍛冶屋はうなずくしかなかった。名誉な事だと思ったら、銃殺される危険があるとは思いもよらなかった。なんだか不安になり、引き受けたことを少し後悔した。けれども、ここまで来た以上、引き返すことは難しそうだった。

会議の翌日、鍛冶屋は維経《ウェイジン》の家に行った。維経《ウェイジン》は北村の富農である。

単刀直入に言った。

「村に共産党が来た。これからは落ち着いて暮らせる。刀を持っているだろう？　家に置いていても用はないから、俺に貸してくれ」

維経《ウェイジン》の刀は鍛冶屋が打ったもので、一番満足している作品だった。鉄は当時、維経《ウェイジン》が持参し、金も先払いだったから、刀ができると渡さないわけにいかなかった。でも実に美しい刀で、鍛冶屋はよく思い出していた。同じようにもう一本打ったのだが、鉄が違うからか、火加減が上手くないのか、思うようにいかなかった。

維経《ウェイジン》は気乗りしない顔で言った。

「あの刀には銀貨数枚かかり、家に置いて防犯にしている。そう簡単に人に貸すわけにはいかん」

鍛冶屋は言った。

「本当のことを言うとな、俺は翻身主任になったんだ。豪族を倒して、その土地を配分する仕事だ。その刀を握って放さない気なら好きにしろ。俺は行くからな」

維経《ウェイジン》はびっくりして慌てて手を伸ばすと鍛冶屋を引き留め、奥に叫んで肉と卵を料理させた。

「大出世じゃないか。祝わなくては。ゆっくりしていってくれ」

そう言いながら壁に掛けた刀を奥の部屋から取ってくると、鍛冶屋に渡して言った。

「あんたが役人になったのなら、わしがこれを持っていても仕方ない。そうだろう？　倒すのが豪族か何か知らんが、うちのような善良な者の家は何でもあるまい？」

鍛冶屋は刀を受け取ると、布で拭いて光らせて腰に下げた。

「そいつは間違いない。俺たちは先祖代々の付き合いだ。俺がいる限り、あんたに損はさせないさ」

維経《ウェイジン》は何度もうなずくと、酒を注いで鍛冶屋に勧め、食べながら語り合った。

これが維経《ウェイジン》が鍛冶屋を上座に座らせてご馳走した最初だった。鍛冶屋は酒をたらふく飲み、食べるだけ食べると、維経《ウェイジン》の家から出て来て思わず小唄を口ずさんだ。

一日が過ぎ、希旺《シーワン》が鍛冶屋に祠堂で会議だと知らせて来た。鍛冶屋は青い布の服に着替え、刀を手に中村をぐるりと回って村人たちに笑顔で挨拶して歩いた。中村の人々は鍛冶屋が何の幹部になったのか知らなかったが、鍛冶屋に対する言葉遣いは明らかに丁重になった。

鍛冶屋は翻身主任になったとはいえ、家の状況は少しも好転しなかった。なぜなら当時、村の幹部は何も手当をもらっていなかったからだ。この日、会議を終えて家に帰ると女房にさんざん文句を言われた。

「一日中出歩いて、家にちっとも寄りつかないで。うちは明日食う物もないのよ。私たち母子が餓死しても、自分だけがいい思いをすればいいわけ？」

鍛冶屋はむかむかして家を飛び出すとなんとはなしに維経《ウェイジン》の家に行き、維経《ウェイジン》は鍛冶屋が来たのを見ると内心慌てながら急いで挨拶した。

「顔色が悪いね。何か困ったことでもあるのかね？」

「いやあ」と鍛冶屋はため息をついた。

「公の仕事で東奔西走して家のこともままならねえのに、家にはもう食う物もないしでむしゃくしゃしているのさ」

「村の幹部ともあろう者が、家の細々とした雑事なんかにかまっていられるはずがない。良かったら、うちにある米と小麦粉を少し持って行って急場をしのぐといい」

鍛冶屋はそれを聞くと大喜びで、急いで立ち上がると礼を言った。維経《ウェイジン》は息子に布袋を二つ持ってこさせ、一袋に米を一袋に小麦粉を入れさせた。鍛冶屋も遠慮なく受け取り二つの袋を一つに縛って肩に担ぐと、大喜びで家に帰った。家に着くと食糧を女房の前に投げ出して言った。

「お前は俺にぐちぐち文句を言うが、俺が幹部にならなかったら穀物が手に入るか？」

女房は穀物を見た途端、何も言わなくなり鍛冶屋の言うに任せた。

鍛冶屋が翻身主任になって以来、中村はにぎやかになった。ほぼ毎日、鍛冶屋の大きな声が響いていた。ドラを鳴らして上からのさまざまな通知を伝えて行くのだ。やれ、中青年の全体訓練をするだの、担架で食糧を運ぶだの、中村の雰囲気は慌ただしく緊張したものになり、その当時の混乱した時代にぴったりだった。人々は鍛冶屋の口から本当だったり嘘だったりの外の世界の千変万化の形勢を知るのだった。日本人の降伏以外、ほとんどの形勢に中村の人々はあまり関心はなかったのだが。

鍛冶屋が日本人が降参したという知らせを聞いたのは二日経ってからのことだった。それでも非常に興奮して、すぐにドラを鳴らして中村の人たちに告げて回った。村人たちは日本軍が降参したと知り、年越しに余った爆竹を家から持ち出して来て火をつけた。この日、中村は年越しのような喜びに沸いた。鍛冶屋がただ一度だけ、中村の人々に喜びをもたらした時だった。

この頃、大槐《タークワイ》の息子の和楽《ハーユエ》（号を同岳《トンユエ》という）は中村の財政主任になって、新四軍が中村に置いていった金と穀物を管理していた。和楽《ハーユエ》は元は仕立屋で、仕立ての腕前は確かに優れていた。学校にも何年か行ったことがあり、姿形も良く家は富農で、鍛冶屋と同僚ではあったが内心は鍛冶屋を見下していた。顔を合わせても目をそらし、正面から見ようとはしなかった。両家には怨恨があり、鍛冶屋も仕立屋に対して冷たかった。この怨恨がついに大きな禍となった。

日本人の降参後、共産党は全県で整風運動（反共産党の勢力を粛正する運動、党員の再教育運動でもある）を開始した。郷長は相当な規模になっていた党員を率いて会議を開いた。もちろん形式的なもので、「相互批判と自己批判」だの、「相互指導」だのというのは言葉だけで、口先で言うだけだった。けれども、その整風運動に鍛冶屋は自分に有利な匂いをかぎつけた。

実はその数か月前、鍛冶屋は仕立屋が軍糧を横取りし、質の劣る米や小麦粉を質の良いものに交換していることを聞きつけていたが、その時は時期尚早と黙っていたのだった。そこへ整風運動が始まり、鍛冶屋は心中大いに喜び、すぐさま人に告発状を書かせた。整風会議の二日目、郷長は仕立屋を告発する手紙を受け取ると、ためらうことなく人を遣わして仕立屋を捕まえさせた。

事実はすぐに明らかになった。仕立屋は村の財政主任の時、確かに五十キロ以上の米と小麦粉を隠匿していた。郷長は仕立屋という人間は小さな利益に貪欲で、自信家ではあるものの、たいした問題はないと考えた。事を大きくもしたくなかったので、こう言っただけだった。

「自分が隠匿した分は返させ、罰金を課して、何人かで護送して家に返せ」

仕立屋は釈放された翌日はもう意気揚々と村を闊歩していた。そして、こう宣言した。

「密告した奴に目にもの見せてくれる」

密告した奴というのは鍛冶屋のことだった。そのことは中村のほぼ全員が知っており、鍛冶屋も隠し立てするつもりはなかったが、仕立屋の恐ろしい言葉には不安を覚えた。仕立屋には金があり、口岸鎮《こうがん》で国民党の副隊長を勤める親戚もいて、下手すれば反撃を食らう可能性があった。鍛冶屋は地団太を踏み、今度こそ見ていろよと心に誓った。改めて証拠を探し出し、文筆が達者な者にもっと深刻な告発状を書かせた。

今回鍛冶屋が仕立屋を告発した罪は単なる軍糧横領だけでなく、国民党反動派と結託して、共産党に対する報復を企んでいるというものだった。

仕立屋は再び捕まり、東岳廟に監禁された。私の祖父の大工は事の重大性を気にかけて何度も仕立屋の家に行き、仕立屋の母親に救出の手を差し伸べるように言った。しかし、仕立屋の母親はたいしたことではないと考え、息子にはいい薬だと大金を出すのを惜しんで息子の救出を放ったらかしにした。

二か月後、郷長は東岳廟の門前で公開判決大会を開き、仕立屋に銃殺刑を下した。

仕立屋が死んで、鍛冶屋はやっとほっとひと息ついた。

仕立屋は死んだ時、二十六歳で、妻は二十二歳、息子はたったの生後十三か月だった。

仕立屋が銃殺される日の朝早く、鍛冶屋はドラを鳴らして村人を公開判決に急《せ》き立て、自分も東岳廟に駆けつけた。鍛冶屋は人混みに混じっていたが、仕立屋の最期の表情は見なかったし、見たくもなかった。ただ、仕立屋が銃殺された後、人混みに紛れて地面にうつ伏せた血だらけの仕立屋の死体は見に行った。そして、ひと目見ると急ぎ足で人混みを抜け出して家に帰った。

鍛冶屋は飯も食わずに暗くなるまで眠りこけた。それから独りで父親の墓の前にひざまずき、刻み煙草を取り出すとひと口またひと口と吸い続けた。この日は仕立屋の家が鍛冶屋との裁判に勝ってからちょうど二十年後で、その年、仕立屋はたったの六歳だった。

仕立屋の死後、中村の者で鍛冶屋と付き合う者はほとんどいなくなった。恐れをなしてしまったのである。鍛冶屋が通りかかると人々は立ち止まり、鍛冶屋の背中を指さして罵り唾棄した。仕立屋のことは別に好きでも何でもなかったが。

形勢は目まぐるしく変化した。仕立屋の死後まもなく、国共内戦が始まった。一九四六年の冬、共産党の粟裕《ぞくゆう》将軍が蘇中（江蘇地方を三地域に分けた、その真ん中の地域）で七戦七勝したものの、国民党の部隊が猛烈な勢いで制圧してきて、新四軍の大部隊は一部の党員幹部を率いて北に撤退した。大部隊が撤退すると還郷団（国共内戦時代、共産党による解放地域から国民党支配地域に逃げてきた地主等で組織された武装団体）が申村を統制下に置いた。鍛冶屋の入党式に立ち会った七人の共産党員のうち、希旺《シーワン》が姜堰《きょうえん》城の国民党の区公所に駆け込んで自首した以外は全員が還郷団に捉えられ、銃殺された。鍛冶屋は曹《ツァオ》家の高台に隠れて震えていた。

還郷団がやってきた時、鍛冶屋は溝沿いに脇道を逃げた。還郷団は鍛冶屋の家の家畜をすべて捉え、家具一切を破壊した。本来は家も火を放って燃やすところ、焼かないほうがいいと意見する者がいた。

「焼いたら鍛冶屋は戻ってこない。家を残しておいて戻ってきたところを捕まえよう」

還郷団は鍛冶屋の家の後ろ壁に大きな穴を開けて、冬の間、北風が吹き抜けるままにして意気揚々と引き上げた。

それから数日おきに還郷団は見回りに来た。実はそれは巡回の順路だった。申村の巡視ついでにニワトリやアヒル、豚や羊を捕まえ、曹《ツァオ》家の高台を見に行く。鍛冶屋の息子の紅喜《ホンシー》は毎日、曹《ツァオ》家陵墓の頂上に座って四方を見渡し、見知らぬ者がやってくると柳の笛を吹き家族全員に知らせた。そうした日々が二か月以上続き、鍛冶屋は遅かれ早かれ捕まると覚悟し姜堰城に行って自首した。鍛冶屋は何も信じるものはなく、共産党についても理解していなかった。そもそもは目立ちたくて、しゃしゃり出ただけなのに、こんな危険な羽目に陥ってしまったのだ。鍛冶屋は後悔してもしきれなかった。県城に行って自首したのは、心の底から過ちを悔いたからである。

鍛冶屋は字が書けないので、国民党の区公所で自分が知る共産党員全員の名を口述で自供した。鍛冶屋のような卑劣な人間は国民党も共産党も気にかけず、鍛冶屋の裏切りもさしたる損失ではなかった。鍛冶屋が告発した八人のうち、すでに六人は銃殺され、希旺《シーワン》は自首し、仕立屋は鍛冶屋の告発によりとっくに共産党の手で銃殺されていた。自供を終えて供述書に手形を押し、すっかり気楽になって姜堰城の通りに出ると、心ある人が教えてくれた。「姜堰城を離れたらまずい。ここにいれば人はお前が共産党を裏切ったと知っているが、ここを離れれば還郷団に捕まって、すぐに銃殺されるぞ」と。

鍛冶屋は糊口をしのぐ仕事を探し求めたが、姜堰城は人が多すぎて仕事には限りがある。しかも鍛冶屋は自首した共産党員なので、貧乏人も金持ちもこれを雇おうという者はなかった。数日経って、鍛冶屋は橋の下の洞穴で希旺《シーワン》を見つけた。希旺《シーワン》は姜堰城でもう何日も物乞いをしていた。幸い物乞いは希旺《シーワン》にとっては昔取った杵柄なので餓死することはなかった。鍛冶屋も割れ茶碗を見つけ、竹の棒を杖にして、希旺《シーワン》の後ろをついて通りに出た。けれども鍛冶屋は何しろ体格が良く、ふと目を上げて人を見る目に凶暴な光が露呈する。道行く人は鍛冶屋に施しをするどころか、近づいてくるのを見ると足早に避けた。希旺《シーワン》が言った。

「これじゃ駄目だ。どこか適当な場所を見つけてやるから、地べたに座ったまま動かず身体が不自由なふりをしろ」

鍛冶屋は希旺《シーワン》の言う通りに町の入口の隅で、尻の下にござを敷いて胡坐《あぐら》をかき、人が施しをくれるのを待ち続けた。

鍛冶屋が姜堰城で身体不自由を装ってから丸々二年間が過ぎると、体格が良かったのが痩せ細り、しょんぼりとした負け犬然としてしまった。一九四八年、共産党がまた国民党を追い払い、鍛冶屋の長男の紅喜《ホンシー》が姜堰城に来て、やっとのことで鍛冶屋を見つけ出した。その時の鍛冶屋は病身に加え、中村に歩いて帰る力さえ失くしていた。紅喜《ホンシー》は仕方なく中村に戻ると私の祖父の大工と泗《スー》という名の人に手伝いを頼んで、一輪車に鍛冶屋を乗せて姜堰城から中村まで押して帰った。

鍛冶屋の女房は毎日泣き暮らして失明していた。家の裏の壁に還郷団に開けられた穴はコーリャンの茎でふさいだものの、冬の北風はやはりひゅうひゅうと吹き込んだ。娘の紅宝《ホンパオ》は十六歳で、風に吹きさらされて気管支炎を患い、いつも咳をしていた。それでも目の見えない母に代わって家事をやり、まだたった二歳の末の弟の紅華《ホンホア》の面倒も見ていた。次男の紅栄《ホンロン》は十四歳だが身体が小さく重労働に耐えられないので、兄の紅喜《ホンシー》の後について雑用をしていた。鍛冶屋は床に横たわったまま涙した。自分が運が悪いせいで家族を巻き添えにしたことがすまなくてならなかった。半月余りして、ようやく起き上がれるようになると、すぐに郷長に報告に行き、政府に改めて職に就かせてもらおうとした。郷長は上からの指示を受け取っていて、国民党に投降した党員幹部は一切職務に就かせるなと言われていた。

女房は鍛冶屋が二度と幹部になれないのを知ると嘆くどころか喜んで言った。

「良かった。これでやっと落ち着いて庶民になれる。地道な仕事に精を出すのね」

鍛冶屋も仕方なく、金を借りて鍛冶道具を手入れして本業に戻った。

息子の紅喜《ホンシー》は二十一歳になっており、南村の戴《ダイ》家の娘と幼い頃に婚約していた。鍛冶屋が戴《ダイ》家に話しに行くと戴《ダイ》家は多くは語らず、曹《ツアオ》家は貧しいのでひとり娘に苦労をさせたくない、紅喜《ホンシー》を戴《ダイ》家に寄こし曹《ツアオ》家の暮らしぶりが好転したら二人を戻すというのはどうかと提案したので、鍛冶屋はすぐに承知した。

紅喜《ホンシー》は性格がさっぱりとして快活で、口も達者で体格も良く、田舎では優秀な人材の部類だった。嫁の実家でもよく働いた上、人当たりも良いので、舅姑だけでなく近隣の人も口を揃えて褒めた。一年後には息子が生まれ、さらに一年後に娘が生まれた。曹《ツアオ》家も戴《ダイ》家も大喜びだった。紅喜《ホンシー》はよく妻子を連れて中村に両親に会いに帰り、服や食べ物を持ってきた。鍛冶屋が手元不如意な時は金を渡した。鍛冶屋は放浪生活から戻って以来、数年間は落ち着いた日々を過ごせた。家にも穀物の蓄えができ、木材も買い揃え、もうしばらくしたら新しく家を建て直し次男の紅栄《ホンロン》に嫁を取らそうと考えていた。

一九五二年の大晦日、鍛冶屋一家はいそいそとマントウを蒸した。中村の習俗で大晦日には小麦粉数十キロのマントウを蒸し、正月の間に少しずつ食べる。これは年に一度の大仕事であり、どんなに貧しい家も小麦粉を借りてでもマントウを作る。

初めに出火を発見したのは娘の紅宝《ホンパオ》で一家で必死に消火に当たったが、風が強くて火の勢いはすさまじく、先祖代々の二つの大きな水甕は国民党の還郷団に壊されていて、残っていた小さな水甕一つではまったく為す術がなかった。中村の人たちは遠くに火の手が上がるのを見て、次々と駆けつけて消火に当たってくれたが、二時間後に家は丸焼けになり、家具一つ運び出すことはできなかった。

消火に当たった人たちが解散すると、鍛冶屋一家は廃墟を前に大声を上げて泣いた。紅栄《ホンロン》と六歳の紅華《ホンホア》はすでに作ってあったマントウを探したが、マントウはすべて泥水の中に落ちていて、一つ一つ拾い上げてみたがとても口に入れられるものではなかった。家族団欒のはずの大晦日に、鍛冶屋一家は涙を拭き拭き、野原に座り込み北風にさらされていた。一枚の布団もないので稲藁の下で身体を寄せ合い、暖を取るしかなかった。大人たちはだんだんと黙りこくり、六歳の紅華《ホンホア》だけが「腹が減った、寒い」と泣き叫んでいた。鍛冶屋は紅華《ホンホア》を抱いて服のボタンを外し自分の素肌に押しつけると服でくるんだ。紅華《ホンホア》は「マントウが食べたい、マントウが食べたい」と言っていたが、そのうちに眠ってしまった。

その光景は一九一一年の我が家の再現だった。ただ私の家は人に放火されたが、鍛冶屋の家は自分の不注意で失火したのだった。しかし火事に遭った苦しみは同じである。中村の習俗では火事になった家の者は三日間は他人の家に行ってはならなかった。火の神を招くからである。曹《ツァオ》家の人たちは宿を借りることもできず、もてなそうとする者もいなかった。どうやって厳寒の冬の夜をやりすごせばいいのだろう?

すると、さほど時間も経たずに遠く中村から松明《たいまつ》を持った人たちがやってくるのが見えた。肉や魚、豆腐を届ける者、マントウやカステラを届ける者、小さなテーブルを持ってきた者もいた。私の祖父が届けたのは自分の掛け布団だった。

鍛冶屋は両手を前に掲げて礼をした。

翌日の正月一日、村の党書記の天寧《ティエンニン》がやってきて、廃墟となった曹《ツァオ》家をぐるりと見て回ると鍛冶屋に言った。「村に米を十五キロ、小麦粉を十五キロ、取りに来い。それから、見舞金に数十元はやるから住む所を何とかするんだ」。鍛冶屋は感激して何度もうなずくと、党書記を村の入口まで送って行った。

一九五三年の正月一日は中村の大勢の人が鍛冶屋の家の手伝いに来て、たった一日で簡単な掘っ立て小屋を建ててくれたので野原で寝るのは免れた。

長男の紅喜《ホンシー》はちょうど政府に揚州の河川工事に派遣されていた。婚家は知らせを聞くと娘を連れて駆けつけてきた。しばし慰めたのち、両家は相談して紅喜《ホンシー》を呼び戻して家のことを任せようということになった。

その年、紅喜《ホンシー》は二十六歳、まさに働き盛りだった。我慢強くて賢いので、親戚友人、河川工事の仲間たちにも好かれていた。紅喜《ホンシー》も家が火事で焼け落ちたと聞いて、胸が引き裂かれる思いですぐさま休暇をもらって家に帰って来た。現場監督も事情が事情なので、十日間の休暇をくれた。

紅喜《ホンシー》は夜通し歩いて十八時間かけて帰ってきた。家も床もテーブルも椅子も穀物も焼けて黒焦げになっていた。消火に使った水で今も泥まみれになり片づけようがなかった。建てたばかりの小屋は豚小屋以下で、風が避けられるだけで寒さは防げなかった。紅喜《ホンシー》と父親は相談して、まず家を建てることにした。村の男たちはほとんどが揚州の河川工事に行って人手がなく、自分たち二人でやるしかなかった。私の祖父は有名な大工だったので、村が倉庫や農具の修理をさせていたため、河川工事には行っていなかった。村の党書記は鍛冶屋一家がかわいそうだからと、祖父の仕事を数日休みにして家を建てるのを手伝わせた。祖父と鍛冶屋父子は木を切り、壁を築き、一週間ほどで何とか夜露をしのげる二間の土壁に草葺き屋根の家を建てた。家ができるともう紅喜《ホンシー》が帰る日で、急いで工事現場に引き返して行った。

再び二十時間近く歩いて工事現場に着いた時、紅喜《ホンシー》の足は血豆だらけだった。隊長が急かすので、紅喜《ホンシー》は一日休んだだけで翌日から足をひきずりながら河床に下りて土運びをした。河はもうかなり深く掘られて急斜面で、底から見上げるとてっぺんが見える。河の泥を運び上げるのは三人で天秤をリレーして運ぶ。仲間は紅喜《ホンシー》が足を痛めているので、一番下で土運びをすることにさせて体力の消耗を軽くしてくれた。四、五日してようやく紅喜《ホンシー》の足の血豆も治った。昼は精一杯働くが、夜、横たわると思わずため息が出た。十九歳の時に父親が姜堰城に逃亡して、自分一人の働きで家族を養ってきた。結婚してようやく暮らしが良くなったかと思えば、家がまたこんなことになった。あと何年したら暮らしが楽になるのだろう。一日中蟻のように働き続けて、いつか陽の目を見る日がやってくるのだろうか。見えそうにもなかった。時には夜中に頭から布団をかぶって泣くこともあった。

紅喜《ホンシー》は日に日に痩せ衰え、泥を担ぐ力もなくなっていった。でも仮病と言われるのが怖くて、休みを取れなかった。まして家に逃げ帰ることなどはできない。捕まって連れ戻され、吊るされて打たれるのがオチだ。紅喜《ホンシー》は何も言わず、歯を食いしばって耐えた。

一九五三年の旧暦二月十九日、紅喜《ホンシー》が家から工事現場に戻って一か月余り経った日の午前中、土を何回か運んだ紅喜《ホンシー》は腹痛を覚え、天秤棒を放り出すと両手で腹を押さえてしゃがみこんだ。仲間が取り囲んで見ると顔色が真っ青で豆粒大のあぶら汗を流している。リーダーは二人の民工に紅喜《ホンシー》を抱えて医務室に連れて行かせた。

若い医者は聴診器を当てると痛み止めの薬を出し、帰って横になって休むように言った。紅喜《ホンシー》は宿舎に帰ると晩飯も食わずに寝台に横たわったが、ずっと唸っていた。仲間たちが戻ってきて具合を聞き水を飲ませたが、昼の疲れでみんな布団に倒れるとそのまま寝入ってしまった。

翌朝、仲間たちが紅喜《ホンシー》を呼んでも返事がない。手で頭を触ると紅喜《ホンシー》は冷たく硬くなっていた。

紅喜《ホンシー》は死んだ。死んだ時は二十六歳で、銃殺された仕立屋と同じ年だった。

紅喜《ホンシー》の死は河川工事現場全体を驚かせた。すべての部署の幹部たちが駆けつけた。当人はもう亡くなっているので、すぐに棺を買って納め、急いで中村に送り届けた。

班長が一人、八人の民工を連れて棺をトラックに載せ、家まで遺体を護送した。トラックは中村から十里離れた姜黄公路《きょうこう》までしか入れず、その後は民工が担いで行った。班長が前を走り、先に中村の曹《ツァオ》家に知らせに行った。

鍛冶屋とその女房は紅喜《ホンシー》の死を聞くと、その場に泣き崩れた。中村の人々も知らせを聞いて、あちこちから曹《ツァオ》家に集まって来た。女たちは遺族を慰め、男たちは棺を安置する棚を作るのを手伝い、棚ができる前に棺が戸口に運ばれてきた。鍛冶屋、鍛冶屋の女房、紅喜《ホンシー》の妹の紅宝《ホンパオ》、弟の紅栄《ホンロン》が一斉に棺にすがりついて大声で泣いた。鍛冶屋は棺を叩くだけで言葉にならなかった。やっとのことで彼らを棺から離した時、紅喜《ホンシー》の舅姑が紅喜《ホンシー》の妻と子を連れて駆けつけた。紅喜《ホンシー》の妻は棺を見ると手に抱いた一歳過ぎの息子を放り出して、「紅喜《ホンシー》」とひと言叫ぶと棺の前に卒倒した。慌てて人中のツボを押して気づかせると、紅喜《ホンシー》の妻は気が狂ったように床を転げ回って泣いた。

紅喜《ホンシー》が死に、妻は他家に嫁に行き、時折り子どもを鍛冶屋夫婦に見せに来たが、それもせいぜい一年に一、二度だった。紅喜《ホンシー》の母親は両目を完全に失明していた。紅宝《ホンパオ》は肺炎になり一日中咳き込んでいた。七歳の紅華《ホンホア》は姉が面倒を見ていたため、これも咳き込む病が移ってしまった。紅栄《ホンロン》は十九歳になっていたが、幼い頃からの栄養不足で痩せて背も低く、十二、三歳の子どもにしか見えなかった。

鍛冶屋は悲しんでばかりもいられず、この不幸にばかり襲われる家を独りで支えるしかなかった。

どんなに苦労して働いても稼ぐ穀物には限りがあるので、ヒヨコを飼うことにした。大きくなれば卵も産むし、ニワトリを売ることもでき、それが唯一の活路に思われ、借金して三十羽のヒヨコを買った。ヒヨコは育てやすく餌も少なくてすむ。家の周囲は畑の高台なので、勝手に歩き回り餌を探してついばめばよい。朝、鍛冶屋がヒヨコの入った籠を開けるとヒヨコは外に飛び出して行き、夜になり鍛冶屋が戸口に立って両手を口に当てて、呼ぶとヒヨコたちは駆け戻って来た。

だがヒヨコが大きくなると餌の量が増え、自分で虫を捕食するだけでは足らなくなった。そこでニワトリの餌探しは紅栄《ホンロン》の役目になった。紅栄《ホンロン》は穀物を手に入れる術がないので、トウモロコシ畑からこっそり盗むしかなかった。

畑はすべて集団のもので、畑で収穫する穀物もすべて集団のものである。畑からしょっちゅうトウモロコシが盗まれれば、収穫前にトウモロコシがなくなってしまう。村の党書記は怒って、鞋頭《シエトウ》をトウモロコシ畑の見張り番にした。

鞋頭《シエトウ》は私の家の西側のそう遠くない隣人だった。生まれた時に産婆が靴で受け止めたので、この名がある。こうやって受け止めると育てやすい子になるのだという。人々は呼びやすいので「鞋《シエ》頭《トウ》」と呼ぶようになった。大人になると「鞋頭《シエトウ》おじさん」と呼ばれた。

鞋頭《シエトウ》おじさんはトウモロコシの管理に真剣に取り組んだ。トウモロコシが少なくなったら自分が厳しく罰せられ、盗まれなければより多くの穀物がもらえるからだ。

紅栄《ホンロン》は暗くなって捕まった。トウモロコシを五、六本もいで畑から忍び出てきたところを鞋頭《シエトウ》おじさんと出くわしたのだ。実は鞋頭《シエトウ》おじさんはかなり前から紅栄《ホンロン》に目星をつけていた。紅栄《ホンロン》の襟首をつかむと党書記の家に引っ張って行った。党書記の家に着いても紅栄《ホンロン》はトウモロコシを抱えて放さなかった。党書記は何も言わずに紅栄《ホンロン》を戸口の槐《えんじゅ》の木に縛りつけた。

党書記は椅子を持ってきてその前に座ると、「何本盗んだ?」と聞いた。

紅栄《ホンロン》が答えた。

「五、六本」

「嘘を言え。本当はいくつだ?」

「十本ちょっと」

党書記は紅栄《ホンロン》の横っ面を張った。

「正直に言え。何本だ?」

「二十本」

党書記に脅されるたびに紅栄《ホンロン》は数を増やした。村人たちも知らせを聞いて駆けつけ、鍛冶屋と紅《ホン》栄《ロン》の姉の紅宝《ホンパオ》も駆けつけた。見物人が増えるにつれて党書記は厳しくなり、そのたびに紅栄《ホンロン》は数字を上乗せしていった。党書記は紅栄《ホンロン》の相手が煩わしくなって、鞋頭《シエトウ》に言った。

「お前が殴れ。二度とこんな真似をしないよう思い知らせてやれ」

鞋頭《シエトウ》は紅栄《ホンロン》に近寄ると立て続けに三発、平手打ちを見舞った。

紅栄《ホンロン》の姉が耐えきれなくなり、飛び出してきて大声で罵った。

「ひどいじゃないの。そんなに叩くなんて、それでも人間なの？」

そう叫ぶと紅栄《ホンロン》を縛った縄を解いた。党書記はそれを見ると激怒して、その場で一発頬を殴り、紅宝《ホンパオ》は地面に倒れた。鍛冶屋が飛び出してきて、紅宝《ホンパオ》を助け起こしながら大声で叫んだ。

「そんなことをしていいと思うのか？　毛主席が導かれた新社会に人を殴るなんて！」

その言葉が終わらないうちに党書記は怒鳴った。

「吊るし上げろ！」

民兵の営長、村の会計、鞋頭《シエトウ》が出て来て、すぐに縄で鍛冶屋を逆手に縛り、木の二股になった所に吊るし上げた。

党書記は言った。

「そのままひと晩吊られていろ。明日、郷に送りつけてやる」

鍛冶屋の一家はこの情景に度肝を抜かれ、目を白黒させていた。紅栄《ホンロン》と紅宝《ホンパオ》はめそめそと泣き続け、何も言わなくなった。村人たちは口々に鍛冶屋一家が穀物を盗んだことを責め、党書記に口答えすべきではなかったと言い立てた。鍛冶屋に過ちを認め、党書記に今回は大目に見てもらうよう頼めと忠告する者もいた。郷に送られたら殺されないまでも大変な目に遭うぞと言う者もいた。鍛冶屋は空中に吊り下げられたまま、どうしようもなくなって何とか顔を上げると、党書記に言った。

「書記、俺が間違ってました。公のトウモロコシを取るべきじゃなかった。もう二度とやりません」

党書記はうなずくと怒りも収まり、鞋頭《シエトウ》に鍛冶屋を下ろさせた。

「鍛冶屋は罰に穀物二十五キロを納めろ。公のものを盗む奴がいたら、同じ目に遭うと思え」

党書記はそう言うと、手を振ってみんなを解散させた。鍛冶屋は息子と娘を連れて家に帰り、夜が明けるまで泣き続けた。

こんなことがあったせいで、鍛冶屋と娘の紅宝《ホンパオ》の二人はショックで寝込んでしまった。紅栄《ホンロン》はやむなくニワトリを殺して二人に栄養をつけさせた。鍛冶屋の病が癒える頃には三十羽いたニワトリはとっくに食べ尽くしていた。だが、紅宝《ホンパオ》の病は日に日に重くなるばかりだった。紅宝《ホンパオ》は三十里離れた国俊《グオジン》の家に嫁ぐことになっていた。国俊《グオジン》は背が小さいので、ちびの国俊《グオジン》と呼ばれ、鍛冶屋の家の仕事の手伝いをよくしていた。紅宝《ホンパオ》もいい歳なのだが、目の見えない母と病弱の弟の世話があるのでなかなか嫁に行こうとしなかった。それでも本来なら今年結婚するはずだったのだが、起き上がれなくなってしまったのだった。

紅宝《ホンパオ》は一九五八年の夏に死んだ。寝たきりになって一年が経っていた。トウモロコシがまた実り、紅栄《ホンロン》がトウモロコシ粥を煮て、紅宝《ホンパオ》に運んだ。紅宝《ホンパオ》は首を振りながら言った。

「鞋頭《シエトウ》の奴、他の人が盗んでも何も言わないくせに、うちだけいたぶった。私の病気はあいつのせいよ。死んでも許さない」

紅宝《ホンパオ》は党書記を恨めないので、すべての恨みを鞋頭《シエトウ》おじさんになすりつけた。

「紅栄《ホンロン》、絶対に忘れないのよ。あいつがあんたの顔をどう殴ったか。分かったわね」

紅宝《ホンパオ》は母親の手を握って言った。

「母さん、私はもうじき死ぬわ」

母親が言った。

「宝《パオ》や、死んでも会いに来ておくれ。母さんは目が見えないから、帰ってきて助けておくれよ」

紅宝《ホンパオ》はうなずくと自分で起き上がり、結婚のために用意した衣裳を着ると、ゆっくり横になった。母親が枕元に座って手を握っていると、手がだんだんと冷たくなっていった。紅宝《ホンパオ》が死んだと中村の人々が聞いて駆けつけると、紅宝《ホンパオ》は眠ったように横たわっていた。結婚しないで終わった夫のちびの国俊《グオジン》が紅宝《ホンパオ》のそば近くの椅子に座ったまま、団扇でハエを追い払っていた。

紅宝《ホンパオ》の死はほとんど誰も気に留めず、曹家《ツアオ》から泣き声も聞こえてこなかった。ちびの国俊《グオジン》も無表情で、さほど悲しんでいる様子も見えなかった。長いこと寝たきりだったので死んでも当然と思ったのか、家族みんなの心が麻痺してしまったのか。鍛冶屋は壊れたタンスに紅宝《ホンパオ》を押し込めて簡単に埋めると、翌日は畑に出て野良仕事をした。

間もなく村は人民公社化で忙しくなった。すべての家が穀物を供出して、鍋を壊し、食堂で食べることになった。鍛冶屋の家は中村から遠すぎるので、食堂で食べるのは不便だったし管理もしにくかった。そこで村は曹家《ツアオ》の家を取り壊し、私の家の東側の半夏河の畔に二間の草葺き小屋を建ててやった。鍛冶屋一家は引っ越してくることになり、曹家《ツアオ》が三百年住み続けた土地を永遠に離れたが、鍛冶屋は別に名残惜しくはなかった。ずっと思うように行かない人生だったので、場所を変えれば転機になるかもしれないと思ったのである。

鍛冶屋が中村に越してきてから食堂が倒産し、また各自で炊事することになった。この頃、中村の人の生活は困窮の極限に達していて一食でさえも満腹する者は誰もいなかった。鍛冶屋の盲目の女房は寝たきりで飢えにあえいでいた。労働ができないので自分の分は節約して息子と夫に与えていたのだ。やがてどうにも飢えに耐えられなくなり、鍛冶屋もやむなく昔取った杵柄で物乞いに出ることにした。誰かが少しでも食べ物を恵んでくれたら、それをもらって帰り女房に食べさせることができる。だが鍛冶屋にも面子があり、姜堰城で物乞いをしていた時は状況が特殊だったので恥ずかしいとも思わなかったが、十数年経ってまた物乞いに出るのはどうにもやる気になれなかった。そこでなるべく中村から遠く離れた所に行ってから、懐から割れ茶碗を取り出して物乞いをした。誰か知った者に出くわしたらすぐに隠れて、ただ歩いているふりをした。だが次第にそのことは中村に伝わり、中村の人は一種異様な目で鍛冶屋を見るようになった。鍛冶屋もそれに気がつくと、二度と物乞いに出なくなった。

盲目の女房は腹が減りすぎて起き上がることもできなくなった。鍛冶屋は意を決して、夜中に隣村のトウモロコシ畑に潜り込んだ。四、五本もいだところで現行犯で捕まった。隣村の人は鍛冶屋を穀物干し場の横の木に吊るし上げ、竹と縄でさんざん打ち据え、打ち疲れたところで解放して道端に放った。

鍛冶屋は家に帰ると身を隠して何日も姿を現さなかった。顔が青く腫れあがっているのを見られたくなかったのである。女房はもう虫の息で、ふんふんという鼻声しか立てなくなった。紅栄《ホンロン》はやむなく母方の叔父に助けを求めた。叔父は焼餅《シャオビン》（中国の固いパン）を二つと米二キロを持ってきた。それがやっとだった。叔父が自分の姉の口元に焼餅をやると姉は手を伸ばし押しやって言った。

「私はいいから、あの人らにやって」

鍛冶屋の盲目の女房は一九六〇年の秋に死んだ。村は古い材木で棺桶を作ってやり、穀物数キロをお悔やみに贈った。鍛冶屋は女房を娘の紅宝《ホンパオ》の横に埋め、あの世に行っても互いの面倒が見られるようにした。


一九六六年、文化大革命が始まった。中村の人々の生活はかなり好転していた。鍛冶屋も快活になり、六十一歳になるが毎日忙しくしていて以前よりずっと元気になった。

造反派の指導部が何人か貧農協会代表を推挙することになり、私の父の慶山《チンシャン》は鍛冶屋が昔から今まで最も貧しいことを知っていたので、一番代表になる資格があると思い推挙した。

その日の夜、慶山《チンシャン》は「毛沢東思想紅衛兵」と書いた赤い腕章を鍛冶屋に送り届け、貧農協会代表になるよう言った。鍛冶屋は興奮して、「苦労と言えば俺は一番苦労が多かった。革命にも積極的だった。翻身主任の頃は地主や富農で俺を怖がらない者はいなかった」と言った。慶山《チンシャン》も鍛冶屋がそう言うのを聞き、喜んで言った。

「すぐに批闘大会を開くから、壇上で悪い奴らを批判してくれ。大きな声で思いきりやってくれ」

鍛冶屋は言った。

「そういうことならお手の物だ。任してくれ。思えば二十年前には……」

しかし慶山《チンシャン》が代表の名簿を報告すると、村の党書記は鍛冶屋の名を聞いた途端、跳び上がって言った。

「あいつに貧協代表なんかさせられるか。あいつは裏切り者だぞ。昔、反動派がやってくるとすぐに自首して何人もの党員を売ったんだ。明日の批闘大会には真っ先に批判されるべき対象だ」

慶山《チンシャン》はびっくりして、慌てて鍛冶屋を訪ねた。

「おじさん、一体どういうことだ？　あんた裏切り者なんだって？」

「俺のどこが裏切り者だ。俺は誰も売ったことなどない。そもそも字も知らないんだ。自首状だって書けやしない」

「もういいから、とにかく明日午前に霍荘《かくそう》中学で批判を受けるんだ」

「生産隊に行けなくなるじゃないか。工分（人民公社などの労働点数）はどうなる？」

「工分はやるから、批判を受けに行くんだ」

「工分をくれるなら行くよ」

翌朝早く、鍛冶屋は呼ばれなくても自分から霍荘中学に出かけた。批闘大会が何なのかも分からずに大勢の中に座っていた。人々が拳を振り上げて「反革命分子の何々を倒せ！」と叫ぶと、自分もあとに続いて叫んだ。拡声器が「裏切り者の鍛冶屋の曹《ツァオ》」と怒鳴るとすぐに二人の人がやってきて、鍛冶屋を連行して壇上に上がらせた。壇上にはすでに五人が立っていて、鍛冶屋が最後の一人だった。五人は首に札を掛けられ、鍛冶屋だけがなかった。臨時に追加されたからだった。

鍛冶屋は他の人たちを真似て、うなだれて怒鳴られるに任せた。昼になり、壇から下ろされると教室に連れて行かれ、引き続き反省するよう言われた。

鍛冶屋は椅子に座ると、顔を上げて他の人たちを見た。全員若くはなく、身だしなみもきちんとしていた。一人が鍛冶屋に水を汲んでくれて、煙草までくれた。

「あんたたちは?」と鍛冶屋は聞いた。

「私たちはみんなここの教師だよ。私はここで教えて二十年になる」とその人は穏やかに言って笑った。

間もなく呼ばれて出て行くと、さんざん罵倒されて家に帰された。

夜になり、慶山《チンシャン》はやはり心配なので鍛冶屋を訪ねた。

「おじさん、今日はどうだった?」

「ああ、建物の中に連れて行かれ、水をくれて、煙草までもらったよ。いい煙草だった」

「何か告白させられただろ? 何て告白した?」

「何も告白なんかしないさ。俺が党員を『売った』と言われたが、売るもんか。一銭も金をもらってないんだぞ。それからでたらめ言ったり、むやみに出歩くなとは言われた。何も言わず動くなって、死人じゃあるまいし」

慶山《チンシャン》は思わず笑い出し、安心した。

造反派は鍛冶屋を批闘しても面白くないと思ったのか、二度と呼び出さなかった。その後の鍛冶屋は穏やかな日々を過ごしたと言える。

鍛冶屋の次男の紅栄《ホンロン》は貧しさのせいで結婚の機会を逃し、一生未婚だった。三男の紅華《ホンホア》は二十代で仲人をする者がいて結婚した。幼い頃に喘息になったので妻に高望みはしなかった。結婚した相手は幼い頃井戸に落ちたために大きくなれなかったという、背の低い太った娘だった。それでも知能は人並みだった。

一九八五年、鍛冶屋は八十歳になった。ある日、孫娘を抱いて私の祖父と話をしていると、元生産隊長だった泗《スー》の息子も来た。話すうちに一年以上前の笑い話になった。中村の人たちが江都《こうと》に鳳凰河の土運びに派遣され、最初の日は何もすることがないので数名でぶらぶらしていて、大きな建物を見ると中に入って見学したりしていた。とある高い煙突のある建物に行ってみようということになり、中に入った途端に思わず、縁起でもないと唾を吐いた。火葬場だったのだ。

翌日から仕事が始まり、夜になって紅栄《ホンロン》は突然の腹痛に襲われた。痛いと叫ぶとみんなはびっくりした。というのも、三十年以上前に紅栄《ホンロン》の兄の紅喜《ホンシー》がこの河を掘っていて死んだからだ。しかも前日には火葬場に行き当たっているというので、みんなはうろたえた。紅栄《ホンロン》もそれを聞くと恐ろしくなり、草の床に横たわって大声を上げて泣いた。医者を呼んでくると診察して「たいしたことはない。薬を飲めば良くなる」と言った。確かに薬を飲んだら腹痛は治まり、工事現場に出られることになった。それでもみんなは気にして毎日紅栄《ホンロン》のことを注意深く観察し、三か月の河川工事が終わってやっと安心したのだった。

鍛冶屋はその笑い話を聞くと不機嫌になり、孫娘を抱いてもやもやして帰った。その夜、悪夢を見た。何ものかが自分の喉にひっかかっている夢だった。翌日の昼飯時に握り飯が喉に詰まり、紅栄《ホンロン》と紅華《ホンホア》が病院に連れて行くと食道癌の末期だった。

四か月後の旧暦七月十六日の夜、鍛冶屋は亡くなった。その夜、紅栄《ホンロン》と紅華《ホンホア》はこっそり鍛冶屋を自分たちの家の裏に埋めた。

ところが三日後に村の幹部に気づかれ、郷民政府に報告が行き、馬《マー》科長に処理が命じられた。馬《マー》科長が曹《ツァオ》家に来たのはちょうど大雨が降ったあとだった。曹《ツァオ》家の家は雨漏りで家の中がぬかるみになり、立つこともできなかった。

「家の穀物は?」と聞くと、紅栄《ホンロン》が戸の外のブリキのバケツを指さした。馬《マー》科長はぶつぶつとつぶやいた。

「こんな家の何を調べろと言うんだ?」

でも来た以上は仕方なく、馬《マー》科長は紅栄《ホンロン》に火葬の長所を話して聞かせ、紅栄《ホンロン》はいちいちうなずいた。馬《マー》科長が言った。

「罰金を払えば、火葬の宣伝映画を見るだけで許すが、払わないと遺体を掘り起こして燃やすことになる」

紅栄《ホンロン》はうなずいたが、彼には一銭もない。馬《マー》科長はため息をついて村長に「どうするかは自分たちで決めろ」と言うと帰って行った。

死んで三日も経つ鍛冶屋の遺体を掘り返そうという者は申村には一人もいなかった。村の幹部はよその村の人間を二人雇った。鍛冶屋を掘り起こすと、臭気がたちまち村の隅々にまで漂った。どの家もヨモギの葉を燃やした。遺体は完全に腐乱し、二人のよそ者は手袋をしてポリエチレンの布で遺体をくるみ、トラクターの上に載せた。

鍛冶屋はついに火葬された。誰も火葬代を払わないので、遺骨は火葬場にしばらく置かれたのちに捨てられた。

鍛冶屋の遺体が掘り返されたことは紅栄《ホンロン》、紅華《ホンホア》にとって大きなショックだった。かなり長いこと、二人は申村で人と会っても恥ずかしくて顔を上げられなかったし、挨拶もできなかった。自分たちは親不孝者で役立たずだと思った。紅華《ホンホア》はもともと身体が弱かったのが、今度はついに倒れてしまった。鍛冶屋が死んだ半年後、紅華《ホンホア》も死んだ。紅華《ホンホア》は四十歳で、初めは吐血を繰り返し、亡くなる時は大きく目を見開いたまま閉じようとしなかった。

紅華《ホンホア》の妻は夫の死後、娘を連れて実家に帰ったまま戻ってこなかった。おんぼろ小屋に紅栄《ホンロン》一人が残された。

紅栄《ホンロン》は八十過ぎになった今も、毎日三輪車をこいで呼びかけながら酒瓶の回収をしている。最近は帰省するたびに紅栄《ホンロン》を見かける。

半夏河の畔を歩いていると、紅栄《ホンロン》が戸の前に立って私のほうを見ている。

「おじさん」と呼ぶと、「よう」と高く声を上げて応え、私のほうにやってくる。

「大魚《ターユイ》、帰ったのか」

そして私からタバコを受け取ると、河の畔に立って雑談をする。話している時も話していない時も、いつも嬉しそうに笑みを浮かべている。憂いを帯びた顔をしていたことは一度もなく、おそらくとっくにこの世を許しているか、生きるというのはそういうものだと思っているのかもしれない。

なんでも屋

伯父をなんでも屋と呼ぶのは、特技はあったが
一つとして精通したものはなく、
ふらふらと一生を過ごしてきたからだ。

伯父をなんでも屋と呼ぶのは、伯父にはいろいろ特技があったが一つとして精通したものはなく、ふらふらと一生を過ごしてきたからだ。それらの特技のうち、大工仕事は私の祖父に無理やり教え込まれたものだが、あとは自分が好きで身につけたものだった。伯父は自分がやりたいことをやって楽しく生きてきた。祖父が「あれは駄目だ、ただの遊び人だ」と言っても、伯父は腹を立てなかった。

私は夏になると南京から帰省する。遠くからうちの家の前の銀杏の木が見える。

銀杏の木はうちの前の南の溝のそばにある。小道がその木の下から河へと伸びている。

伯母が「水馬《シュエイマー》」に立って私のほうを見ていた。「伯母さん」と声をかけると伯母は言った。

「あれまあ、大魚《ターユイ》、帰ったのかい。私の目ときたらすっかり悪くなってしまって、一体誰が来たのかと思ったよ」

水馬というのは木で組んで作った簡単な桟橋のことで、水面ぎりぎりにかかっているので、上にしゃがんで洗濯をしたり、野菜を洗ったりする。七、八歳の頃、祖父が泳ぎを教えてくれたのもこの水馬の脇でだった。

伯母は水馬にしゃがんで、竹籠の中の食器を洗っているところだった。今日は客がたくさん来る。

伯父は去年亡くなって、もういない。亡くなった時、私も帰って来た。伯母は私に繰り返し言った。

「夜、おかずを二皿作ったら、不味いと言って怒ったのよ。怒らないでよ、うどんを煮るからと言ってうどんを煮たら、また不味いと言って怒って。私は笑って言ったのよ。一体、何が食べたいの？食べたいものを作るわと。そうしたら粥が食いたいと言うから、大麦を混ぜた粥を作ってやった。すると二杯食べ、食べ終えた頃に隣の珍《ジェン》さんが自転車を借りに来て、伯父さんは冗談を言ったのよ。自転車を貸せだなんて、俺が乗せてってやるよと。珍《ジェン》さんが馬鹿言ってと言うと、へへへと笑ったのよ。それなのに、次の日に死んじゃうなんて」

伯母は繰り返しそう語った。

伯父は初め祖父について大工仕事を習ったが、二年習ってもちっとも身につかないので、祖父は恥だと教えなくなった。申《シェン》村に大工仕事ができる者がいない時は伯父に声がかかることもある。すると祖父は言う。

「こいつは半人前だ」

大工が駄目なら何をするか。伯父は「黄猫《ホアンマオ》」を捕まえに行った。黄猫を捕まえるとはどういうことか？　イタチを捕まえるのである。私も見たことがある。大騒ぎだった。巨大な麦畑の周囲を、四、五人の人間と五、六匹の犬とで網で囲む。人間は叫びながら長い竿を四方から草むらに突っ込む。犬は走り回って吠える。主将が手に剣を持ち、何かの作法のように空を斬りつける。これが本当に役に立ち、小一時間もするとイタチが草むらから飛び出してきて網に落ちるのだ。しかし彼らはイタチを殴り殺したりはせず、竹の籠に入れて蓋をする。それから勝利を収めた軍隊の如く、武器をしまって悠々と去る。伯父は主将の助手だった。だが、これもまた職業でも何でもない。イタチを売った金は彼らの飲み代にも足りないぐらいだった。それでも伯父が参加するのは、ただ面白いからだと思う。伯父はとにかく遊び好きで、肝っ玉が据わっていた。

イタチ捕りをしない時は魚を捉えに行った。魚を捉えるにも道具が要る。伯父はそれらを一つ一つ揃えた。魚網は自分で編んだ。魚籠は竹を切って竹細工職人に手伝ってもらった。革の吊りズボンだけは買わないとならない。イタチの皮と取り換えてもらったと聞いた。何の革かは知らないが、黒くて風を通さない気密性の高いオーバーオールだ。これを身につけて頭と手だけを外に出す。水に入る時は首、腕、くるぶしの所で結び、水が入らないようにする。

伯父は生まれつき水と相性が良かった。線香が一本燃えるだけの間は水中に潜っていられた。冬は氷に穴を開け、潜って出て来ると手に魚を握っていた。だが中村では魚を捕まえるのもちゃんとした職業ではない。河は集団の物で勝手に魚も捕まえられない。闇夜にこっそり盗むしかなく、盗んだ魚は売ることもできないので家族で舌鼓を打つしかなかった。

では養蚕はどうか。蚕はたくさん飼っていた。家だけでは置ききれずに、私の家にまで置いていた。小学校に上がったばかりの私は嬉しくて、自分で小さな籠を探して毎日家の東側の林で桑の葉を採って来た。桑の木はたくさんあり高さもないので私でも簡単に籠いっぱい葉が採れる。伯父は私が熱心なのを見て褒めてくれ、蚕が山に上ったら繭を売った金でサンダルを買ってやると約束してくれた。私はサンダルを履いたことがなく、いつも布の靴か裸足だったので一層張り切った。

蚕がついに山に上った。山というのは伯父が麦の穂で編んだ荒縄のことで、透明になった蚕を一匹ずつ上らせて繭を作るのを待つのである。

町で繭を売った伯父は約束通り軟らかなサンダルを買ってくれた。色は黄色く小さなアヒルのようで、とても可愛らしかった。

なぜか翌年は伯父の興味が変わってしまい、蚕は飼わず、ヒキガエルを捕まえに行った。

ヒキガエル捕りは夜中に行く。懐中電灯に竹片を持ち、捕ったヒキガエルの体から毒油を搾り採り、一滴、一滴と瓶の中に入れたのを売る。買い取って薬にする人がいるのだそうだ。

ヒキガエル捕りは伯父一人ではなく、五人で連れ立って出かけた。たくさんのヒキガエルが辺鄙な河の溝の周りに潜んでいて、時には相当遠くまで出かけて行かなくてはならなかった。

中村の北西七、八里の所に墓地があり、夜だけでなく昼でもそこを通るのは不気味だった。私はいつも大回りして飛ぶように通りすぎた。棺が埋められずにむき出しになっていたこともあった。納められていたのは若い娘の遺体だった。その娘は両親と北方から飢饉を逃れて来て、病気になった。荷《ハー》先生が何服か漢方薬を処方したが、その甲斐なく亡くなった。村の人は金を集めて私の祖父に棺を作らせ、この公共墓地に運んだ。嫁入り前の娘は土に埋めることができない風習で、そのまままだ安置しておく。

ある夜、五人のヒキガエル捕りはこの近くに来て、墓地に鬼火が飛んでいるのを見た。

「あの棺桶の上でひと晩寝る勇気のある者がいたら、俺のこの瓶のヒキガエルの油をやるぜ」

「林頭《リントウ》、どうだ？」

伯父の名は慶林《チンリン》と言った。中村の者は本名を呼ばず、みんな「何とか頭《トウ》」と呼ぶ。慶鉄《チンティエ》は鉄頭《ティエトウ》、慶官《チングアン》は官頭《グアントウ》、私の父は慶山《チンシャン》なので山頭《シャントウ》と呼ぶ。私の祖母はここでは林頭《リントウ》の母ちゃんだ。みんな、伯父が見栄っ張りでほら吹きなのを知っていて、普段肝が据わっていることを自慢している伯父をぎゃふんと言わせようとけしかけた。

「林頭《リントウ》、ここで夜を明かしたら、俺たち四人がそれぞれひと瓶ずつお前にやるぜ」

「そうだ、そうだ。俺もひと瓶やるぞ」

みんなが笑って言った。当時、ヒキガエルの油ひと瓶でかなりの値段になったので、四瓶の値段は天文学的な数字になる。

伯父は言った。

「懐中電灯を点けてもいいか?」

「駄目だ」

「歌を歌ってもいいか?」

「駄目だ。横になって寝るだけだ。明け方まで寝ればいい」

「よし」

伯父は承知した。

その日の夜、伯父は家に帰らなかった。例の棺の蓋を開けて逆さに置くと、その上に横たわった。あとで聞くと伯父は正直にひと晩中まんじりともしなかったそうだ。夜が明ける頃、誰かが石を投げてきたので、かえって気持ちが落ち着いた。一緒に行った仲間が投げてきたのだ。みんなもそばで見守り、何も起こらずがっかりしたので、石を投げて伯父を脅かそうとしたのだった。

伯父は賭けに勝って得意になり、何度も人に酒や食い物をおごった。特に賭けに負けた仲間は常連客だった。騒ぎは金がなくなるまで続き、ようやく静かになった。

その賭けから何か月か経ってもヒキガエル捕りは続いた。天気が悪くて月が出ない晩、伯父は独りで遠くまで行ったが、道がなくなったので懐中電灯で照らすと荊《いばら》の藪で引き返すしかなくなった。さほど行かずにまた荊の藪にぶつかった。

伯父は思った。

「まずい、幽霊の壁にぶつかった」

方法は一つ、荊の藪に小便をかけることだ。小便をし終わると道を探してまた歩き出した。だが何百メートル歩いても荊の藪からは脱け出せなかった。

迂回して行くうちに夜が明けた。伯父は自分が林の中にいることが分かった。藪を潜って出ると林の外の村は野荘という知った村だった。伯父の義理の叔父がその村に住んでいた。野荘は中村から数十里離れていた。

大叔父は伯父を家に連れ帰ったが、伯父は飯も喉を通らないので、黒砂糖入りの生姜湯を飲ませて寝せると、中村の私の祖父に知らせをやった。

翌日になっても伯父はまだぼうっとしていたが、体力は回復した。大叔父が自転車をこいで伯父を後ろに乗せ、がたごとと送り届けてきた。

伯父が幽霊に化かされたと聞いて、私は怖いような好奇心をそそられるような、そんな気持ちがした。伯父の家は私の家から一里ほど離れた南西の角にある茅葺きの小屋だった。伯母はぶつぶつ言いながら粥を煮てやり、黒砂糖をスプーンに一杯食べさせた。伯父の家では人がいっぱい待っていた。みんな不思議そうな顔をしていた。伯父が休みたいと言ったので、父が大叔父を家に連れて来た。

私はこの大叔父がずっと怖かった。首にたくさん恐ろしい傷痕があったからだ。祖父はあれは刀で斬られた痕で十三か所あると言ったが、私は正確に数えたことはない。一九四六年の冬、大叔父は国民党の還郷団に捕まった。いい服を着ていたので共産党の幹部と思われ、縛られて暗いうちに溝に投げ込まれ刺されたのだが、幸い命拾いをした。

大叔父は言った。

「幽霊に遭うこともあるが、幽霊はそんなに恐ろしいものじゃない。何十里か迷っただけだ。林頭《リントウ》は悪い幽霊に遭遇したんだ。自分を過信しすぎないことだ。男っ気があり、肝っ玉がでかいから幽霊も平気だと思ったのかもしれんが、そんなものじゃない。小者の幽霊ならお前に譲るかもしれんが、たちの悪い幽霊に遭ったら大変だ。男っ気もなるべく隠しておき、夜道はなるたけ歩かないことだ」

伯父は家で一週間ほど寝ていたが、床屋の馬海碗《マー・ハイワン》が一緒に千佛寺に連れて行った。床屋は若い時、千佛寺で寺男をしていたことがあり、寺には多少の伝手《つて》があった。方丈が伯父に数珠とお経の本をくれた。寺から帰ると伯父は生臭《なまぐさ》を断ち、菜食主義になって半年間精進料理を食い続けた。

伯父は一九三七年生まれで、二〇一〇年に亡くなった。伯父の葬儀でも伯母はまったく泣かなかった。いつものように暮らし、淡々と伯父の死を受け入れた。人生はそんなものだと言わんばかりだった。だが、一か月後、伯母は突然病に倒れた。半年間、寝たきりだった。

「伯母さん、病気は少しは良くなったのかい？」と、私は伯母に代わって食器の入った籠を下げ、伯母の家に向かいながら聞いた。

「病気なもんか。お前の伯父さんのせいだよ」

「どうして伯父さんのせいなんだい。独り暮らしは不便だろう？　やっぱり引っ越して魚網《ユイワン》と暮らしたほうがいいよ」

魚網《ユイワン》というのは伯母の息子で、町で軽食屋を経営していた。生まれた時に産婆が魚の網で取り上げたので、この名がある。

「いやだよ。この病はどういうことだと思う？　やっと分かったよ。お前の伯父さんを怒らせたからだってね。私もよくよく考えたのさ。何だって急に病気になんかなったのかと。それで話をしに行ったのさ」

村の北東三十里ほどの所に女の霊媒師がいて、幽霊が乗り移ってあの世とこの世の人とで会話ができるのだという。

「霊媒師が作法をすると、伯父さんがその身体に乗り移って私に言ったのさ。俺が死んだばかりだというのにお前はいつも家にいない、どこに行っているんだ、ってね。私が魚網《ユイワン》の所だよと言うと、お前はいい、息子の所で好きなだけ飲んだり食ったりして、俺を放っておいてろくなものも食わせんで。私が、息子の家にいたって、あんたにお供物を上げているだろと言うと、あんな遠くにどうやって行くんだ。位牌の前に供えなきゃ俺が食えるはずがないだろ。腹が減って、腹の皮と背中がくっつきそうだ。お前は頭痛にでもならなきゃ、家に寄りつかない気だなって言うのさ。それで分かったんだ。町に住むのは伯父さんが許してくれないってね」

そう言って伯母は笑った。

伯父が死ぬ前、私は泰州の病院に見舞いに行った。伯父は入院を嫌って家に帰りたがった。元気はあったが、かなり痩せていた。中国式の服に黒い布靴で、声は相変わらずよく響いた。

伯父は言った。

「死ぬ時は自分の家で死にたい。外で死んだら、さまよえる幽霊になってしまう。お前たちが燃やす紙の銭も受け取れず、ここの幽霊たちに取られてしまう」

そう言って癇癪を起こしたので、息子の魚網《ユイワン》は仕方なく伯父の言う通り家に送り返した。家に帰ると確かに病院にいる時よりもずっと元気になった。父が見舞いに行くと、伯父は言った。

「ほら、家に帰れば良くなるのさ」

私の父は言った。

「兄貴の家の前の桑の木が死んだ。掘り返して捨てないと」

伯父は言った。

「もう少ししたらな。今は俺の身体が良くないから、治ってからにする」

伯父はそのまま治らず、二か月後に亡くなった。亡くなる時、大量の血を吐いた。魚網《ユイワン》が「親父、病院に行こう」と言ったが、伯父は頑としてベッドをつかんで「いいや、行かん。俺はここで死ぬ」と家で死ぬことにこだわった。

亡くなると自分の家の西側の畑に埋葬された。伯父にずっとついてきた犬は毎日そう遠くない所でうずくまっていた。この犬のことを気にする者もなく、かわいそうだった。犬の尾の先には白い毛の塊があり、村人は伯父の死後、それは「孝尾《シアオウェイ》」と言い、こういう犬を飼うのは飼い主にとっては不吉なのだと言った。だが、私の父は家の前の桑の木が死んだのが予兆だったと言った。とにかく、人が死ぬと村人はさまざまな不吉な兆しを探し出すのだった。

伯父が大事にしていたハトたちは、伯父が死ぬと一羽残らずいなくなってしまい、卵すらなくなった。伯父が生きていた頃、誰かがハトや卵を盗もうものなら、伯父は棒を振りかざして殴りに行ったものだ。伯父の毎日の最も重要な仕事はハトを放すことだった。このハトのおかげで伯父が私の娘と私に特別な思い入れがあったことも分かった。

私の娘が一歳になった年に、初めて娘を連れて帰省した。帰省する前は娘はまだ話せなかった。村に入った途端、一面の菜の花を見て娘は人生初の言葉を発した。「花《ホア》」と。

娘は「おじいちゃん」とはまだ言えないので、伯父を見るとただ笑った。伯父も笑った。伯父は家に帰ると、すぐにまた片手に碗を一つ持ち、片手にハトを一羽抱いて来た。伯父は言った。

「この碗でハトの卵を食べさせ、ハトはスープにして飲ませてやれ」

父は驚いていた。伯父にとってハトがどんなに大切か知っていたからだ。自分や伯母が病気になってもハトを殺すのは忍びなくてできなかったのに。私たちはそれは絶対に受け取れないとハトを持ち帰らせ、卵だけを受け取った。その日の夜は娘の「抓周《ジュワジョウ》」（赤ん坊が満一歳になった時、いろいろな物を並べて選び取るものでその子の将来が分かるとする風習）だった。父は孫娘のために万年筆、鉛筆、毛筆、本、計算尺などの文房具ばかりを用意した。やりすぎと思ったのか、赤ん坊に将来勉強してほしいという期待があからさますぎると思ったのか、父はゆでたハトの卵も文房具の間に置いた「抓周」が始まると、娘はためらわずに手を伸ばしてハトの卵をつかんだ。私たちは大笑いし、父は頭を振って諦めきれずに娘に言った。

「まだ片手が空いているぞ。もう一つ、つかんでごらん」

しかし、娘は私の父の言うことは聞かず、両手でハトの卵を握って口に入れようとした。伯父もその場にいて、誰よりも嬉しそうに笑った。


都会に帰る時は必ず伯父の墓のそばを通る。墓は野菜畑の真ん中にあり、葉が青々と生えている。二十数年前、私が初めて故郷を離れて働きに出る時もここを通った。夜が明けたばかりで、伯父と伯母がちょうど今、伯父が埋められている畑で働いていて、顔を上げると私に聞いた。

「大魚《ターユイ》、どこに行く？」

私は遠くを指さして言った。

「出て行く」

自分でもどこに行くのか分からなかった。遠くまで歩いてから振り向くと、伯父はまだ畑に立ったまま私のほうを見ていた。その時から十年間、私は故郷に帰らなかった。そして今、またここを歩いて行く。伯父が立っていた場所は伯父の墓になっている。

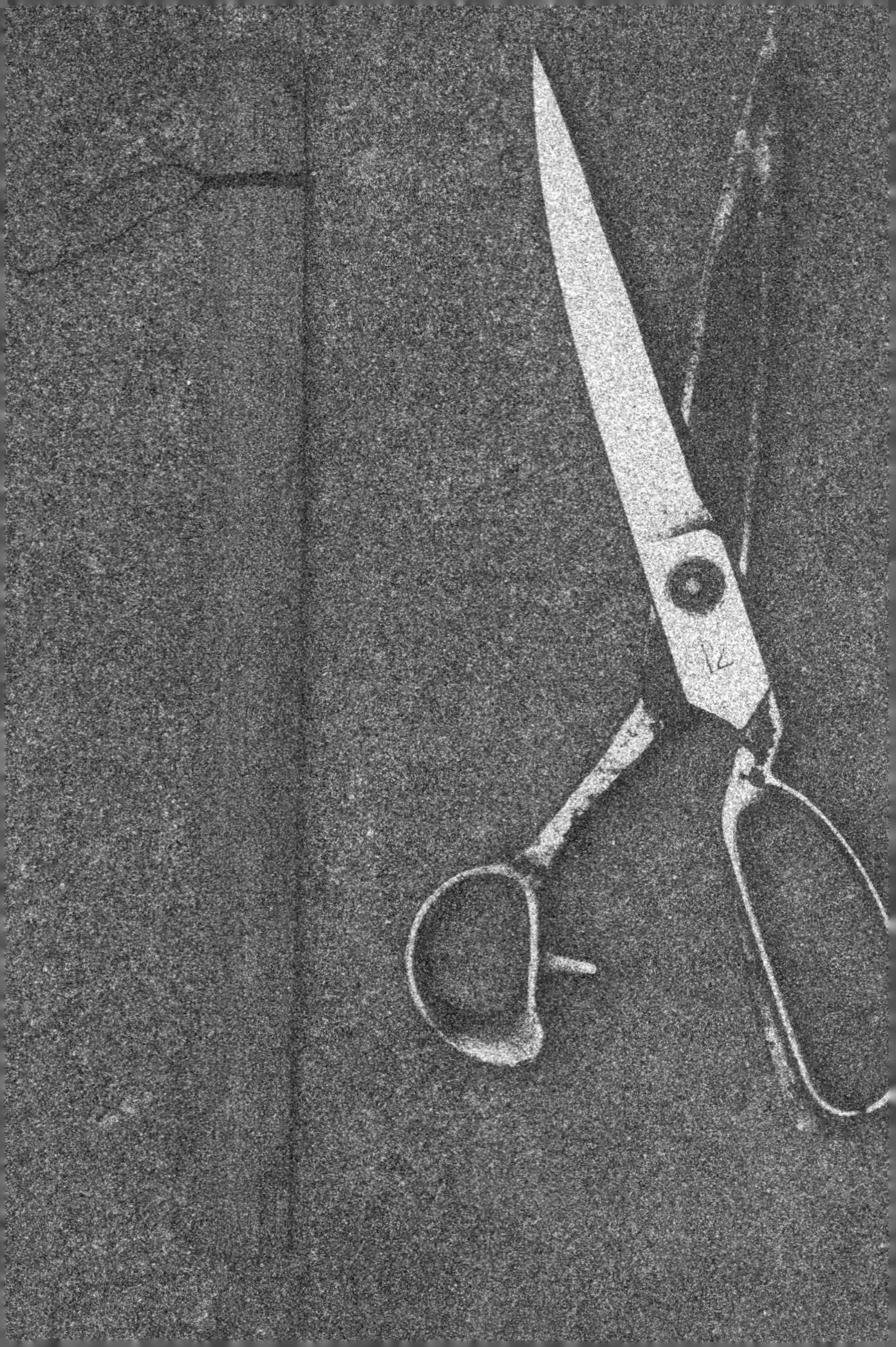

仕立屋

仕立屋は村の人気者になった。
自分で仕立てた服を着た粋な身のこなしは
そのまま歩く広告塔だった。

うちの家の前には小さな河があり、南溝《なんこう》と言う。河の対岸には小さな青レンガの平屋がある。河幅は狭く、両岸のニレやエンジュやスモモの木の枝葉が重なり合っていて、太い柳の木は一本傾いて対岸に向かって倒れ、長い枝が河面に垂れていた。少年時代の私は夏になると、学校帰りにいつもこの柳の枝に座り、柳の葉を吹きながら足で河の水を蹴ったものだ。すると対岸の平屋の裏扉が開いて、老婦人が私のほうに歩いてくると水辺の木の下にたたずんで声をかける。

「河に落ちないように気をおつけ」

婦人はまだ六十少し過ぎだったが髪は総白髪で顔は皺だらけ、話し声も小さく歯がないので風が吹き抜けて声がよく聞こえなかった。四十年前、老婦人が中村《シエン》の有名な美女だったと一体誰が想像できるだろう？

彼女が嫁いできた時、中村は大騒ぎになった。その美しさのせいではなく、中村の裁衣の和楽《ハーユエ》の妾になったからだ。私たちの村では仕立屋のことを裁衣と言う。

仕立屋が死んだのは二十六歳の時で、彼女は二十二歳だった。許荘《シィ》から嫁いできたので、人々は初めは「許氏《シィ》」、あるいは「許荘の」と呼んだが、のちに裁衣ばあさんと呼ぶようになった。

和楽《ハーユエ》の父親は中村の金持ちの大槐《タークワイ》である。和楽《ハーユエ》は大槐《タークワイ》が年取ってからの子で、家に余裕があったので私塾にも数年通った。和楽《ハーユエ》が十四歳になると、大槐《タークワイ》は息子に町で裁縫を学ばせた。二年学んで帰ってくると、どんなスタイルの服も仕立てられるようになっていて、中村の人気者になった。脇の下に灰色の布包みをはさみ、中にハサミ、針と糸、紐ボタンを入れて歩き、もう片方の手には長い木の物差しを握っていた。髪の毛をてかてかと光らせ、鼻歌を口ずさんでいる。着ているのは自分が仕立てた服で、最上の布地で仕立ても凝っており、すらりとした身体に粋な身のこなしはそのまま歩く広告塔だった。

十八歳になると両親の言いつけで、父親の姉妹の娘の陳氏《チエン》といやいや結婚させられた。陳氏《チエン》は聡明で貞淑、情にも通じていて家事も得意だったが、子どもの頃にかかった天然痘のせいであばた面だった。これが粋を自認する仕立屋にとっては我慢ならなかった。何度も親に婚約の取り消しを願い出たが、そのたびに父親の猛反対に遭った。そのため、結婚後の仕立屋は陳氏《チエン》にいい顔をしたことがなく、いつも怒鳴りつけてばかりいた。

結婚して五年が過ぎても陳氏《チエン》には子どもができなかった。そこで仕立屋はそれを理由に妾を迎えたいと言い出した。実は大槐《タークワイ》は仕立屋よりも焦っていた。親不孝には三つあるが、最大の親不孝は跡継ぎのないことだ。仕立屋に息子ができなければ、こんな大きな家作を継ぐ者がいなくなる。大《ター》槐《クワイ》は仕立屋の申し出に仲人を介してあちこち物色をし始めた。

ひと月もしないうちに仲人が来て、中村の北の許荘にいる娘が十九歳で美しく気立てが良く、家が貧しいため妾になるのを承知したと言う。翌日早速、大槐《タークワイ》は仕立屋と、仲人に連れられて許荘に出かけて行った。

許荘に見合いに行ったのは一九四三年の春のことで、中村から許荘までの一面の菜の花の中を仕立屋は興奮と焦りで飛ぶように歩いた。相手の家に着くと仲人が戸口の桃の木の下で洗濯をしている娘を指さして言った。

「仕立屋、ほら、美人だろう？」

仲人は口を尖らせると心からの賛嘆の表情を露わにした。

桃の花がちょうど満開で、娘は花の下にうつむいて座り、細長い木の盥で洗濯をしていた。手は石鹸の泡といい香りに満ちていた。人の気配に顔を上げると少し微笑み、前掛けで手を拭くとくるっと家の中に入ったきり二度と出てこなかった。仕立屋はひと目見てぼうっとなった。仲人がこんな美人を紹介してくれるとは思いも寄らなかった。十九歳になったばかりのその娘は整った色白の顔立ちに粗末な服でも隠しようのないすらりとした身体つきをしていた。仕立屋は許家《シイ》に二時間いる間ずっと、姿を現さない娘を目で探し求めて、父親と許家《シイ》の話はひと言も耳に入らなかった。仕立屋の胸は許荘を離れてもずっと高鳴っていた。

婚約は順調に進み、ひと月後、仕立屋は許氏《シイ》を中村に迎えた。新婦への気持ちを表すため、仕立屋は豚一匹と羊一頭を殺して大宴会を三日催した。

仕立屋と許氏《シイ》は仲睦まじく寄り添い、正妻の陳氏《チエン》は冷遇された。許氏《シイ》は陳氏《チエン》を常に「お姉さん」と立てて、陳氏《チエン》も許氏《シイ》に礼儀正しかった。許氏《シイ》は新婚の夫にお姉さんに冷たくしないように言ったが、仕立屋は聞き入れなかった。正妻のあばた面を見るのは耐えられなかった。許氏《シイ》は仕立屋に蜜のように甘い愛を注がれた。

だが、その甘い愛もはかないもので三年しか続かず、許氏《シイ》はその後の六十年間近くを独り寂しく過ごすことになる。六十年間に短い愛の日々をどれだけ思い起こしたことだろうか？　許氏《シイ》の心はこの六十年で深い枯れ井戸になってしまい、かつて自分を深く愛し、それでいて一生の苦労を残した男のことを六十年間一度も口にすることはなかった。


結婚後半年で許氏《シイ》が妊娠すると、仕立屋はますます得意になって全身を揺すって歩き、足は雲の上を歩いているように、朝から晩まで歌を口ずさんでいた。仕立屋は上っ調子ではあったが、中村の人たちも反感を感じるほどではなかった。何といってもその裁縫の腕が一流だったからだ。どんな布地もその手にかかれば見事な形に仕上がった。しかもその形は受け入れられないほど新式ではなく、かといって昔ながらの野暮ったいものでもなく、身につけると実にいい塩梅だった。特に若者は結婚が近くなると絶対に仕立屋に服の仕立てを頼んだ。許氏《シイ》を娶ってから仕立屋も大分真っ当になった。相変わらず口では娘たち相手にふざけていたが、不埒《ふらち》な真似は決してしなかった。おふざけ程度なら中村の若い人が歓迎するものだった。

許氏《シイ》が妊娠したと知ると、陳氏《チエン》の婚家で暮らして行く望みは完全に断たれ、身の回りのものをまとめると実家に帰ってしまった。幾日もせずに陳氏《チエン》の母親が来て兄弟である大槐《タークワイ》に、「どうせもう要らないのなら、よそに嫁がせて」と言った。大槐《タークワイ》が仕立屋に相談すると、仕立屋はあばた面の妻の顔を見なくてよくなるとあっさり同意した。二日後に陳氏《チエン》は人を寄こして自分の嫁入り道具を一輪車に載せて持ち帰り、以来両家にはまったく往来がなくなった。だが陳氏《チエン》は完全に消えたわけではなく、ずっとあとになって尋常でない形で戻ってきて、仕立屋がいなくなった家でさまざまな恐ろしいことをすることになる。陳氏《チエン》はこの家に復讐したのだ。最も復讐すべき相手である仕立屋は死んでずいぶん経っていたのに。

一九四四年、仕立屋は幸福の絶頂にあったが、それで満足はしなかった。中村で一番学があり、字も書けるし絵も描ける。一流の裁縫の腕もあり、仕立屋はなかなかの人物であった。それなのに、そんな彼が二人の貧乏人に見下されていた。

そいつらは元々はすっからかんの貧乏で、それまでは仕立屋を見るとぺこぺこしていたのに、村の党幹部になり偉そうになっていた。仕立屋に目もくれないばかりか、叱りつけ命令したりした。仕立屋はこの世は不公平だと思った。自分のような人間には何の権力もなく、貧乏人が威張りくさっている。今に見ていろ。

国民党は中村には来たことがなかった。全中村で万葆《ワンパオ》の息子だけが国民党だった。いつも南京にいてめったに帰らず、家に帰って人に会うとうなずいて煙草を差し出すだけで多くを語らない。彼が南京で何をしているのか、知る者はなかった。中村の者にとって、国民党はよく知らない、自分とは何の関係もない党だった。中華民国になっても中村の人々は数百年間変わらない暮らしを送っていた。日本兵が来た時だけ、中村の人々も少し慌てた。だが、日本兵も通り過ぎて行っただけで逗留はしなかった。日本軍がやってくる前に隣村の人が知らせに駆けつけ、中村の人々はさっさと逃げ出し、日本軍がいなくなってからそれぞれの家に戻ってきた。

　中村を本当に変えたのは共産党だった。家譜の記載によると、中氏一族が中村に定住してから六百年余りになる。六百年来、日が出ると働き、日が沈むと休むという中村の生活様式に大きな変化はなかった。だが一九四〇年になり、世事に疎い呑気な農民である中村の人々も突然高揚し始めた。

　一九四〇年八月、黄橋戦役の二か月前、共産党がまた中村にやってきた。今回は一九二七年に二、三人がこっそりやってきて何か任務をしてすぐ消えたのとは違っていた。見たところ、長逗留するらしかった。新四軍の銃剣を頼りにおおっぴらに活動して、堂々と共産党員の募集をし、各村で自分たち寄りの人間を村長にした。ところが可栄《クーロン》のことがあったため、中村の人々は誰も村長を引き受けず、何か事が起きることを恐れた。可栄《クーロン》は中村の最初の共産党員で、一九二七年によそから帰ると革命を起こして、新街鎮に茶館を開き二年ほどは羽振りが良かったが、何者かに殺されて死体も見つからなかった人物である。

　郷長は何度も私の祖父である大工の同守《トンショウ》に話をしに来て言った。

「親方、あんたはいろんな家で働いて顔も広いし、人望もある。あんたが村長になればみんなも納得するし、仕事もやりやすいはずだ」

　祖父は再三断り続け、ついに郷長を怒らせ、郷長は腰からモーゼル銃を取り出すとバンとテーブルの上に置いて言った。

「なんでそう強情なんだ。いいか、いい加減にしろよ。そんなに断固として断るのは、お前が反動派になろうとしているからだ。だったらどうなってもいいと言うんだな？」

祖父は慌てて五寿《ウーショウ》ばあさんに助けを求めた。郷長は五寿《ウーショウ》ばあさんの実家の甥だった。五寿《ウーショウ》ばあさんは言った。

「親方、慌てなくていい。今度あいつらが来たら、こっそり私を呼びにくるといいよ」

二、三日後の朝早く、まだ空もすっかり明るくならない頃、祖父は起き出して道具をまとめて客の家に仕事に行こうとしていた。遠くから郷長が人を二人連れて、南の道からやってくるのが見えた。祖父は急いで祖母に言った。

「早く五寿《ウーショウ》ばあさんを呼んで来い」

そう言うと、梯子をかけて屋根の梁の「家主」の裏に登った。家主というのは人の背丈の半分ぐらいの高さの板に釘で打ちつけた、丁の字の逆さまの形の仏壇のことである。一方の端を屋根の梁に打ちつけ、もう一方の端を壁に掛け、正面には祖先の位牌と仏像が安置され、裏がちょうど人一人しゃがめるようになっていた。祖母は梯子を外すと郷長を出迎えに戸口に出た。

「親方は？」

「仕事に行きました。さっき出かけたばかりです」

郷長は手を振ると、部下の二人に家を捜索させた。家は小さく三間の茅葺き小屋で、すぐに捜索し終わったが誰も見つからなかった。郷長が言った。

「親方を呼んできてくれ。俺たちはここで待っている。戻らないとこっちから出かけて行って縄で縛りあげるからな」

祖母は言った。

「分かりました。すぐ行ってきます」

そう言うと五寿《ウーショウ》ばあさんの家に飛んで行った。

祖母は戻らず、代わりに五寿《ウーショウ》ばあさんがやってきた。五寿《ウーショウ》ばあさんは郷長の本家の年長者である。五寿《ウーショウ》というのは秤屋の次男のことで知恵遅れだった。子どもの頃の婚約のため、美人なのに知恵遅れの五寿《ウーショウ》の妻になったのだった。五寿《ウーショウ》ばあさんを見ると郷長は慌てて立ち上がった。

「おばさん、どうしたんですか?」

五寿《ウーショウ》ばあさんは言った。

「ここに座って何をしているんだい? うちにおいで。何か食べ物を作ってやろう。話はそれからすればいい」

五寿《ウーショウ》ばあさんは郷長たちを連れて帰ると、すぐに人に魚や肉を買いに行かせた。飯を食い終わると、五寿《ウーショウ》ばあさんは言った。

「親方はいい人だ。幹部になれば何でも上手く行くだろうが、親方の家の負担は重くなる。子どもが五人もいて女房は身体が弱い。何でも親方独りでやっているんだ。幹部になどなる余裕はない。

他に人がいないか、よく考えることだ。私も探してやるから」

五寿《ウーショウ》ばあさんに懇々と諭されて、郷長もやっと納得した。五寿《ウーショウ》ばあさんの恩を祖父はその後何十年経っても忘れなかった。

村長になる人間が見つからず、郷長は焦って何度も五寿《ウーショウ》ばあさんを訪ねてきた。五寿《ウーショウ》ばあさんも困り果てていたある日、希旺《シーワン》がよその村から物乞いに来て、五寿《ウーショウ》ばあさんの家の前を通り過ぎた。

「希旺《シーワン》、おいで。少し座ってお行きよ」

希旺《シーワン》は五寿《ウーショウ》ばあさんと見ると引き返してきて、犬を追い払う棒を壁に立てかけ、継ぎはぎだらけの布袋を肩から下ろした。手にした物乞い用の欠け茶碗を地面の隅に置こうとした時、五寿《ウーショウ》ばあさんが希旺《シーワン》を中に引き入れて言った。

「お入りよ。ご飯ができたところだから」

五寿《ウーショウ》ばあさんは茶碗にいっぱい飯をよそい、その上におかずをのせるとテーブルの下から椅子を引っ張り出して、希旺《シーワン》を座らせた。

希旺《シーワン》の家は村の北西の広野にある。家は土地がなく家族も多いので、やむなく家族総出で物乞いをして生計を立てていた。でも中村では決して物乞いを行わず、できるだけ遠くの、なるべくなら知った者のいない、自分が誰かも分からない所で行った。中村の人々もそのことを知っていたが、はっきり口に出して言うことはなかった。口に出して言えば気まずいからだ。

「希旺《シーワン》、お前もいつまでもこうはしていられないだろう。郷長が私に村長になれる者を探せと言うんだ。村長になれば家族も食べられる」

希旺《シーワン》は何も言わず、がつがつと飯を食い終えると、箸で口を拭って茶碗を置いた。五寿《ウーショウ》ばあさんがおかわりをよそおうとすると、希旺《シーワン》は言った。

「もう腹いっぱいだ。五寿《ウーショウ》ばあさん、その話は二、三日前に聞いたよ。郷長が親方に頼んだけど、親方はやらないと言ったそうだな。いい腕前の大工だ。金も食い物もあり何も困ってないのに、そんな危険なことに首を突っ込むはずがないさ」

五寿《ウーショウ》ばあさんが言った。

「状況が変わったんだ。新四軍はやってきたけど、兵隊に取るというわけじゃなし、村の雑用をあれこれやるだけで危険なことなんて何もないよ」

希旺《シーワン》は言った。

「俺のことを思って言ってくれているのは分かっているよ。村長になるのは怖くない。ただ、俺は物乞いだろう？　俺が村長になったら、共産党の顔が丸つぶれにならないのかい？」

「そんなはずはないさ。やると言うなら、郷長に話してみるよ」

「いいよ。物乞いをするよりは、ましだからな」

五寿《ウーショウ》ばあさんは戸口から希旺《シーワン》の物乞いの布袋を取ると中に米を半分入れた。希旺《シーワン》は感謝して嬉しそうに担いで帰って行った。

五寿《ウーショウ》ばあさんが郷長に伝えると、郷長は翌日希旺《シーワン》を訪ねて来た。希旺《シーワン》をひと目見て素朴な正直者だと分かり、大喜びでその場で村長に任命した。

「共産党は貧しい者の党だ。お前もこれで我々の党の仲間入りだ。帰ったら刀を探して常に身につけるように。一つは身を守るため、もう一つは身分を明らかに示すためだ。それと、もう一人、中村で自分の助手を見つけるんだ。お前の助けになる者を」

希旺《シーワン》は村に戻ると鍛冶屋の曹鞋《ツァオ・シエ》を訪ねた。鍛冶屋は希旺《シーワン》の落ち着いた性格とはまったく違っていた。ぶらぶらして暮らし、揉め事を起こすのが好きだった。村の幹部になれば畑を耕さなくても食えると聞き、喜んですぐに承諾した。希旺《シーワン》が村長になり、鍛冶屋が翻身主任になった。翻身主任というのは新しい単語で、貧乏人が身を翻して主人になるのを指導するという意味である。二人は朝起きると腰にそれぞれ刀を下げて村を闊歩して、会議を催したり、村人に金や穀物を寄附させたりした。

「新四軍が来て日本軍や日本の傀儡《かいらい》軍を追い払うから、金のある者は金を、穀物のある者は穀物を、力のある者は力を提供するように」

一九四四年に中村は物資の中継点になった。外から送られてきた食糧、弾薬、衣服の包みが山と積まれた。中村で帳簿がつけられる者を探して、会計担当にするように上から求められた。この頃の中村で字が書けて帳簿がつけられるのは金持ちだけで、そのうち逃げられる者はとっくに逃げ出しており、家にいるのは仕立屋だけだった。郷長は仕立屋を訪ね、村の財政主任になり前線部隊のために用意した物資を管理するように求めた。仕立屋は快諾した。偉そうにしている二人の貧乏人にとっくに我慢できずにいたからだ。

こうして中村には三人の共産党幹部が誕生した。

仕立屋が担当した任務は二つあり、一つは物資の管理、もう一つは治安の検査で、二つの役目を自分でも気に入っていた。物資の管理は飲み食いが自由にできて、物資を受け取るには仕立屋の許可が必要なため、人を顎で使うことができた。治安の検査はさらに権力がふるえ、かつ目立つ仕事だった。

ある時、村長が担架隊を組織して前線に派遣することになり、出発前に隊員が仕立屋の所に食糧を受け取りに来た。規定では初日に受け取りに来ることになっていたのに翌日になって来た者がいたので、仕立屋は一人米一キロ半を減らした。三日目に来た者には仕立屋はもう期限は過ぎたと言って、五百グラムもやらなかった。隊員たちは食糧の配給をしないなら行かないと翻身主任の鍛冶屋に訴えた。

鍛冶屋が仕立屋を訪ねて来た。仕立屋は新妻と部屋でふざけていて鍛冶屋を見ようともせず、そっぽを向いたまま言った。

「規定通りにやっただけだ。余った食糧は帳簿につけて上納した。全然余分はない。ここに帳簿があるから、自分で見るといい」

鍛冶屋は字が読めないので帳簿なんか見ても分かるはずがなく、ぷんぷん怒って帰り、仕方がないので余裕のある家に穀物を借りて担架を担いで出発させた。これは仕立屋と鍛冶屋のたくさんある因縁の一つに過ぎない。一人は貧乏人、一人は金持ちで、二人の考え方、やり方のすべてが違っているため、互いが目障りでならず、よく揉めては郷長に訴えた。郷長は忙しくて二人のことなどかまっていられるはずもなく、怒鳴りつけて追い返すのが常だった。

夜になると仕立屋はよくカンテラをぶら下げて、村の周囲を歩いて回った。たいていの人にとって巡視はしんどい仕事だが、仕立屋は違った。偉そうにできるからだ。その日の夜中、仕立屋は村の東にある家の裏手で、二人の男女が灯りに照らし出された途端、竹園に隠れたのを見た。仕立屋が「誰だ?」と叫んでも返事がない。仕立屋はまた言った。

「出て来ないと民兵を呼ぶぞ」

竹の影が揺れて出て来たのは区の肖《シアオ》政治委員だった。

「仕立屋、何を大声出している?」

仕立屋は肖《シアオ》政治委員と見るや顔色を変えて逃げ出した。

この件について仕立屋は口を閉ざし、家族にだけ話して外には決して漏らさなかった。冷汗はかいたが、さほど気にはしていなかった。ただ肖《シアオ》政治委員との心理的な距離が縮まった気がした。それで次に肖《シアオ》政治委員に会った時の態度が明らかに親しげになった。一年後、仕立屋は死の間際にようやく、その時の遭遇が致命的だったことを思い知った。

仕立屋の父親の大槐《タークワイ》は物事が分かっていた。仕立屋が外であれこれしでかすのを見ると、息子を呼びつけて鼻面を指さして叱りつけ、村の財政主任は辞めて、おとなしく家にいろと言った。

「うちは食う物にも着る物にも困らない。そうやって得意になっているといつか身に危険が及ぶぞ。おとなしく家にいて、どこにも行くな。今度ふらふらしたら、その足をへし折るぞ」

仕立屋がそんなことを聞くはずもなく、相変わらず大威張りで歩き回っていた。

一九四四年の秋、仕立屋に息子の鳴九《ミンジュウ》が生まれた。息子ができると、もともと浮かれていた仕立屋はますます得意になり、一日中、「これ以上求めるものは何もない」という歌詞を口ずさんでいた。さすがにあまりの得意満面に多くの者が反感を感じ始めていたが、仕立屋はそれにもまったく気づかず、手にしたささやかな権力に酔い痴れて、翻身主任の鍛冶屋との権力争いに明け暮れていた。

大槐《タークワイ》はそんな息子が心配でたまらず、毎日仕立屋が何かしでかさないかと気を揉んでいた。何度叱りつけても無駄なので今度は哀願した。

「息子が生まれたばかりなのだから、家で女房子どもの面倒を見ていてくれ。外でふらふらして何の得がある？　お前の後ろでみんなが何と言っているか、知らないのか？」

それでも仕立屋はどこ吹く風で、相変わらずやりたい放題、会議をしたり、奔走したり、帳簿をつけたりしていた。大槐《タークワイ》はとうとう我慢ができなくなり、棒を手に会議中の仕立屋を殴りに行った。仕立屋は父親の棒を奪い取ると、戸の外に投げ捨てた。会議を主催していた郷長が怒鳴って言った。

「頑固爺、反革命を働く気か？　革命を邪魔する者は縛って木に吊り下げるぞ」

大槐《タークワイ》は家に帰ると憤懣やるかたなく、病で寝こんでしまった。母親の周《チョウ》氏も仕立屋に言った。

「和楽《ハーユエ》や、ごらん。父さんがお前のせいで病気になってしまった。もういい加減、家に落ち着いておくれ」

仕立屋はそれでも聞かなかった。幸い許氏《シイ》のことは大切にしていたので、昼間は外で忙しくしていても、夜は毎晩必ず帰ってきていた。大槐《タークワイ》は数か月寝たきりのまま、一九四五年旧暦二月十八日に病死した。父親が死ぬと仕立屋はますますやりたい放題になり、前髪を庇のように立ち上げたオールバックになでつけ、腕に息子を抱いて村を東奔西走していた。

一九四五年八月十五日、日本人が降伏し、新四軍は日本軍に占領されていた黄橋鎮と泰興《たいこう》県城を解放した。申村の幹部たちも忙しくなった。仕立屋は子どもを許氏《シイ》に任せると家に寄りつかなくなった。やれ担架隊を組織するの、民兵を組織するの、金と穀物を配給するの、疲れれば疲れるほど仕立屋は楽しくてたまらなかった。なぜなら、そうした忙しさと苦労にこそ自分の権威や面子が発揮できるからだった。八月二十九日、日本軍は黄橋から撤退し、共産党が黄橋を取り返した。九月十二日、国民党に接収されていた泰興県城に部隊が進攻して、国民党の県長が捕虜になった。泰興が解放されて全県に一時的な静けさが訪れた。全区は上からの通知を受け、幹部の整風運動が勧告された。

整風運動会議は区の肖《シアオ》政治委員の主宰で行われた。

「全員、問題のある者は自分から申し出るように。自分で言わずに人に言われるのはよくない。また、誰かに問題があると発見した者も隠し立てをしてはならない。他人の検挙に私情をはさまないこと。知っていて報告しなかった者も罰せられる」

仕立屋は整風運動に興味はなかった。自分とは関係ないと思い、いつもの会議と同じつもりで言いたいことを言った。

「何が整風だ。毎日朝から晩まで忙しく働いて一銭ももらってないというのに一体何を調べると言うんだ？」

整風運動会議が開かれた翌日、郷長は何者かが書いた仕立屋が軍糧を隠匿したと告発する手紙を受け取った。その日の夜、仕立屋は捕まって郷に連行された。事実はすぐに明らかになった。仕立屋は村の財政主任をしている期間に、こっそり米五十キロ以上を自分のものにしていた。

郷長は言った。

「まったく！　盗んだ米を全部返させ罰金を課し、保証人を十人集められたら、その者たちに連れ返させろ」

大槐《タークワイ》は生前、大工と親しかった。仕立屋に保証人がいれば帰れると聞いた大工は、急いで仕立屋の母親の周《チョウ》氏に相談に行った。周《チョウ》氏は言った。

「親方にお願いするよ。私には保証人のあてなどない」

母親はどうしようもないというようにかぶりを振った。仕立屋の力になろうという者はいなかった。普段の偉そうな態度が目に余っていたので、むしろいい気味だという態度だった。

大工の顔で何とか十人を集めると、母親が酒と肉を買ってもてなし、大工が彼らを連れて罰金と米を持って郷に行った。十人は保証書に手形を押し、仕立屋を連れ帰って来た。この文書を「充家保」という。今度、罪を犯したら手形を押した人間でその者の全財産を没収して上納するという約束手形だった。


帰った翌日、仕立屋は真新しい服に着替え髪に油を塗ると、村を大股で闊歩した。

「仕立屋、帰ったのか」

「帰ったさ」

「郷はどうだった?」

「悪くない。郷の幹部たちとご馳走を食って遊んだよ。たいしたことは何もなかったな」

こう聞く者もいた。

「何だって捕まったんだ?」

「それさ。誰がやったせいかは全部分かっている。結局は俺をどうにもできなかったけどな」

わざとこう聞く者もいた。

「仕立屋、お前の義理の叔父は口岸鎮で国民党軍の副隊長をしているんだろう?」

仕立屋は答えた。

「そうさ。だから、俺を陥れた奴を懲らしめてくれと頼んできたよ」

仕立屋は口ではそう言ったが、本当は誰の仕業か分からず、自分にも復讐するだけの力はなかった。だが、その言葉は瞬く間に伝わって行った。

二日も経たずに仕立屋はまた捕まった。今度の罪名は軍糧隠匿のほかに、国民党反動派と結託して共産党に復讐しようとしたというものだった。仕立屋を審理したのはやはり郷長だった。

仕立屋は言った。

「義理の叔父は俺が共産党の幹部になったと知ると、俺を殺すとまで言ったんですよ。頼めるはずがないじゃないですか。村のやつに腹立ち紛れに言い返しただけですよ」

一週間ほど監禁されても敵と通じた証拠は何も出てこなかった。郷でも仕立屋が口だけの男と分かっていたので、少し懲らしめてから釈放すればいいだろうと考えていた。

「今度は百人の充家保を探してきて、大金の罰金を払えば帰してやる。さもないと銃殺刑だ」

私の祖父はちょうどよその家で仕事をしていたが、噂を聞くと仕事を放り出して仕立屋の家に行き、仕立屋の母親の周《チョウ》氏に言った。

「今回はまずい。何とか方法を考えないと。でないと戻ってこられない」

母親は言った。

「百人なんて頼めるはずがないよ。そんな大金払えない。煮るなり殺すなり好きにしてもらうしかないね」

大工と仕立屋と親しい何人かが何度も母親を訪ねて説いて聞かせたが、母親はまったく聞く耳を持たなかった。母親は大槐《タークワイ》が仕立屋に腹を立てて憤死したので、そのことを恨んで息子にはいい薬だと考えたのか、大金の罰金を払うのが惜しかったのか、あるいは仕立屋が何も悪いことをしていないと知っていたのでたいしたことにはならないとたかをくくっていたのかもしれない。

郷では十日以上待っても仕立屋の家から何の返事もないどころか、母親の周《チョウ》氏の冷たい言葉を耳にすることになった。

さらにこんなことを言ってくる者もいた。

「仕立屋を釈放してはならない。奴はきっと国民党軍を率いて復讐にやってくる」

郷長は激怒し、「仕立屋は禍のもとだ。殺してしまえ」と言い、区に報告書を書いた。区の肖《シアオ》政治委員はひと目見て、竹園で自分と衝突した仕立屋だと分かると、すぐに裁可して言った。

「重罰に処すべし」

仕立屋の銃殺は一九四五年の旧暦十月十六日と決まった。大工はそれを聞くと慌てて仕立屋の母親の周《チョウ》氏を訪ねた。驚いたことに周《チョウ》氏は何の反応もしなかった。許《シイ》氏が泣いて姑にとりすがると周《チョウ》氏は言った。

「人にはそれぞれ運命というものがある。死ぬべきでない者は死んだりしない。死ぬと決まったら何をしても死ぬ。放っておくんだ」

仕立屋も何度も人に手紙を託し、母親に自分を助けてくれと書いてきたが、母親からの返事はなかった。仕立屋はようやく母親の恨みの深さを知り、後悔した。だけど自分は実の息子ではないか。なぜ何もせずに見捨てようとするのか？

銃殺の時間が決まったと聞いて、仕立屋はとうとう完全に絶望した。

「俺は誰も恨まないが、冷たい母親だけを恨む」

看守に妻への手紙を託し、死ぬ前にひと目息子に会いたいと書いた。

死刑執行の前の晩、許氏《シイ》は生後十三か月の息子を抱き、酒と食べ物を持って、仕立屋が監禁されている東岳廟の小部屋に面会に来た。仕立屋は両腕を後ろ手に柱に縛りつけられ、床に座っていた。花のように美しい許氏《シイ》が泣き泣き息子を抱いてやってくるのを見ると、仕立屋は声を出さずに泣いた。仕立屋に差し入れを食べさせるため看守が縄をほどくと、仕立屋は妻と息子を抱きしめて泣きながら言った。

「お前たちには本当にすまないことをした。子どもをしっかり育ててくれ」

言い終えると、ひと口も食べず、また柱に縛られた。許氏《シイ》は子どもを抱いて、泣き泣き帰って行った。

周氏《チョウ》は許氏《シイ》の話を聞いて、ようやく大工の家に相談にやってきた。

大工は怒って言った。

「今頃、どうしようだって？　明日は銃殺だ。どうしようもこうしようもあるものか。家で遺体を引き取るのを待つんだな」

周氏《チョウ》はひと言も言い返せず帰って行った。本当に仕立屋が死んでしまうとなって初めて、周氏《チョウ》は後悔した。しかし周氏《チョウ》は知らなかった。仕立屋の死が周氏《チョウ》の家、その孫、彼女自身のその後の二十八年にどんな恐ろしい結果をもたらすことになるかを。

十月十六日の早朝、中村の翻身主任の鍛冶屋はドラを打ち鳴らして村中を叫んで歩いた。
「みんな、よく聞け。朝飯を食ったら、東岳廟の門前で公開結審大会を開くから、必ず行くように」
叫び声を聞いて、村人たちは喉から心臓が飛び出しそうになった。あの粋で格好のいい仕立屋が死ぬ。

しかもこの頃にはみんな知っていた。仕立屋を告発したのは鍛冶屋だと。
「とんでもない野郎だ。いつか自分に返ってくるぞ」と罵る者もあり、「仕立屋は生意気すぎたし口も悪かったが、何もここまでせずとも」と嘆く者もいた。

鍛冶屋は人々が言うことはちっとも気にしなかった。中村で仕立屋の死を喜んでいたのは、おそらく鍛冶屋一人だけだったろう。これは鍛冶屋の人生で成し遂げた最大の事だった。しかし、その後まもなく鍛冶屋の運命は急転する。まだ三十代という男盛りで一生で最も輝かしい時が過ぎ去ってしまう。鍛冶屋は長生きで八十まで生きるのである。だが、その残りの五十年をどう生きたか。

まだ鍛冶屋が生きていた頃、私は仕立屋の死が鍛冶屋と関連があると知らなかった。鍛冶屋の家はうちの東側にあり、うちから出て家の前の河に沿って東に二分ほど行くと鍛冶屋の家に着く。祖父はよく私を連れて鍛冶屋の家に遊びに行った。優しい面白いおじいさんがたくさん不思議な話をしてくれるので、私は鍛冶屋の家に行くのが楽しかった。ずっと昔、中村の人みんなが彼を唾棄し、軽蔑し、本人はそのことをまったく気にせずに脇の下に刀をきらめかせ、嬉しくてたまらない様子でみんなを仕立屋の死刑の見物に行かせたとは知る由もなかった。

仕立屋を監禁した東岳廟はあちこちから集まってきた人たちで立錐の余地もなかった。

公開結審は東岳廟の横の穀物干し場で行われた。穀物干し場に四台の八仙卓（一辺に二人ずつ、八人が座る正方形のテーブル）が並べられた。三人の郷幹部がその上に立った。正午十二時、郷長が大会の開始を宣言した。

「犯罪分子を主席台に連行しろ」

背中に銃を担いだ二人の民兵がぐるぐるに縛られた仕立屋を連行して東岳廟から出て来ると、仕立屋を八仙卓に押さえつけ、人々に向かってひざまずかせた。黒山の人だかりは寂として声もなかった。郷長が紙を取り出して判決文を読み上げた。

「仕立屋は軍糧を隠匿した上、反動派と結託して共産党への報復を企んだ。よって、直ちに銃殺刑を執行することを許可する」

読み終えて手をひと振りすると、二人の民兵が仕立屋の襟首をつかんで八仙卓から引きずり下ろし、それぞれが仕立屋の腕を抱えて南東にある墓へと連れて行った。

人々は恐る恐るそのあとに続いた。

二人の民兵は仕立屋を大きく土を盛った前に投げ出し、地面に押さえつけた。一人が十数歩、後ろに下がり、もう一人が銃を仕立屋の後頭部に突きつけると閃光がきらめき、パンという音と同時に仕立屋が前のめりに地面に倒れた。仕立屋の腰は弓のように曲がり、頭の後ろから血が溢れ出て来て、両足が何度か突っ張ったかと思うとすぐに動かなくなった。銃を撃った民兵が仕立屋を二度蹴ると、腰をかがめて靴を脱がせ、南東の方向に放り投げた。それから急いで縄をほどき、許氏《シイ》が前夜送って来た新しい服を脱がせ、横の河で洗うと手で絞って持ち去った。

民兵がいなくなると野次馬がわっと取り囲んだ。仕立屋は地面に真っ直ぐに伸び、あたり一面血だらけだった。やがて人混みはだんだん減っていき、子どもたちだけが走り回っていた。一時間余りして、ようやく人混みはなくなった。仕立屋の二番目の叔父と大工たち数人で綿で仕立屋の身体の血を擦り落とし、薄いシーツでくるんで一輪車に載せて押して帰った。

仕立屋が家に着くと、周氏《チョウ》と許氏《シイ》が大声を上げて泣いた。しばらく泣くと、大工が周氏《チョウ》を叱りつけた。

「いまさら泣いて何になるというんだ?」

そう言うと、人に木材を買いに行かせて寝ないで仕立屋の棺桶を作った。仕立屋は政府に銃殺されたので、棺桶は家に一日置かれただけで何の葬儀も行われずに埋められた。仕立屋は二十六歳、許氏《シイ》は二十二歳、息子の鳴九《ミンジュウ》は十三か月だった。

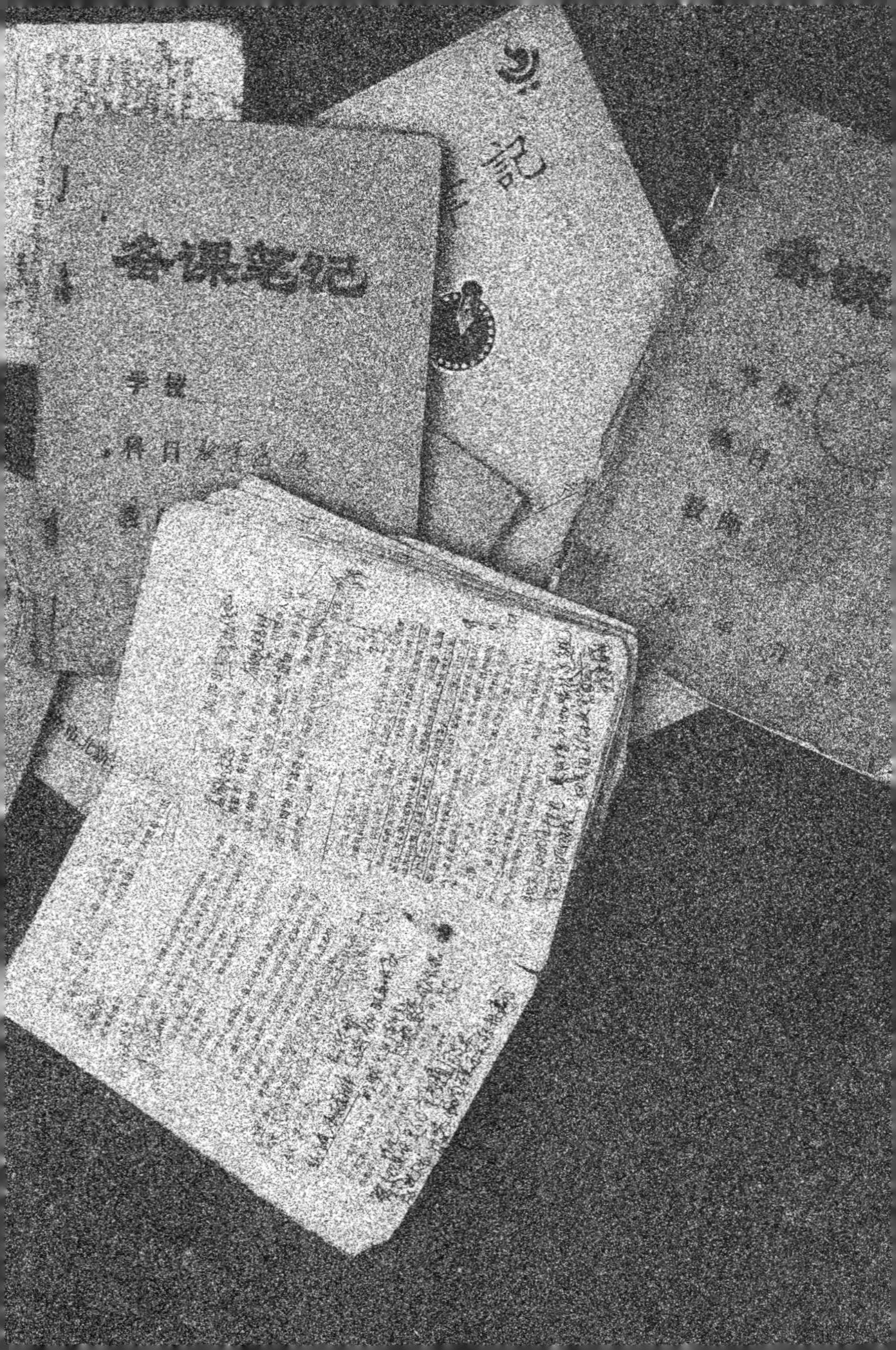
备课笔记

教師

中学の合格掲示板に彼の名はなかった。
理由は彼が富農出身で、しかも父親が
処刑された反革命分子だったからだ。

私の祖父と鳴九《ミンジュウ》の母親の醜聞は中村《シエン》では広く知られていたが、両家の付き合いには何の影響もなかった。鳴九《ミンジュウ》と私の父は同い年で親友だった。鳴九《ミンジュウ》に私は会ったことがあるが、あまり印象がない。中村にはあまり姿を現さず、中村から遠く離れた学校で教師をしていたからだ。痩せて背が高く、髪もきちんとしていて中村のほとんどの者がしているような角刈りではなかった。教師をしていると知っていたので、学校に上がったばかりの私は鳴九《ミンジュウ》を尊敬していた。

鳴九《ミンジュウ》は私が八歳の時に亡くなった。

鳴九《ミンジュウ》が死んだ日、うちはちょうど晩飯を食べていて、突然、河の向こう岸からものすごい泣き声が聞こえて来た。父が茶碗を放り出して駆け出し、走りながら言った。

「大変だ。鳴九《ミンジュウ》が死んだ」

私も父について外に出ると、中村の人々が四方八方から鳴九《ミンジュウ》の家に駆けて行くのが見えた。

母が私を家に引き戻して言った。

「行っちゃだめよ。さっさと食べて寝るのよ」

夜中に目覚めたが、父はまだ帰っていなかった。対岸でまだ人が泣いているのが聞こえた。その声はとても恐ろし気で、目を閉じてもなかなか寝つけなかった。

かつて仕立屋が処刑された日、許氏《シィ》も夜通し泣き明かした。父親の仕立屋の死について、鳴九《ミンジュウ》は何も知らなかった。生後たった十三か月だったのである。それから三十年以上が過ぎて、鳴九《ミンジュウ》もこの世を去った。その棺は父親の和楽《ハーユエ》の時と同じように居間の中央の二脚の長椅子の上に置かれた。

小学校に上がったばかりの鳴九《ミンジュウ》の息子が喪服姿で、どうしていいか分からないという様子で棺の隣にひざまずき、母親が卒倒するのを見て怖くなって泣いた。

今年の清明節に私は祖父の墓参りに帰省し、墓地から村に戻る途中で鳴九《ミンジュウ》の息子に出会った。鳴《ミン》九《ジュウ》の息子は私を見ると少しためらったあと、ようやく私と認めると笑って言った。

「大魚《ターユイ》さん、帰ったのか」

私たちは二十年以上会っていなかった。彼は中学を出ると江南の工場に働きに出た。私は高校卒業後、南方をさすらっていた。最後に会った時、彼は中学に入ったばかりだったが、今はひげの生えた四十男だった。一人の人間の上にいきなり二十年以上の月日が過ぎるのは恐ろしいものだった。彼もきっと私に対して同じことを感じていたに違いない。

振り返って鉄のクワを担いだ中年男の後ろ姿を眺めた時、私は鳴九《ミンジュウ》の死を思い出し、仕立屋の死に思いを馳せた。

一九四五年の旧暦十月、仕立屋は銃殺刑になった。埋葬が済むと中村の人はほとんど仕立屋の家に行かなくなった。

人々は許《シイ》氏に同情し、周《チョウ》氏を嫌悪して疫病神扱いした。

周《チョウ》氏はそれまで通り二人の使用人に指示して働かせ、何も変わった様子は見せなかった。許《シイ》氏だけが部屋に閉じこもって泣いて暮らし、家から出ようとはしなかった。

れて行かせた。

和楽《ハーユエ》が死んで四十二日が過ぎると周氏《チョウ》は許氏《シイ》の部屋に行き、使用人に鳴九《ミンジュウ》を抱いて外に遊びに連れて行かせた。

「あんたは二十二歳とまだ若い。再婚するなら止めないよ。でも言っておくが、うちを出て行くなら草の根一本持って行かせない。あんたがいなくなったら、鳴九《ミンジュウ》は私が育てる。もう二度と会えないものと覚悟してくれ」

許氏《シイ》は泣いて言った。

「お義母さん､安心してください。私は出て行きません。鳴九《ミンジュウ》を育て上げると夫に約束したんです。一生お義母さんに仕えます」

周氏《チョウ》は言った。

「うちには十八ヘクタールの畑があり、金も穀物もある。うちに残るのなら、それらはすべてあんたのものだよ。夫がいないのは運命と思うことだ」

許氏《シイ》は言った。

「自分は運が悪かったと思って諦めます」

運命に従った許氏《シイ》は、私が物心ついた頃にはもう老女だった。若い頃の美貌もなければ、悲しみも感じられなかった。真っ白な髪を団子に結って銀色の簪を挿して黒いネットで覆い、こざっぱりとしていた。私はよく彼女の家の中庭の赤い木の実を竹鉄砲の弾にして遊んだ。許氏《シイ》はいつも笑って見ていて、他の大人たちのように怒ったりしなかった。追い返すこともなく静かに言った。

「大魚《ターユイ》、人に向けて打ってはいけないよ。目に当たったら一大事だからね」

時には家の中からブリキの缶を取ってきて、中に入っている飴をくれることもあった。許氏《シイ》が怒ったり、泣いたり、人を罵るところを見たことがなかった。静かな池の水のように独り寂しく七十九歳まで生きて亡くなった。

許氏《シイ》の姉は姜堰県《きょうえん》城からそう遠くない町に嫁いでいて、仕立屋が死んで二か月経つと数十里歩いて妹に会いに中村にやってきた。許氏《シイ》の兄も知らせを聞いて、許荘《シイ》から二人の妹に会いに駆けつけた。兄妹三人は顔を合わせると抱き合って泣いた。周氏《チョウ》は使用人に酒と肉を買いに行かせ、遠来の客をもてなした。許氏《シイ》の姉は許氏《シイ》と姑の二人の後家が家に男もなく瓦屋根の五間の家に住んでいるのを見て、周囲の茅葺きの小屋との対比が際立っているのを見て取った。家の前の牛小屋には二頭の大きな牛がつながれ、家の裏には樹齢百年近い銀杏の木が三本あった。家は二間を倉庫にして五、六俵の穀物が積まれていて、俵にはずっしりと中身が詰まっていて見たところ五百キロは下らなかった。妹がこれからどうやって暮らして行くのかと心配で少しでも金を持って来たかったのだが、そんな金はどこにもないので、仕方なく卵を産んだばかりのメンドリを二羽下げて来たのだった。妹の嫁ぎ先がこんなに金持ちなのを見て、心の重荷が取れると同時に自分の嫁ぎ先の貧しさを恥じた。

生後十五か月の鳴九《ミンジュウ》は歩けるようになっていたが話はまだできず、笑いながら転んでは歩き、手につかんだものは何でも口に入れようとしては放り投げていた。鳴九《ミンジュウ》が好きなのは籠の中のオウムが咳をするのを真似ることだった。このオウムが咳をする声が死んだ仕立屋にそっくりだった。許《シィ》氏の姉は鳴九《ミンジュウ》が可愛くて抱こうとするのだが、鳴九《ミンジュウ》はその手を払って嫌がり、許《シィ》氏にしか抱かれなかった。

兄が笑って姉に言った。

「そんなにこの子が好きなら、お前のところの小芬《シャオフェン》を嫁にしたらどうだ？　こんな強い縁はあるまい」

小芬《シャオフェン》は姉の一人娘で鳴九《ミンジュウ》より一つ年上だった。

姉は言った。

「いい考えね。でもうちは貧しいから不釣り合いよ」

許《シィ》氏は笑って言った。

「何を言うのよ。小芬《シャオフェン》は可愛いから、どこの家だって欲しがるに決まっているわ」

姉は帰ってからも兄の言葉が忘れられず、何日もしないで兄に託して申村に正式に妹の返事を聞きに行かせた。実は姉が帰るとすぐに許《シィ》氏は婉曲に周《チョウ》氏に意見を聞いていた。許《シィ》氏は家のことは何も勝手には決められなかった。周《チョウ》氏は冷たく言った。

「まだ小さいよ。もっと大きくなってから考えよう」

姑は姉の嫁ぎ先が貧しいのを嫌って賛成でないのだと許《シィ》氏には分かった。

許氏《シイ》は何でも周氏《チョウ》の言いなりになってきた。姑が仕立屋を救おうとしなかった時ですら、許氏は泣くだけで姑に何も言うことはできなかった。年長者の権威を恐れたのと、周氏《チョウ》には周氏《チョウ》の考えがあり、まさか仕立屋が死ぬのを見殺しにはすまいと思ったからだ。仕立屋の死後も変わらず姑に従っていたものの、だんだんと自分の考えが出てきた。姑が鳴九《ミンジュウ》と小芬《シャオフェン》の婚約に同意しないのを見て、許氏《シイ》は周氏《チョウ》と冷戦状態になった。子どもの面倒も見るし家事もするが、朝から晩までにこりともせず、周氏《チョウ》と話そうとしなくなった。

許氏《シイ》には自分なりの考えがあった。この家は豊かだが力仕事をする男手がない。特に農繁期は本当に人手が足りない。許氏の実家は人手が多いが田畑が少ないので、人手が余っているから助けてもらうのにちょうどいい。姉の家と縁続きになれば実家はさらに手伝ってくれるだろう。縁談がまとまらなければ、明らかに貧乏を嫌ったからと思って実家の人は傷つき、往来もなくなって自分の頼る先もなくなってしまう。

仕立屋が死んで周氏《チョウ》の頑なな心もだんだん変化していたため、許氏《シイ》の冷戦に抗しきれず、周氏《チョウ》はとうとう許氏《シイ》の姉の家と姻戚となることを承知した。六十年以上経った今も、許氏《シイ》のこの強情さを振り返って、それが鳴九《ミンジュウ》にとって良かったのか悪かったのか、よく分からない。だがこの婚約は鳴《ミン》九《ジュウ》の運命と密接に絡み合い、鳴九《ミンジュウ》の喜びと苦しみの源泉となった。鳴九《ミンジュウ》が困窮に陥った時は力となる一方で、深い苦境に突き落としもした。

婚約の日取りは一九四六年の旧暦八月十六日、中秋節の翌日に決まった。鳴九《ミンジュウ》は二歳、銭小芬《チエン・シャオフェン》は三歳で、仲人は許氏《シイ》の母方の従兄の張如学《チャン・ルーシエ》だった。

八月十六日の朝早く、周氏《チョウ》は大工の親方と五寿《ウーショウ》ばあさんたちに手伝いを頼んだ。五寿《ウーショウ》ばあさんは料理を引き受けた。料理を担当するのは中村の女にとって最高の栄誉だった。人柄が良く、信頼され、尊敬されている人が料理人を頼まれる。親方は周氏《チョウ》の夫の大槐《タークワイ》の生前の親友で、周氏《チョウ》は何かあると親方に相談し頼りにしていたので、四方から来る客の接待を頼んだ。

宴会は二日間続き、ようやく客が三々五々帰って行き、許氏《シイ》の従兄の張如学《チャン・ルーシエ》だけが残った。

張如学《チャン・ルーシエ》は許氏《シイ》の母方の伯母の息子で、背は高くないが目鼻立ちが整い、品の良さがあり、床屋なのに学問をする書生のようだった。二十三歳だが、まだ妻はいなかった。許氏《シイ》とは幼い頃から仲が良かったのに家が貧しかったため、許氏《シイ》が仕立屋の妾になるのを指を咥えて見ているよりほかなかったのである。仕立屋の死後、張如学《チャン・ルーシエ》はよく中村に来て許氏《シイ》を手伝って仕事をした。苦労を厭わず、弁舌も立ち、人柄もおとなしいので、中村の人々にも好かれていた。そのうち噂が広まり、許氏《シイ》と怪しいと言われるようになったが、許氏《シイ》はそんな噂は気にしなかった。

周氏《チョウ》は警戒心を強めたが、証拠がまったくつかめないので怒ることもできなかった。

張如学《チャン・ルーシエ》は鳴九《ミンジュウ》の婚約が済んでも落花生の収穫の手伝いに残った。如学《ルーシエ》が鎌で落花生の茎を切ると、許氏《シイ》が一粒一粒蔓からもいでいく。如学《ルーシエ》はうつむいて落花生を掘りながら言った。

「そんなに若くて子どもも小さいのに、このままじゃもったいないじゃないか」

許氏《シイ》はしばらく黙ってから、ため息をついて言った。

「如学《ルーシエ》さんの気持ちは嬉しいけど、私たちはあり得ないわ。鳴九《ミンジュウ》とこの家を手放すなんて私にはできないし、如学《ルーシエ》さんを婿に取るのは義母が承知しない。親戚だって私が他人を入れるのに賛成しない。そういう運命なのよ。独りで生きていくしかないんだわ」

「どうして、そうなるんだ？」

如学《ルーシエ》は顔を上げて許氏《シイ》を見つめると、堰を切ったように喋り出した。

「俺はずっと待っていたんだ。一度は諦めようと思ったけど、君が独りになって希望が生まれた。俺と暮らせば苦労すると思うけど、俺も必死で働くし、そのうちきっと楽になるよ」

「如学《ルーシエ》さん、私はそうは思わない。もう何も言わないで。私を助けて働いていることが村でも噂になっているから、もう来ないで。結婚して、しっかり仕事をして。そうすることが、あんたにとっても私にとってもいいことなのよ」

如学《ルーシエ》は何も言わず、うつむいて落花生を掘り続けた。畑一つ分掘り終えるとやっと顔を上げて言った。

「そこまで言うなら、分かったよ。もう帰る」

その日の夜、如学《ルーシエ》は床屋の天秤棒を担いで出て行ったきり、帰らなかった。許氏《シイ》は自分の部屋に閉じこもり、ひと晩中泣き明かした。

二日後、許氏《シイ》は鳴九《ミンジュウ》を抱いて許荘の実家に帰る途中、回り道をして張《チャン》・如学《ルーシエ》の家に寄った。

如学《ルーシェ》の家に着いた時はもう昼だった。如学《ルーシェ》の家は低い茅葺きの小屋で、屋根の上はでこぼこしてスズメの巣になっていて、明らかにずいぶん長いこと手を入れていなかった。許氏《シイ》は子どもの頃、母親と来たことがあったが、思い出す限り何も変わっていなかった。伯母は許氏《シイ》が子どもを連れて来たのを見て喜び、急いで隣家に小麦粉を借りに行き、お焼きを作り始めた。伯父も畑から帰ってくると手を洗い、隣村に髪を剃りに行った如学《ルーシェ》を呼びに行った。

許氏《シイ》はお焼きを何枚か食べ、お茶を飲みながら伯母と話をした。

伯母は言った。

「如学《ルーシェ》のことは私の悩みの種なのよ。いい歳なのに見合いも断る、一日中外に出て家に寄りつかない。来てくれてよかった。あんたからも言っておくれ」

許氏《シイ》はうなずくと、子どもを遊ばせながら伯母の話にあいづちを打ちつつ如学《ルーシェ》の帰りを待った。

一時間ほどすると如学《ルーシェ》が急いで帰ってきて、床屋の道具を戸口に置くと鳴九《ミンジュウ》を抱き上げ頰にチュッとキスをした。伯母が鳴九《ミンジュウ》を抱いて伯父と一緒に外に連れ出し、如学《ルーシェ》と許氏《シイ》二人で話ができるようにした。

許氏《シイ》は包みから銀貨十元を取り出して、如学《ルーシェ》に言った。

「これは私のこの数年間のへそくりよ。私との縁を大切に思うなら受け取って、家を修理して服を買い、結婚してちょうだい。結婚したらお嫁さんといつでも私の所に遊びに来て」

如学《ルーシェ》は断ったが、最後は仕方なく受け取った。

隣の家から一輪車を借りてくると、許氏《シイ》親子を乗せて許荘の実家に送って行った。

その年の秋、如学《ルーシエ》は家を建て直し、隣村の痩せて小柄な娘を娶った。だが結婚はしたが、許氏《シイ》に対して依然として深い愛情を抱いていた。如学《ルーシエ》は許氏《シイ》を忘れたことはなかった。許氏《シイ》が困った時には必ず助けに行き、どんなことでもするつもりだった。許氏《シイ》は決して如学《ルーシエ》に何かを頼むことはなかったが。


一九五三年、鳴九《ミンジュウ》は九歳で小学二年生になるというのに、いまだに母親のおっぱいを吸っていた。同級生にからかわれてやっとやめたが、周氏《チョウ》は鳴九《ミンジュウ》が栄養不足になるのを心配して、おやつをたくさん買い与えた。

私の父は鳴九《ミンジュウ》と同い年で家も近いので登校時にはいつも鳴九《ミンジュウ》を呼びに行き一緒に登校した。学校は家から四、五里の所にあるおんぼろの祠堂の中だった。

父は鳴九《ミンジュウ》を呼びに行くたび、彼が美味しそうなものを食べているのを見た。焼餅《シャオビン》だったり、油条《ヨウティアオ》だったり、芝麻糕《ジーマーガオ》だったり。父は羨ましくてたまらず、家に帰ると祖母に聞いた。

「どうして鳴九《ミンジュウ》のうちには美味しいものがたくさんあるのに、うちには何もないの？」

祖母は言った。

「鳴九《ミンジュウ》の家と比べられるはずがないよ。あそこは穀物も金もたくさんある。鳴九《ミンジュウ》はその家のたった一人の跡継ぎだから欲しいものは何でもあるのさ。鳴九《ミンジュウ》を呼びに行く時は家の中に入らないで外で待っているんだよ。中に入って人様が何か食べていたら気まずいだろう？」

父は仕方なくうなずくと、それからは鳴九《ミンジュウ》の家の門の外に立って鳴九《ミンジュウ》を呼び、彼が食べ終わってカバンを背負って出て来るのを待って一緒に登校した。

父は子どもの頃の戒めを私の身の上にも加えた。私と弟は子どもの頃、隣近所の家に行って好き勝手に遊んだが、客が来るとすぐに失礼した。七〇、八〇年代の中村は相変わらず貧しかった。来客があった時にだけ、肉を少し切って出す。肉の匂いが近所中に漂った。その匂いに我慢できなくなった子どもが二、三人、来客のあった家でぐずぐずして、肉料理ができあがりテーブルに出されても帰らなかった。家の者は茶碗に飯をよそい、肉汁をかけて、肉を一、二切れのせてやる。父は私たちにそれは恥ずべきことだと言った。そんなことをしたら、お前たちの将来に望みはない。父は肉ひと切れを人格と将来にまで結びつけた。父親のそういう教育が私に過度なプライドを植えつけ、軽蔑の目で見られることが耐えがたいものになった。


一九五三年の中村はすでに土地改革が行われていた。許《シイ》氏一家は父親のいない子と後家だけなので中村の人々の同情を買い、家の畑の一部が分けられただけで二ヘクタール近い畑が残された。許《シイ》家は人が少なく畑が多いので、暮らし向きは他の家よりずっと裕福だった。

以前の私塾が新式の学校に変わり、国語、算術、絵画、体育などの課程が教えられるようになった。六年制で教師が五人に百名余りの生徒がいて、年齢は大きいのは二十歳過ぎ、小さいのはたったの六歳だった。同じ家の一番大きい子が弟や妹と同じ授業を受ける姿もよく見かけた。国語の教科書は先生が毛筆で書いた字帖を大きな子どもが写して、小さな子どもに教えた。大きい子は自分の勉強も熱心ではなく、まして小さい子に教えるような我慢強さは持ち合わせていなかった。だから、一年生は一年間に字を百字も覚えれば立派なものだった。

周《チョウ》氏は何年か学校に通った親戚を家に住まわせ、鳴《ミン》九《ジュウ》に読み書きを教えさせていた。そのため鳴九《ミンジュウ》は一年生の時からクラスで一番字が読めて、書くのもきれいで、よく先生に褒められた。鳴九《ミンジュウ》は勉強熱心で、ふざけたり、いたずらをすることもなく、勉強に専念した。彼は誰にでも好かれる子どもだった。

鳴九《ミンジュウ》は絵を描くのも好きだったので、許《シイ》氏は人に頼んで県城で絵筆、絵具、子ども用の絵画集を数冊買い与え、それらは学校には絶対にないもので同級生たちに羨ましがられた。鳴九《ミンジュウ》も気前がよく、他の子たちに使わせることを惜しまなかった。でも他の子はただ遊ぶだけで、鳴九《ミンジュウ》のように絵具で絵を描くことなど恥ずかしくてできなかった。鳴九《ミンジュウ》は子どもながらに学校で有名な画家になった。

一九五八年、鳴九《ミンジュウ》は小学校を卒業した。中村の同年齢の子どもに比べると、鳴九《ミンジュウ》の暮らしは満ち足りた幸せなものだった。だが、そんな暮らしも鳴九《ミンジュウ》をわがまま坊ちゃんにすることはなく、礼儀正しく謙虚だった。だが、この時代には彼のそんな美徳は自身の運命に何の得にもならなかった。

小学校卒業が人生の一大転機となり、静かな生活は一転して時代の荒波に巻き込まれた。まだたったの十四歳だったのに。

人民公社化実施の大会は中村の真ん中にある穀物広場で開かれた。会議を主宰して話をしたのは村の党書記一人だけだった。一九五八年九月、党書記は広場中央の大きなローラーの上で手を振ると、住民たちの話を制止して言った。

「毛主席の号令で今から人民公社を建設し、共産主義に入る」

中村の人民公社化が始まった。

最初に行われたのは、腰の高さまで育ったコーリャンなどの雑穀を刈り取り、全部山芋に植え替えることだった。山芋は生産性が高いからだ。次に空き地に養豚場を作り、各家の家畜を集めて一緒に飼育することになった。三番目に各家に穀物を供給させ、自分の家で食事は作らず、みんな一緒に食堂で食べることになった。

許氏《シイ》の家は青レンガ造りで比較的広いので、食堂に改造された。許氏《シイ》、周氏《チョウ》、鳴九《ミンジュウ》の三人は家の前にある牛小屋に住むことになった。

公社化が始まった頃、鳴九《ミンジュウ》は小学校を卒業した。成績が彼に及ばない同級生の多くが中学に合格したのに、鳴九《ミンジュウ》の名は合格掲示板になかった。理由は彼が富農出身で、父親が政府に鎮圧された反革命分子だったからだ。

鳴九《ミンジュウ》は家に帰ると一日中泣き続けた。翌日、許氏《シイ》は鳴九《ミンジュウ》を連れて鳴九《ミンジュウ》に笛を教えてくれた王孝《ワン・シアオ》甫《プー》先生を訪ねた。王《ワン》先生は鳴九《ミンジュウ》がお気に入りで、家にも何度も食事に来たことがあった。しかし、去年右派（共産党に批判的な思想を持つ者という意味で、当時徹底的に弾圧粛正された）とされて故郷に下放《かほう》（都市部の青年を地方に送り、農民や労働者に学んで重労働をさせた）されていた。

許《シイ》氏は鳴九《ミンジュウ》を連れて四十里余りの道を尋ね歩いて、とうとう王《ワン》先生の家を見つけた。王《ワン》先生の家は二間の茅葺き小屋で、部屋の中には壊れたベッド一つとテーブルと椅子二脚しかなかった。王《ワン》先生の妻はシャツを縫っていたが、客を見ると針と糸を置いて席を譲った。木綿の前掛けに継ぎはぎだらけの灰色のズボンを穿き、まだ三十少し過ぎのはずなのに老婆に見えた。七、八歳の女の子が小さなスツールに腰かけてぼうっと見つめたまま、何も喋らず、動きもしなかった。

許《シイ》氏がクッキーをひと包み取り出して女の子の前のテーブルの上に置くと、女の子は母親を見てからクッキーを見つめたが、やはり動こうとはしなかった。母親がうなずいて取るよう示すと、やっと一つ取って口に入れた。

二人が座ってしばらくすると、王《ワン》先生が糞を拾うハサミを持ち、肩に糞を入れる籠を背負って帰って来た。鳴九《ミンジュウ》親子を見ると、驚き喜んで妻に飯の用意をさせた。

許《シイ》氏は先生の境遇を見て何と言っていいか分からず、鳴九《ミンジュウ》に自分で来意を説明させた。王《ワン》先生はため息をつくと、裏にある三間の瓦屋根の家を指さして言った。

「あれが私の家だったが、土地改革で他人のものになった。今、住んでいるのは以前は物置きと豚小屋だった。私は右派と打倒されて野良仕事をしている」

王《ワン》先生は話すのを止め、紙と筆を取って言った。

「陸《ルー》という名の友人がいて、高荘の中学で教えている。私と親しいから、彼を訪ねて私の教え子と言って助けてもらえないか聞くといい」

鳴九《ミンジュウ》と許氏《シイ》は大喜びで何度も礼を言った。話しているうちに先生の妻が食事を運んで来て、一人ひと碗、大麦の入ったどろっとした粥を出した。おかずは青菜炒めで、油はなく塩が多めに振りかけられ、それが唯一の味付けだった。許氏《シイ》と鳴九《ミンジュウ》は遠慮なくいただくとすぐに失礼した。

翌日、鳴九《ミンジュウ》は高荘に陸《ルー》先生を訪ねた。陸《ルー》先生は二十代の若い人で、富農なので高校を出ても大学に受からず、高荘中学の国語の教師に派遣されていた。王《ワン》先生の教え子と聞いて喜び、鳴九《ミンジュウ》を自分の宿舎に連れて行くと王《ワン》先生の状況を尋ね、鳴九《ミンジュウ》の話を聞いてため息をついて言った。

「十日後に試験を受けに来なさい。受かったら入れてあげよう」

鳴九《ミンジュウ》は難なく試験に合格した。

あっという間に鳴九《ミンジュウ》の高荘中学での三年間が過ぎ、高校受験になった。鳴九《ミンジュウ》の感触では試験の出来はまあまあだったのに、高校には受からなかった。

鳴九《ミンジュウ》は諦めきれずもう一年勉強して受けたが、やはり受からなかった。

仕方ないので教科書とノートを片づけて家に帰った。その時はもう一九六二年で、公社化は終わり食堂も倒産して、許氏《シイ》一家はまた以前の家に戻っていた。鳴九《ミンジュウ》は家で農作業をする気になれず、毎日本を読み、夜中によく布団をかぶって声を殺して泣いた。高校に行きたかった。

許氏《シイ》が言った。

「鳴九《ミンジュウ》や、私の一生はあんたのためにあるの。どんなことでもするわ。でも、学校に行かせることだけは私にもどうにもできない。なんなら、伯母さんの家に行って伯父さんに頼んでみる？」

鳴九《ミンジュウ》の伯父とはつまり彼が二歳の時に婚約した娘の父親、許氏《シイ》の姉の夫だ。長いこと私塾の教師をして貧乏していたが、今では国の正式な学校教師で、しかもその土地の高校の校長だった。鳴《ミン》九《ジュウ》は意を決してメンドリを二羽捕まえると、三十里歩いて伯父の家に出かけた。

伯母は鳴九《ミンジュウ》を見ると大喜びして、手を引いて家に入れながら小芬《シャオフェン》に肉を買いに行かせた。小芬《シャオフェン》はすっかり美しい娘に成長し高校に通っていた。もうずいぶん長いこと会っていなかったが、鳴九《ミンジュウ》を見ても恥ずかしがる様子もなく、おおらかに鳴九《ミンジュウ》と一緒に肉屋に出かけた。二人はずっと話をしながら歩いて、すぐに打ち解けた。

昼になると伯父も帰ってきて、鳴九《ミンジュウ》の話を聞き少し考えると、何とかするから帰って待っているようにと言った。

家に戻ってひと月余りが過ぎたが、伯父からは何も音沙汰がなかった。新学期の始まる二日前になり、我慢できなくなった鳴九《ミンジュウ》はまた三十里歩いて伯父の所に行った。ところが伯父は県に会議に行っていて帰っていなかった。伯母も伯父に何度も聞いたが話は進んでいないようだと言った。

「今年は無理なのかもしれない。伯父さんが帰ったら、何とかするようせっついてあげるわ」

飯を食い、伯母はひと晩泊まって行くよう言ったが、鳴九《ミンジュウ》はかぶりを振って家へ戻った。三十里の道を鳴九《ミンジュウ》は泣きながら帰った。夜、家に着くと飯も食わずに寝てしまった。

その夜、鳴九《ミンジュウ》は高熱を出した。全身の震えが止まらなかった。許氏《シイ》は慌てふためいて夜が明けるや大工の親方に相談した。親方は一輪車に鳴九《ミンジュウ》を乗せて高荘の町の病院に連れて行き、私の父と許氏《シイ》がその後ろに続いた。鳴九《ミンジュウ》は病院に十日以上入院し、父は親友だったので二回見舞いに行った。でも鳴九《ミンジュウ》は起き上がれず、排便も自分ではできなかった。許氏《シイ》は毎日泣いていた。鳴九《ミンジュウ》が悲しそうに母親を慰めて言った。

「母さん、もう大丈夫だから家に帰ろう」

鳴九《ミンジュウ》の病気は町の病院ではどうにもならず、許氏《シイ》が持ってきた金も使い果たしてしまったので、息子を退院させて家に帰るしかなかった。

家に帰った鳴九《ミンジュウ》は飯も食えないので、許氏《シイ》がレンゲで重湯を飲ませた。夜中に高熱でうなされると「母さん、学校に行きたい」と言った。許氏《シイ》は泣きながら「ええ、ええ、治ったら入れてあげるから」と慰めた。

私の父も鳴九《ミンジュウ》の看病をした。父は親友の病気が重く打つ手がないのを見て、許氏《シイ》に言った。

「荷《ハー》先生に診てもらったら、どうかな」

その言葉にはっとした許氏《シイ》はすぐに村の漢方医の荷《ハー》先生を訪ねた。荷《ハー》先生は独りで村の中央にある空き地の三間の草の家に住み、家の前の空き地は薬草園だった。薬草園の隅には小さな池があり、自分の名前と関連付けるためか、たくさんの蓮の花を植えていた。だが自分では蓮の実や蓮根を採らず、収穫の季節になると村の人は誰でも採ってよかった。村人は採った蓮の実を荷先生《ハー》にもあげようとするが、荷先生《ハー》は笑いながら紙の上に受け取って「もう充分、もう充分だ」と言った。中村の金のある者からは多少の診察代を取ったが、金のない者は穀物を少し持って行くか、何も払わず食事を一食出すだけでよかった。中村の人も西洋医にかかるようになって、先生に診てもらうのはほとんどが老人か、町の病院に行く金のない人たちになり、荷先生《ハー》は忙しくなくなって机の後ろの籐椅子に座り、眼鏡をかけて本を読んだりしていた。

荷先生《ハー》は許氏《シイ》と来て鳴九《ミンジュウ》の枕元に座ると、鳴九《ミンジュウ》の舌の苔と目と顔を診て、軽く目を閉じて脈を診た。町の病院のカルテを見るともう一度詳しく鳴九《ミンジュウ》の発病の状況を聞き、許氏《シイ》にうなずいて言った。

「心配ない。薬を飲み、半月も寝れば必ず良くなる」

そう言うと八仙卓の横に座り、身につけている包みから硯を取り出すと墨と筆と紙を広げた。私の父が隣に陣取り、急いで墨をすり始めた。荷先生《ハー》は処方を書くと父に言った。

「私が持っていない薬材があるから、町に行って病院の斜め前の漢方薬材店で買ってきてくれ」

そう言うと、また布包みから四角い印章を取り出し、処方箋の左下の角に押した。

「金は払わなくていい。何日かしたら私が払いに行く。この印を見れば薬をくれる」

荷先生《ハー》の薬を飲むと鳴九《ミンジュウ》の病状は本当に好転し始めた。許氏《シイ》は片時も気を抜かず、日夜看病し続けた。

私の家と鳴九《ミンジュウ》の家は河を一本隔てただけなので、父はしょっちゅう鳴九《ミンジュウ》の家に話をしに出かけた。鳴九《ミンジュウ》は病状は好転したが、ため息ばかりついていた。学校に行きたいのだ。

「学校に行かないなら、生きていても意味がない」と鳴九《ミンジュウ》は言った。

「そんなこと言うなよ。受からなかったのはお前だけじゃない。うちの村で受かったのが何人いる？　みんな、落ちた。同じさ。高校に行かなくたって、生きていける」

父はそう鳴九《ミンジュウ》を慰めたが、内心では痛みを感じていた。実際、高校に行かないなら村の人民公社員と一緒に畑で農作業をし、工分を稼がなくてはならない。しかも、それが一生続くのだ。予見できる明らかな運命に父も鳴九《ミンジュウ》と同じく甘んじることはできなかった。父は鳴九《ミンジュウ》に言った。

「この世に人の絶える道はない（道があるからには必ず人が通る、の意）。何か方法はあるさ」

鳴九《ミンジュウ》は首を振り、信じなかった。だが、身体は日に日に良くなり、ひと月後には床から出て歩けるようになった。許氏《シイ》と父は喜び、鳴九《ミンジュウ》を支えて外の新鮮な空気を吸いに出かけた。

村人たちは鳴九《ミンジュウ》が見分けられなかった。すらりと美しかった少年が顔色は黄ばんで痩せこけていた。人々は首を振って、ため息をついた。

「あんなにいい子がこんなになってしまうとは」

鳴九《ミンジュウ》は父親とはまるで違っていた。落ち着いた性格で、礼儀正しく、顔にはいつも微笑を浮かべていた。学校では熱心に勉強し、家では母と祖母に従順だった。村の人は自分の子が腕白なのを見ると、いつも鳴九《ミンジュウ》と比べて言った。

「少しは鳴九《ミンジュウ》を見習え」

高校に受からなかった中村の若者は、私の父も含めてみんな生産隊に働きに行った。鳴九《ミンジュウ》の病気が治るとちょうど秋の収穫期で、鳴九《ミンジュウ》は私の父と組んで麦を刈り、束ねた。十日間、毎日夜中まで働き続けた。仕事が終わると生産隊の隊長がホイッスルを吹いて終わりの合図をする。鳴九《ミンジュウ》は父と麦山に寝転んで星空を眺めながら話をした。

「勉強を続ける可能性がまだあると思う?」

「そんなに勉強がしたいのか?」

「したい。母さんのためにも、祖母ちゃんのためにも、自分のためにも勉強して、家の名をあげたいんだ」

「だったら、もう一度、伯父さんに頼みに行けよ」

「もう二度も頼みに行ったけど、無駄だった。そんなにしつこくもできない」

「だけど、それしか道はないんだろう? お前の家とは近い関係だから恥にはならないさ。もう一度頼みに行けよ。でないと毎日生産隊で働くしかないぞ」

秋の収穫を終えると、鳴九《ミンジュウ》は意を決してもう一度伯父を訪ねた。どうしても諦めきれなかった。学校に行くという考えが頭にこびりつき、一時として忘れられなかった。学校に行けなければ、一生の心残りになる。学校に行きさえすれば運命を変えられると思った。見た目は中村の他の人と変わりなかったが、心の中では大きなプレッシャーを感じていた。反抗する力はなく、反抗もできなかったが、ただひたすらそこから逃げ出したかった。

伯父は鳴九《ミンジュウ》が学校に行けなくて死にかけたと知ってはいたが、痩せ細った姿を見て仰天した。

「帰って復習して待っていろ。きっと何とかするから。今年はもう間に合わないが来年の通知を待て。ただ、高校へ入るには試験がある。合格しないとならんぞ」

思いがけない伯父の言葉に鳴九《ミンジュウ》は興奮した。

中村に帰った鳴九《ミンジュウ》は昼間は働き、夜は本を読んで勉強した。昼間、他の人が休んだり、座ってお喋りしている間も本を読んでいた。それでも足りずに、自分を励ますような有名人の言葉や名言を筆で書き、家の壁に貼った。家中の壁に貼りまくったので、どこに行こうと目についた。

翌年の夏、鳴九《ミンジュウ》はまた受からないのが怖くて、ついに生産隊には行かなくなり、一日中家で勉強していた。だが母親一人の工分では家の穀物が足りなくなった。この頃の周氏《チョウ》は総白髪で背中もすっかり曲がって頭が胸につくほどで、杖をつかないと歩けなかった。周氏《チョウ》は許氏《シイ》と相談して言った。

「私はもう年だ。あといくらもない。私の分の穀物は鳴九《ミンジュウ》におあげ。腹を空かせてはいけないから」

許氏《シイ》は鳴九《ミンジュウ》に分からないようにこっそり周氏《チョウ》と自分の食べる量を減らして、できるだけたくさん鳴九《ミンジュウ》に食べさせた。

一九六三年の夏、鳴九《ミンジュウ》は再び伯父を訪ねた。伯父は気楽そうに言った。

「俺の同級生が姜堰高校の副校長になったので話をしたら、百元払いさえすれば何とかなると言っていた。帰って金を用意して明後日来るといい。しあさってが試験だ」

鳴九《ミンジュウ》は飯を食うとすぐ家に帰った。

けれども家ではそんな大金は工面できなかったし、借金もできなかった。周《チョウ》氏は箱の底から金の指輪を取り出して許氏《シイ》に渡して言った。

「結婚した時に持ってきたものだ。どうせもう用はないから、これを売って足しにするといい」

鳴九《ミンジュウ》は金を持って伯父の家に行った。

夏休みで小芬《シャオフェン》もすることがないので鳴九《ミンジュウ》について一緒に姜堰に行くと言い出し、鳴九《ミンジュウ》はもちろん喜んだ。そこで一行三人で道中楽しく話しながら、一時間余り歩いて姜堰高校に着いた。張《チャン》副校長が急いで三人を学校の食堂に案内した。張《チャン》副校長は言った。

「今度の試験はあまり心配はいらない。形式だけだから。百元出せる者は多くない。出来が相当ひどくなければ大丈夫だ」

六十人余りが試験を受けて五十人が合格する。午後の試験は二時間で、鳴九《ミンジュウ》が試験場から出て来ると遠くで小芬《シャオフェン》が自分の姿を探しているのが見えた。鳴九《ミンジュウ》の笑顔を見て、小芬《シャオフェン》は手を叩いた。

「出来たのね？」

「問題ないと思う」

こんなに晴れ晴れとした気分は初めてだった。

「父さんは張《チャン》副校長と話をしているから、ご飯の時間になったら食堂に来いって。町をぶらぶらしましょうよ。姜堰になんてめったに来られないから」

鳴九《ミンジュウ》は百元しか持っておらず、それは学費で伯父に渡してしまい一銭も残っていなかったので、小芬《シャオフェン》と話しながら町をぶらついても店先で立ち止まることはできなかった。

けれども百貨店の前に来ると小芬《シャオフェン》がさっさと中に入ってしまったので、鳴九《ミンジュウ》も仕方なくついて入った。

「笛はありますか？」と小芬《シャオフェン》が聞くと、店員が隅のカウンターを顎で指した。

小芬《シャオフェン》は縦笛を手に取ると、さらにリードを一箱買った。

店を出ると小芬《シャオフェン》が笛を鳴九《ミンジュウ》に渡して言った。

「笛を吹くのが好きだから、これは私からの高校合格祝いよ」

「駄目だよ。お祝いなんてもらえないよ。それに受かったかどうかもまだ分からないし」

「もう買ってしまったもの。断らないで」

小芬《シャオフェン》は怒ったふりをした。笛はずっと好きだったがそれはその時だけではなく、その後の長い間、鳴九《ミンジュウ》はその笛をずっと枕元に置き、それがないと眠れないほどだった。

鳴九《ミンジュウ》は念願の高校に入学した。だが高校の勉強は厳しく、鳴九《ミンジュウ》も一生懸命努力したのに成績は中ぐらいで、高二になるとさらに下がり続けた。鳴九《ミンジュウ》はがっかりして、あれこれ考えた挙句に学年末に張《チャン》副校長を訪ねた。

「張《チャン》先生、こんなではきっと大学には受かりません。大学に行けなければ、ぼくの運命は変わらない。どうか留年させてください」

張《チャン》副校長は向上心のある勉強熱心な生徒に好感を持っているので、すぐにうなずくと言った。

「いいとも。もう一年やるといい」

果たして、二年目の高二で鳴九《ミンジュウ》の成績はトップになった。高三になっても学年一位を保った。張《チャン》副校長は大喜びで、わざわざ鳴九《ミンジュウ》の伯父に手紙を書いて褒めた。

「きっと将来大物になる」

この年、文化大革命（文革。一九六六〜七六年に中国全土で吹き荒れた毛沢東による政治運動）が始まった。学校は授業を止め、革命に専念した。鳴九《ミンジュウ》も大勢に混じり、誰かがスローガンを叫べば後に続いて声を上げ、壁新聞を書けば彼も書き、デモをすれば彼もした。だが人のあとについて行くだけで先頭に立つことも最後尾になることもなく、常に人の中間にいた。鳴九《ミンジュウ》は自分の身分をよく分かっているので、人目につかないよう、一番いいのは存在しないも同然となることだけだと考えていた。

姜堰県城の紅衛兵（毛沢東に動員された学生運動の集団）は二派に分かれ、一派を「紅鉄軍」と言い、一派を「八一」と言った。鳴九《ミンジュウ》が参加しているのは紅鉄軍だった。二派は壁新聞を書き、批判大会をし、最後は武力闘争にまで発展した。鳴九《ミンジュウ》は形勢不利と見て、学校の紅鉄軍のリーダーに病気で動けないと休暇願を出した。リーダーは鳴九《ミンジュウ》が中村に帰るのを二人の学生に送らせた。

鳴九《ミンジュウ》が中村の家に帰って三日目に姜堰で紅衛兵の武力闘争が起こり、駐軍の政治委員が発言してやっと終息した。その頃には病院は負傷者でいっぱいになっていた。鳴九《ミンジュウ》はそれを聞くと余計に学校には戻れなくなった。

十数日経った或る夜、鳴九《ミンジュウ》が寝入った頃、突然外で自分の名を呼ぶ声がした。戸を開けると伯父、つまり小芬《シャオフェン》の父親だった。

伯父はその頃彼らの町の中学校の校長で、文革は小中学校にまで及んでいた。造反派（文革中の紅衛兵のさらに過激な一派）がその日の晩に大会を開き、次の日に伯父に対して革命行動を起こすことを決定した。生徒の一人がそれをこっそり伯父に伝えてくれたのである。

革命行動とは何を指すか、伯父にはよく分かっていた。そういう批判大会に出たことがあった。隣町の中学の校長が壇上に引きずり出され、紙の山高帽をかぶさせられ、冷たい水の入った盥の中に立たされた。その隣では頭に水の入ったどんぶり茶碗を載せられた教務主任が床にひざまずいていた。他の教師たちが頭を半分刈り上げられ、胸の前に大きくバツ印を書いた札を掛けていた。伯父は自分も批判されて殺されるのではないかと恐れて、夜のうちに三十里の道のりを走って鳴九《ミンジュウ》の家に逃げて来たのだった。

鳴九《ミンジュウ》は伯父を慰めて言った。

「心配ないですよ。うちに隠れていれば大丈夫です。親友の慶山《チンシャン》が人民公社の造反派の司令だから、明日会いに来させます。あいつがいれば誰にも手出しはできません」

伯父はそれを聞いてびっくりして慌てて言った。

「造反派に知られたら大変なことになる。駄目だ、駄目だ」

鳴九《ミンジュウ》は笑って言った。

「伯父さん、怖がらなくて大丈夫です。ここは他と違って、慶山《チンシャン》は造反運動を率いても武闘はせずに、こっそり人を保護しているんです。姜堰県の多くの校長や教師がうちの公社に逃げてきました。うちの村の地主たちも慶山《チンシャン》の家に匿《かくま》われています。誰も捕まえられていません。安心して大丈夫ですよ」

伯父はそれでも不安そうに鳴九《ミンジュウ》の床でひと晩一緒に寝た。翌朝早く、鳴九《ミンジュウ》は慶山《チンシャン》を訪ねた。

慶山《チンシャン》というのは私の父だ。中学を卒業すると農民に甘んじていられず、中村最初の小学校を作った。教師は父と父の同級生だけだった。学校は二間の茅葺き小屋の仕切りを取り外して一つの教室にした。生徒は二十人ほど。父は民間教師で給料はなく、大隊と改名した村に一人分の労働力として計上してもらい工分がついた。口が達者だったので、文革が始まると推薦されて新街人民公社の造反派の司令になった。新街人民公社の革命は隣近所の公社よりも遅れていた。人々は文革と聞くと、地主、富農、反革命、悪辣分子と右派を批判闘争する運動だと思っていた。多くの古くからの幹部も批判され、吊るし上げられ、死ぬほど殴られていた。だから父が意気揚々と公社から帰ってきて「造反派の司令になった」と家族に報告すると、いつもは穏やかで優しい祖母が激怒して箒で父を打って怒鳴った。

「出て行け！　うちにはお前のような者は要らん。何が造反司令だ。二度とうちの敷居はまたぐな！」

父は年寄り孝行なので祖母に口答えなどできるわけもなく、ずっと外をうろついていた。祖母は父をひと晩中、家の外に閉め出した。

父は祖母に言った。

「母さん、こうなった以上、他に方法がなかったんだ。やらないと言えば批判の対象になり、殺されかねない。だけど約束するよ。俺は司令になっても絶対に悪いことはしない。人をやっつけたりしないから」

祖母も言った。

「いいかい、よくお聞き。お前が悪いことをしたと誰かが言うのを聞いたら、お前はもう私の子じゃないからね」

そこで父は両面派になった。壇上では悲憤慷慨して熱狂的な文革分子のようで誰よりも積極的だった。でも誰のことも批判しようとしなかった。どうしてもやらなければならない時は、形だけ人に山高帽をかぶせて壇上でそれらしく振る舞った。批判大会が終わるとそれで終わりだった。父は言った。

「俺たちの所の形勢は日に日に良くなっている。俺たちの主な任務は革命をやり、生産を促し、仕事をし、戦略の用意をすることだ」

文革が長く続くと、人々はみんなが危険な状態になり、誰が次の批判対象になるか分からなくなった。そこで、人々は父の何もしない態度を許容し、賛同するようになった。新街人民公社、特に申村は文革からの逃避所になっていた。南北両県の県城の古くからの革命分子と知識分子が逃げ込んでくると、中村の人々は手厚く迎え入れた。

鳴九《ミンジュウ》の伯父が中村に逃げて来て二か月余り経ち、伯母が「学校の革命の嵐は収まり、また戻って仕事をしてくれと言っている」と迎えに来た。伯父はそれでも数日は帰らずに本当に形勢がよくなったのかを確認してから帰って行った。

伯父が帰った二日後に鳴九《ミンジュウ》の県の高校の同級生たちが中村にやってきた。男女合わせて三十名余りの生徒が中村に文化大革命の宣伝に来たのだった。その晩、中村には煌々と灯りが点され、老若男女がスツールを手に脱穀場に集まって生徒たちの出し物を見た。人々には生徒たちが何をしているのかよく分からなかったが、それでも拍手と歓声を送り続けた。中村の人が生まれて初めて見る現代劇もあり、舞台の上の鳴九《ミンジュウ》を見るのも初めてだった。鳴九《ミンジュウ》の故郷に来たせいか、宣伝隊はどうしても鳴九《ミンジュウ》を芝居に出させようとした。鳴九《ミンジュウ》は芝居はできないので縦笛を吹くことにし、舞台で村人たちに二曲吹いた。一曲は「東方紅《トンファンホン》」（毛沢東を東の空の太陽と称える歌）で、もう一曲は田舎の人なら誰でも歌える「蘆柴花を引っこ抜いて」だった。二つの歌は人々も唱和して、出し物が最高に盛り上がった。鳴九《ミンジュウ》の人生最高の晴れ姿となった。鳴九《ミンジュウ》の死後、村人が思い出したのはこの時舞台で堂々と笛を吹いていた鳴九《ミンジュウ》の姿だった。舞台中央に立ち、カンテラの灯りが鳴九《ミンジュウ》の微笑んだ整った顔を映し出し、県城の美しい女生徒たちが彼を囲んで踊り、舞台下の人々が笛の音に合わせて歌った。この出し物のあと、中村の全員が鳴九《ミンジュウ》は才能がある、いつかきっと頭角を現す、将来が楽しみだと言った。多くの人がその後しばらくの間、鳴九《ミンジュウ》の家にやってきては母親の許氏《シイ》におめでとうと言い、いい息子を持ったと褒め称えた。これが許氏《シイ》の人生の幸福の絶頂だった。周氏《チョウ》はもう耳が遠くなり、目もはっきり見えなくなっていたが、それでも孫の栄誉が分かった。周氏《チョウ》はすべての人に歯をむきだして笑いかけた。みんなが自分に向かって孫を褒めていると思い、誰よりも長くその幸せに浸っていた。

だが、鳴九《ミンジュウ》が一番心配しているのはやはり進学のことだった。高校もまだ卒業していない。宣伝隊と一緒に学校に戻ってからは二度と彼らと出かけようとせず、学校に留まった。学校はすっかり変わっていた。門は破壊され、教室の窓には一枚もガラスが入っていなかった。校長と教務主任は警察署に護送されていた。教師のほとんどは農村に労働改造に送られ、学校に残った少数の教師もすることがなく、宿舎に閉じこもったまま出て来なかった。四人の教師だけが軍師として二派の造反派に雇われ、作戦を提案していた。実質的な校務を執り行っていた張《チャン》副校長はベテランの革命家だったので、革命傾向のない中間派も二つの造反派も彼のことは許容していた。だが、することと言えば毎日校舎を巡回して壁一面にびっしり貼られた壁新聞を一枚一枚読むことだけだった。

鳴九《ミンジュウ》は独りで寮に住んでいた。同室の五人は北京に行った者もあり、家に帰った者もいた。鳴《ミン》九《ジュウ》は教科書を毛沢東語録の横に置いて、ぼうっとしていた。何をすればいいか分からなかった。いずれかの派閥に属して運動をする勇気もなかった。自分は打倒される側の人間だと分かっていたので、ただ待つしかなかった。

ある晩、何者かがドアを叩いた。張《チャン》副校長だった。

「八一派が会議に出ろと言ってきた。行かないわけにはいかないが、行ったあとで私が八一派に投降したと紅鉄軍が知れば、今夜彼らは私を捉えに来て閉じ込め、明日批判に引っ張り出すだろう。君は紅鉄軍だから、ここに隠れに来たんだ。彼らもまさか私がここにいるとは思わないだろうから。いいかな?」

鳴九《ミンジュウ》は慌てたが、すぐに落ち着きを取り戻して言った。

「張《チャン》副校長、安心してここに寝てください。ぼくは隣の同級生の部屋に行き、この部屋は外から鍵をかけて中には誰もいないと思わせます。明朝早く飯は買って送り届けます。そうやってしばらくここに住んでください。ぼくが何とか対応しますから」

その夜、思った通り紅鉄軍がたくさんやってきてあちこち捜索を始め、鳴九《ミンジュウ》もあとに従った。捜査の対象は主にもう一派の生徒の部屋で一時は対峙したが、相手も自分の部屋に誰も隠していないので結局は捜索させた。当然、収穫はなかった。

翌朝早く、鳴九《ミンジュウ》はマントウを十個買って部屋に戻ると張《チャン》副校長にやり、副校長は水とマントウで食事にした。鳴九《ミンジュウ》は二人分の朝食は買えなかった。余計に買えば見つかるからだ。

張《チャン》副校長は鳴九《ミンジュウ》の部屋に二十日以上隠れていた。張《チャン》副校長が鳴九《ミンジュウ》に聞いた。

「なぜ私を助けるんだね?」

鳴九《ミンジュウ》は答えた。

「この学校に入れてくれたじゃないですか。ぼくはもうすでに農村で労働改造しているから、見つかってもせいぜいが陰陽頭（見せしめのために髪の毛を半分だけ剃り落とす）にされて、また農村に送られるだけです。何も怖いことはありません」

張《チャン》副校長は少し考えると「私の代わりに八一派を訪ねる勇気はあるかね？」と聞いた。

「あります」

鳴九《ミンジュウ》にはその危険性が分かっていた。八一派を訪ねれば紅鉄軍の裏切り者になる。知られたら批判されて殺されかねない。

鳴九《ミンジュウ》は張《チャン》副校長に代わり八一派に手紙を書いた。その晩、八一派がこっそり人を遣わしてきて張《チャン》副校長を連れ出し、県城の八一派の総本部に送り届けた。

張《チャン》副校長を送り出すと鳴九《ミンジュウ》は自分の部屋に戻り、長いため息をついてから服も脱がず横たわると、そのまま一昼夜眠り続けた。本当は怖くてたまらなかった。見つかって中村に送り返されるのが怖かった。家に戻り労働するのは怖くないが、そういう形で帰って母と祖母に向き合うのが怖かった。母たちが現実に向き合えないと分かっていたからだ。

張《チャン》副校長は鳴九《ミンジュウ》を高校に入れた時、この生徒が自分の最も困難な時に助けてくれるとは思いもかけなかった。副校長は意図せず、のちの自分の苦境からの脱出に布石を打ったのである。そして鳴《ミン》九《ジュウ》も自分が張《チャン》副校長を守ったことが自分ののちの人生に起こすであろうことを予想しなかった。人生とはそういうもので、物事は常に関連し合っている。

鳴九《ミンジュウ》は学校でなすこともなく一九六七年の八月の末までいて、ついに高校の卒業証書を手にすると、すぐに荷物をまとめて中村に帰った。中村に帰った翌日、肥桶を二つ担いで、中村の人民公社員と労働を始めた。

家で労働して一年が過ぎ、鳴九《ミンジュウ》は二十四歳になった。母に急かされて伯父の家に小芬《シャオフェン》との結婚を打診に行った。伯母は鳴九《ミンジュウ》の来意を聞くとため息をついて言った。

「本当を言うと、あんたたちの結婚については私では決められないのよ。小芬《シャオフェン》と伯父さんの意見を聞かないと。今夜はここにお泊まり。明日は日曜で小芬《シャオフェン》も帰ってくるから」

小芬《シャオフェン》は師範学校を出て、姜堰県城の小学校の教師になったばかりだった。

翌日、小芬《シャオフェン》は帰ってくると鳴九《ミンジュウ》を見て喜んだ。鳴九《ミンジュウ》に近況を聞き、自分も県城の様子を話した。仕事にはとても満足していた。二人が話している間、伯母はしきりに出入りしていたがひと言も口はさまなかった。昼飯を食べて家に帰る時間になり、鳴九《ミンジュウ》は自分から二人の結婚について聞くしかなくなった。小芬《シャオフェン》は言った。

「私は意見はないわ。父の言う通りにする」

鳴九《ミンジュウ》は家には帰らず、直接伯父の学校に行った。伯父の中学は家から遠く、校長ということもあって仕事が忙しいため、たいていは学校に寝泊まりしていた。

伯父は鳴九《ミンジュウ》を見ると驚いて宿舎に連れて行き、白湯を入れて二人で座った。鳴九《ミンジュウ》が来意を説明すると伯父は言った。

「小芬《シャオフェン》は働き出したばかりだから、今、結婚の話をするのは好ましくない。もう一年してから考えよう」

鳴九《ミンジュウ》は鬱々とした気分で中村に帰った。話を聞いた許氏《シイ》は驚いた。周氏《チョウ》はすぐに恨み言を言った。

「だから言ったのに、私の言うことを聞かないから。ほら、ごらんよ。向こうから断られるなんて、笑い話もいいところだ。長い間、無駄に金まで送ってやった結果がこれかい？　恥ずかしいったらないよ」

許氏《シイ》は何も言えず、二か月後に手土産を持って姉を訪ねた。姉もどうしようもなく、「自分にはどうしようもない、夫の話を聞かないと」と言うだけだった。

あっという間にまた一年が過ぎ、鳴九《ミンジュウ》が私の父の慶山《チンシャン》を訪ねて来た。

「慶山《チンシャン》、一年待てと言われたから一年待った。どっちにしてもちゃんと返事をくれるべきだろう？一人では行く勇気がないから、一緒に行ってくれないか？」

慶山《チンシャン》は鳴九《ミンジュウ》に付き合って伯父の学校に行った。

伯父は言った。

「お前の家の状況とお前の今の境遇だ。父親の自分がうんと言ったとして、小芬《シャオフェン》が承知すると思うかい？　娘は正式な教師で県城で仕事している。お前たち二人がどうやって結婚するんだね？　長い目で見て、別の道を考えたほうがいいと思う」

慶山《チンシャン》が言った。

「おじさん、鳴九《ミンジュウ》には才能があります。勉強もできる。家の出身が問題なだけで、何も方法がないわけではありません。時間が経てば状況も変わります。何年か後のことを誰が言えますか？　もう一度、考え直してくれませんか？」

伯父は何も言わず、白湯を飲むだけだった。慶山《チンシャン》がまた言った。

「それぞれの家の何十年の付き合いだけでなく、鳴九《ミンジュウ》のことだけ言っても、彼には志もあり、きっと将来ひとかどの人物になります。おじさんだって鳴九《ミンジュウ》を買っていたじゃありませんか？」

伯父は顔を上げると言った。

「結婚のことはなかったことにしよう」

鳴九《ミンジュウ》は立ち上がり、「伯父さん、失礼します」と言って振り返ることもせず出て行った。

家に帰ると母に話し、二人で抱き合って泣いた。

鳴九《ミンジュウ》のような富農出身で、父親が鎮圧された反革命分子とくれば、小芬《シャオフェン》のような町の娘どころか農村の娘だって嫁に来るはずがなかった。

周氏《チョウ》は伯父が完全に結婚を断ったと聞き、その場で病に倒れた。息子の死にすら倒れなかったのに、孫の縁談の挫折が命取りになり、一か月後に周氏《チョウ》はこの世を去った。棺桶はすでに用意してあり、二十年以上前に自分で親方に作ってもらったものだった。葬儀はしなかった。鳴九《ミンジュウ》が何人かに頼んで棺を担いでもらい、自分と母親でその後について墓に行き、棺を埋めた。二人は墓の前で三度叩頭すると黙りこくったまま家に帰った。

鳴九《ミンジュウ》は誰よりも真面目に労働したが、それでも生産隊長にいい顔はされなかった。生まれつき批判され差別される存在だったからだ。鳴九《ミンジュウ》にはそのことがよく分かっていた。誰とも決して争わず、どんなに侮辱され馬鹿にされても耐えた。鳴九《ミンジュウ》は私の家の対岸に座って、あの縦笛を吹くか手にしたままぼんやりとしていた。一九七〇年、時々、鳴九《ミンジュウ》は数え年二十七歳になった。学校を出て三年になる。将来について何の希望も持てなかった。許氏《シイ》もこれは運命で息子は一生農民だと諦めていた。しかし、鳴九《ミンジュウ》と同年齢の者たちがみんな結婚したのに、息子一人嫁の来手がないことに許氏《シイ》は胸が引き裂かれる思いだった。

かつて許氏《シイ》をあんなに愛した従兄の張如学《チャン・ルーシエ》はもう何年も中村に来ていなかったが、ある日、鳴《ミン》九《ジュウ》が婚約を破棄されたと聞いて再び中村に現れ、許氏《シイ》に言った。

「鳴九《ミンジュウ》が嫌でなければ、うちの貴宝《グイバオ》を嫁にもらってくれないか」

許氏《シイ》は涙をこぼした。人生で最も惨めで絶望的な時、如学《ルーシエ》が手を差し伸べてくれた。昔のことが次々と思い起こされてきて胸をかき乱される思いだったが、言葉にならなかった。如学《ルーシエ》と許氏《シイ》は黙って向き合ったまま、この嬉しい知らせをすぐ鳴九《ミンジュウ》に知らせることも忘れていた。

鳴九《ミンジュウ》は嫌がりもせず母親の言う縁談を受け入れたが、喜んでいる様子もなかった。一生やもめかもしれない運命を鳴九《ミンジュウ》は母親ほどは憂いてはいなかった。心の痛みは妻がいないことではなく、小《シャオ》芬《フェン》がいないことだった。

結婚は重陽節の二日目に決まった。

結婚式前日の晩、鳴九《ミンジュウ》はずっと河辺で笛を吹いていた。村人が最後に聴いた鳴九《ミンジュウ》の笛の音だった。鳴九《ミンジュウ》の死後、貴宝《グイパオ》はこの笛を形見として大事に保管した。貴宝《グイパオ》は笛が鳴九《ミンジュウ》にとって最も大切な宝物で、小芬《シャオフェン》からの贈り物だということも知っていた。

旧暦の九月十日、昼飯を終えた鳴九《ミンジュウ》は二人の近所の年長者を仲人に、慶山《チンシャン》を付添人に頼んで、四人で張荘《チャン》に新婦を迎えに行った。如学《ルーシエ》はすでに酒席を用意して、肉料理と魚料理、卵炒め、青菜炒めをそれぞれ一皿並べていた。それらを食べるとカーキの新しい服を着た貴宝《グイパオ》が二人の娘に付き添われ、鳴九《ミンジュウ》の一行と歩いて申村にやってきた。結納品も嫁入り道具もなかった。鳴九《ミンジュウ》の家に着くと、許氏《シイ》が竹竿に爆竹を吊るして点火し、近所に聞こえるように鳴らした。

人々は鳴九《ミンジュウ》と貴宝《グイパオ》を新婚の部屋に送った。新婚の部屋と言っても、部屋の扉に大きな赤い「喜」の字を書いて貼っただけで、あとは普段と何の変わりもなかった。

翌日、貴宝《グイパオ》に付き添ってきた二人の娘が張荘に帰り、新婦は新しい服を脱ぐと鋤を担いで鳴九《ミンジュウ》と畑仕事に出た。貴宝《グイパオ》は美人ではないが健康で明るく、家の外でも内でも仕事を奪うようにして働いた。鳴九《ミンジュウ》に対してはさらに至れり尽くせりで、よく気がついた。できることなら鳴九《ミンジュウ》には草一本触らせず、朝から晩まで本を読んでいてほしいと思っていた。勉強は夫婦の将来に何の意味もなさなかったが、貴宝《グイパオ》は鳴九《ミンジュウ》が文化人であることが誇らしかったのだ。

人々は鳴九《ミンジュウ》は良い嫁をもらったと言った。しかし、この良い娘は間もなく気が触れるのである。健強《ジエンチアン》が生まれたのは一九七二年のことだった。生まれる前から鳴九《ミンジュウ》は名を考えていた。

「男なら健強《ジエンチアン》にしよう。天行の健やかなれば、君子は以て自強して息《や》まず、と言うから」

健強《ジエンチアン》が生まれて三日目に貴宝《グイパオ》は高熱を出し、頭が割れるように痛くなり床を転げ回った。鳴九《ミンジュウ》がどうしたら少しは楽になるかと聞くと、貴宝《グイパオ》は這い出して壁に沿って立ち、鳴九《ミンジュウ》に頭で自分の額を押さえつけてくれと言った。鳴九《ミンジュウ》は背が高いので腰をかがめていないと貴宝《グイパオ》の額を押さえつけられなかった。二時間そうしていると立っていられなくなり、母親を呼んで代わってもらった。二人で順番にひと晩中押さえ続けた。夜が明け、鳴九《ミンジュウ》はとうとう耐えきれなくなり、貴宝《グイパオ》を抱いて床に横たわらせたが、貴宝《グイパオ》は横になった途端、跳ね起きて叫び出し、やたらと物を投げつけ、自分の服を引き裂いてわめき散らした。

「私は貧農よ、富農になんか嫁がない」

「あんたは我慢してるけど、私は我慢なんかしない。もうたくさんよ！」

そして鳴九《ミンジュウ》に言った。

「鳴九《ミンジュウ》、あんたはいいわ。見た目もいいし、学歴もある。幹部になればいいわ」

近隣の者がみんな見に来て言った。

「貴宝《グイパオ》が気が触れた」

鳴九《ミンジュウ》は貴宝《グイパオ》を病院に連れて行った。医者はベルトで貴宝《グイパオ》をベッドに縛りつけると、氷で体温を下げ点滴をした。鳴九《ミンジュウ》は片時も離れずに付き添った。

十数日間入院させると病状はやや好転した。鳴九《ミンジュウ》は生まれたばかりの健強《ジエンチアン》を病院に抱いて行って、乳を飲ませた。でも一旦病院を出ると、また発作が起きた。許氏《シイ》はあちこち借金をしたがとうとう入院費が払えなくなり、人に頼んで家の前の三本の樹齢百年の銀杏の木を買ってもらった。木を買いに来た人が切り倒す時、中村の人々は取り巻いて見守り、ため息をついた。

「木が倒れた。大槐《タークワイ》の一家もついにこれまでだなあ」

大槐《タークワイ》というのは鳴九《ミンジュウ》の祖父で、かつて中村で権勢を誇った金持ちだった。許氏《シイ》と鳴九《ミンジュウ》が先祖代々の家を売ろうと相談していると、貴宝《グイパオ》は急に正気に戻って言った。

「家は売ってはいけないわ。売ったら、私の子はどこに住むの？」

貴宝《グイパオ》は床から這い出すと、鳴九《ミンジュウ》の手から健強《ジエンチアン》を受け取って言った。

「うちに帰ろう」

許氏《シイ》は貴宝《グイパオ》の狂気は何かの霊が乗り移ったせいだと考えた。そこでこっそり霊媒師を家に呼び、悪霊払いをしてもらった。鳴九《ミンジュウ》は迷信だと信じなかったが、母親に反対もできないので許氏《シイ》の好きなようにさせた。霊媒師が護符を書き、呪文を念じ、太鼓を打ち鳴らした途端、貴宝《グイパオ》は驚くべき言葉を発した。

「許氏《シイ》、お前はひどい女だ」と許氏《シイ》を指さした。

「美人をかさに着て、子を産み、夫を奪った。お前はいい。息子も孫もいる。私は二人の男のせいで心が休まることがない。私が不幸な限り、お前も幸せになれぬと思え」

許氏《シイ》はそれを聞いた途端、身震いした。霊媒師が帰ってから打診すると、仕立屋の前妻の例のあばた面の陳《チエン》氏は数年前、夫と相前後して死んでいた。まさか、陳《チエン》氏の霊が貴宝《グイパオ》に取りついたのだろうか？　許《シイ》氏は何度も貴宝《グイパオ》に向かって叩頭し成仏するよう祈ったが、貴宝《グイパオ》はまったく聞き入れず、しょっちゅうでたらめを言い続けた。

一か月余りのちの夕方、貴宝《グイパオ》は右隣の大虎《ターフー》の家に遊びに行った。大虎《ターフー》の妻が三人の娘と二歳半の息子一人を戸口で遊ばせていた。貴宝《グイパオ》は桑の木に寄りかかって見ていたが、何気なく聞いた。

「子どもが大勢いるね。何人いるの？」

大虎《ターフー》の妻が言った。

「何人いるかだって？　見て分からない？」

貴宝《グイパオ》は指を折って数えた。

「一、二、三、四。四人いる。そんなに大勢、育てられるのかい？」

大虎《ターフー》の妻は貴宝《グイパオ》が頭がおかしいと見て、睨むと言った。

「余計なお世話よ」

夕飯を終え、大虎《ターフー》の妻は息子を洗って床に寝かせた。赤ん坊は床の上で這っていたが、突然動かなくなった。妻が大声を上げ、大虎《ターフー》が走ってきて赤ん坊に触ると、もう息をしていなかった。荷先《ハー》生が知らせを聞いて駆けつけたが、子どもの小さな身体はすでに硬直していた。

大虎《ターフー》は大工に小さな棺を作らせた。大虎《ターフー》の妻は棺にはいつくばり大泣きに泣いた。泣いているところに貴宝《グイパオ》がまたやってきて諭して言った。

「泣くことないよ。今後はあんたの家にいた時よりいい暮らしができる」

大虎《ターフー》は激怒して貴宝《グイパオ》を棒で打とうとした。

鳴九《ミンジュウ》が慌てて貴宝《グイパオ》を引きずって帰った。家に帰ると貴宝《グイパオ》は鳴九《ミンジュウ》に言った。

「鳴九《ミンジュウ》、私は子どもの世話があるからあんたの所に住んでいられない。金と服を二着くれれば出て行くから」

鳴九《ミンジュウ》は急いで色紙を買ってきて、紙細工職人に服や元宝をたくさん折らせて燃やした。貴宝《グイパオ》はひと晩寝て、翌朝になると突然正気に戻り、鋤を担いで畑に出て行って野良仕事をした。

貴宝《グイパオ》の錯乱が治って間もなく、学校も授業を再開した。鳴九《ミンジュウ》は張《チャン》副校長が姜堰県の教育局長になったと聞いて、力になってもらおうと決心した。このまま一生を送りたくない、もう一度チャンスをつかみたいと思ったのだった。

張《チャン》局長は棒きれのように痩せた鳴九《ミンジュウ》を哀れみ、その場で手紙を書いて鳴九《ミンジュウ》の伯父を訪ねるように言った。鳴九《ミンジュウ》は哀願して言った。

「伯父を頼るわけにはいきません。別の土地は駄目ですか？」

張《チャン》局長は言った。

「他は空きがないんだ。頼みにくいだろうが、他に方法がない。君たちの昔の縁のためではなく、私の顔を立てるためと言えば、きっと助けてくれるはずだ」

鳴九《ミンジュウ》は家に帰ると二日間臥したまま、出発しようとしなかった。母親と貴宝《グイパオ》が口が酸っぱくなるほど説得して、鳴九《ミンジュウ》もようやく起き上がり、飯も食わずに三十里離れた伯父の家に歩いて行った。

伯母は鳴九《ミンジュウ》を見ると驚き、急いで肉を買い飯を作ろうとした。鳴九《ミンジュウ》は伯母を止めて言った。

「張《チャン》局長から伯父さんへの手紙です。伯父さんに渡してください。希望があるなら手紙で返事をください。家で待っています」

伯父は手紙を受け取っても何日も返事をしなかった。

伯母が泣いて頼んだ。

「鳴九《ミンジュウ》はどうしようもなくならなければ、うちに来るはずがない。私たちはあの子にすまないことをしたのだから、その償いをしないと。お願いだから助けてあげてよ」

伯父はため息をつき、張《チャン》局長の手紙を持って学校に戻ると教務主任と相談した。教務主任は局長の推薦で校長の親戚だと知ると言った。

「では、出産が近い教師を産休に入らせましょう」

伯父は鳴九《ミンジュウ》に、一年の期限付き代用教員として中学一年の国語を教え、一年後のことは状況を見て決めると伝えて来た。毎月の手当は二十四元だった。許氏《シィ》と貴宝《グイパオ》は知らせを聞いて大喜びだったが、鳴九《ミンジュウ》の心は複雑で顔には笑みもなかった。

教壇に立った鳴九《ミンジュウ》はたちまち生き生きとして現実のすべてを忘れた。その表情は輝き、情熱に満ち溢れていた。教壇の鳴九《ミンジュウ》と普段の鳴九《ミンジュウ》とはまるで別人だった。才覚に溢れ、ユーモアがあり、教室からは時折り笑い声が聞こえて来た。だが、教室を離れるとすぐに沈み込み、言葉少なになり笑わなくなった。生徒たちは鳴九《ミンジュウ》の授業が大好きで、鳴九《ミンジュウ》を尊敬し何でも言うことを聞いた。鳴九《ミンジュウ》もすべての心血を生徒に注ぎ、暇さえあれば生徒たちと一緒にいた。生徒の一部になりたいとさえ思っていた。生徒たちは中学一年の子どもではあったが。同僚に対しても謙虚で礼儀正しかったが、ほとんど付き合おうとはしなかった。伯父とはできるだけ顔を合わせないようにし、伯父も鳴九《ミンジュウ》を避けていた。

一年間の代用期間が終了すると、すべての生徒と教師が鳴九《ミンジュウ》の留任を希望した。伯父も一年間観察して鳴九《ミンジュウ》の授業に充分満足していた。そこで鳴九《ミンジュウ》はそのまま引き続き代用教員になった。永久に正規の教師になることのない代用教員は、毎年夏休みになるとじりじりと不安の中で代用教員採用の通知を待つ。どんなに尊敬に値する、称賛される教師であってもあくまでも臨時の教師なのだ。誰かが正式な教師に昇進するたび、鳴九《ミンジュウ》は宿舎の部屋に閉じこもった。人々の前で涙を流しそうで他人の祝賀会に出る勇気がなかった。

一九七七年、大学入学統一試験が復活した。その知らせを聞いた鳴九《ミンジュウ》は欣喜雀躍した。ついに運命に転機が訪れたのだ。家に帰ると屋根の梁に掛けた包みの中から昔の教科書を取り出した。高校の課程を放ったきり十年近くが経っていた。鳴九《ミンジュウ》は夜昼なく勉強した。授業以外のほぼすべての時間を復習に費やした。その熱中ぶりは授業にも影響を及ぼした。でも人々は鳴九《ミンジュウ》を理解して、そのことで彼を責める者はいなかった。

統一試験の日、貴宝《グイパオ》は朝早くから粽を作り、鳴九《ミンジュウ》に食べさせて受験に行かせた。粽と中の発音が同じなので入学試験に受かるというゲン担ぎ（「中」は合格するという意味の中国語で、チョンという音が「粽」と同音）だ。だが一時間目の試験が終わると、鳴九《ミンジュウ》は完全に脱力した。試験問題はまるで奇書で、多くの問題が意味不明だった。何が何だか分からないうちに試験が終わり、家に帰って爆睡したあとは大学入試のことは一切口にしなくなった。

新年度が始まり、鳴九《ミンジュウ》はまた学校に戻った。同僚の一人が南京の農業大学に合格したので、みんなで送別会を開き、酒が飲めない鳴九《ミンジュウ》も珍しく何杯か飲み、宿舎に帰ると一昼夜臥せった。鳴九《ミンジュウ》がぼんやりして心ここにあらずという状態になったのを、伯父は心配して見ていた。学校に勤めた数年間、鳴九《ミンジュウ》はほとんど伯父と話をしなかったため、伯父も鳴九《ミンジュウ》とは話がしにくかった。伯父は伯母に鳴九《ミンジュウ》と話をさせ、鳴九《ミンジュウ》の心をなだめさせ代用教員を続けさせようと考えた。そこである日の放課後、鳴九《ミンジュウ》のそばに行くと言った。

「鳴九《ミンジュウ》、伯母さんが家に来いと言っている」

鳴九《ミンジュウ》は何年も伯母の家に行っていなかったし、伯母にも会ってなかった。行くのが怖かった。小芬《シャオフェン》に会うのが怖かったのだ。

日曜日、鳴九《ミンジュウ》は清潔な服に着替えて伯母の家に行った。小芬《シャオフェン》が戸口に座っているのが遠くから見えた。鳴九《ミンジュウ》は意を決して近づいて行った。小芬《シャオフェン》は立ち上がると「鳴九《ミンジュウ》、来たのね」と言った。鳴九《ミンジュウ》はうなずいた。小芬《シャオフェン》は妊娠していて、大きなお腹をして身体全体がむくんでいた。伯母が声を聞いて急いで出て来ると大歓迎した。

「小芬《シャオフェン》、鳴九《ミンジュウ》と話をしてて。私はご飯を作るから」

鳴九《ミンジュウ》はスツールを持ってきて小芬《シャオフェン》の横に座った。小芬《シャオフェン》は話をしなかった。鳴九《ミンジュウ》も話すべき言葉が見つからず、うつ向いて黙っていた。気まずい雰囲気だった。鳴九《ミンジュウ》はようやく言った。

「どうしていた？」

小芬《シャオフェン》が言った。

「良くも悪くもないわ。人はただ毎日をやり過ごしていくものだから」

鳴九《ミンジュウ》はびっくりして小芬《シャオフェン》を見た。小芬《シャオフェン》は顔も黄ばんでしみがあり、目の輝きもなくなっていた。数年会わないうちに潑溂とした少女から中年女に変わっていた。きっと幸せに暮らしていると思っていたのに、こんなことを言うとは思いもよらなかった。

「もっと楽観的にならないと」

いつもは人から励まされる鳴九《ミンジュウ》が反対に人を励ましていた。

「喜ばないと駄目だよ。俺とは違うんだ。君は幸せなんだから」

鳴九《ミンジュウ》はしどろもどろに言った。

「幸せの定義は人によって異なるわ。一つでも残念なことがあり、それが忘れられなければ幸せとは言えない」

小芬《シャオフェン》はそう言うと立ち上がった。

「少し外を歩かない？」

鳴九《ミンジュウ》は黙ったまま小芬《シャオフェン》について田んぼの畦道を散歩し、それぞれがそれぞれの思いに耽《ふけ》っていた。散歩から帰ると、伯母がご飯を作り終えていた。食べながら伯母が鳴九《ミンジュウ》を慰めようとして小芬《シャオフェン》に止められた。食べ終えるとすぐ鳴九《ミンジュウ》は暇を告げて、学校に戻ると言った。小芬《シャオフェン》が戸口まで送って来た。鳴九《ミンジュウ》が何歩か歩き出してから、小芬《シャオフェン》が呼んだ。

「鳴九《ミンジュウ》！」

振り向くと、小芬《シャオフェン》は何も言わず目に涙をためていた。鳴九《ミンジュウ》は無理に笑うと手を振って、前を向くと去って行った。

小芬《シャオフェン》が見たのは老けてうらぶれた男の後ろ姿だった。まだ三十を過ぎたばかりなのに、まるでもう一生を過ごしたようだった。疲れ果て、絶望していた。微笑みを浮かべて小芬《シャオフェン》に向き合い、快活そうに親し気に見せかけていたが、その笑顔の裏には苦しみきった枯渇したものがあった。それが小芬《シャオフェン》が最後に見た鳴九《ミンジュウ》だった。男の後ろ姿はゆっくりと小芬《シャオフェン》から遠ざかっていき、光の中に消えて行った。

二か月後、学校ではまた二人の教師が正式な教師になり、にぎやかな送別会が開かれ、鳴九《ミンジュウ》も二杯酒を飲んだ。ひと晩寝て翌朝目覚めると頭が重かったが、授業があったので何とか起きて教室に行った。

教壇で教科書を開き、何も言わないうちに身体がぐらりと揺れて床に倒れた。駆けつけた教師たちが手押し車に乗せて姜堰病院に運んだ。

診断結果はすぐに判明した。肺癌の末期だった。

鳴九《ミンジュウ》は何日も入院することなく家に帰って来た。貴宝《グイパオ》は片時もそばを離れず夫を看病した。身体を拭き、食べさせ、歌を歌った。

その年の暮れ、伯父が中村に鳴九《ミンジュウ》を見舞いに来た。金百元と五十キロ分の食糧配給切符を持ってきた。伯父は鳴九《ミンジュウ》に言った。

「正式な教師に認定された。治ったら手続きをしよう」

鳴九《ミンジュウ》は言った。

「伯父さん、もう必要ないから枠は他の人に譲ってください」

伯父はしばらく黙っていたが帰り際に言った。

「小芬《シャオフェン》が娘を産んだ。お前にもしっかり養生するようにと言っていた」

鳴九《ミンジュウ》はうなずいた。伯父は立ち上がり、貴宝《グイパオ》が送って出た。鳴九《ミンジュウ》は手を上げると涙を拭った。

一九七八年春のある夕方、鳴九《ミンジュウ》は貴宝《グイパオ》の腕の中で息を引き取った。貴宝《グイパオ》はずっと死んだ鳴九《ミンジュウ》のそばに横たわって抱きしめたまま、時折り冷たくなった額に口づけをした。棺桶を買ってきても貴宝《グイパオ》は手を離さず、「鳴九《ミンジュウ》は死んでない、眠っているだけですぐに目を醒ます」と言った。男四人がかりで貴宝《グイパオ》を引き離し、鳴九《ミンジュウ》を棺桶に納めた。棺桶に蓋をすると掛け声とともに斧で釘を打った。貴《グイ》宝《パオ》はむしゃぶりつくと斧を奪って蓋を叩き割ろうとした。

貴宝《グイパオ》は泣いて叫んだ。

「鳴九《ミンジュウ》と一緒にいる。鳴九《ミンジュウ》と一緒に」

貴宝《グイパオ》はまた気が触れていた。

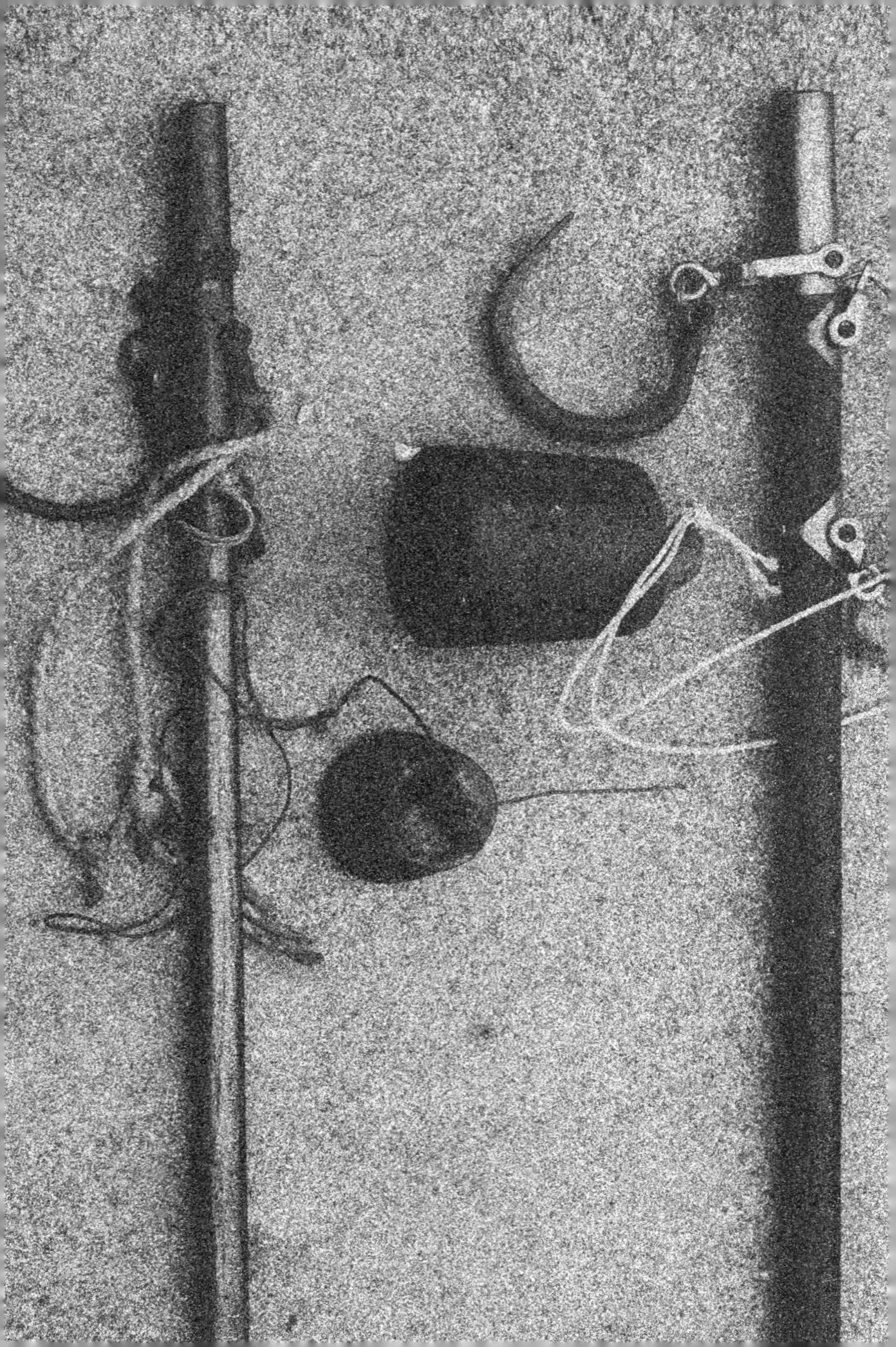

秤職人

秤職人は春分の日を仕事始めとする。
昼と夜が均しく、「公平」を象徴するからだ。
秤職人は、公明正大な人であるべきだった。

ここ数年、毎年中村《シェン》に帰って年越しをしている。

新年の一日目は起きるとまず家族全員に「おめでとう」を言い、村の一軒一軒に新年の挨拶に行く。挨拶はごく簡単で、門を入ると扉の外から「おじいさん」「おじさん」「おめでとうございます」と呼びかけると、声を聞いた家主が出て来て、にこにこして答える。「おめでとう」。それから中に入って座るように言われ、鍋に蒸してあるマントウや、ナツメと黒砂糖の茶を勧められる。別に本当に食べなくてもよく、「いっぱい、いっぱい」と言いながら家主に最上級の煙草を一本手渡して、暇を告げる。何しろ午前中だけで何十軒も回るのだ。ずっと座っていたら、とても回りきれない。「いっぱい、いっぱい」というのは訪れた家がさらに豊かになるようにという意味の祝福で、マントウやナツメ茶が本当にたくさんあるかは深く追及しない。

私は十八歳で村を離れ、それから十数年帰らなかった。再び帰った時、私より二世代上の人たちは祖父も含め、ほとんど全員が亡くなっていた。私より一世代若い人たちは十代になるが、彼らにとって私はまったく知らない人だった。畑で出くわしたり、彼らの家を訪ねると驚いたように私を見て、親に挨拶するよう言われて初めて私を「おじさん」とおずおず呼ぶ。新年初日の挨拶に行って、ようやく故郷への親しみを感じることができた。幸い私は中村を去ってたった十数年だったので、私と同年配の者や父の世代の人は私に対してやはり親しみを持っていた。私はやはり中村の一員なのである。

挨拶回りが終わると、半夏河の畔ではるか遠くに五頭《ウートウ》を見かけた。五頭《ウートウ》は名前がなく、兄弟の五番目だから五頭《ウートウ》と呼ばれている。実は村人は大人も子どももみんな「知恵遅れの五頭《ウートウ》」と呼んだ。四十過ぎの知恵遅れだった。五頭《ウートウ》は真新しい綿入れを着て、手には火のついていない煙草を握って私に笑いかけた。

「あはは、おめでと」

私もうなずいた。五頭《ウートウ》は嬉しそうに両手を背中に回して私のあとからついてきた。

五頭《ウートウ》は一年中、股割れズボンを穿いて手を背中に回し、村の家々を行ったり来たりしていた。子どもの頃、私と学校に上がったばかりの弟はトラクターに夢中で、毎日トラクターのあとについて畑を走り回っていた。トラクターが行ったり来たりして畑を耕すのを私たちもついて回ったのだ。私たちの奇妙な行動が五頭《ウートウ》の興味を引いたのか、彼も私たちの仲間入りをした。土くれを投げて五《ウー》頭《トウ》を追い払うと逃げるが、私たちがまたトラクターのあとを追いかけ始めると彼も追ってきた。知恵遅れと同じことに夢中になっていると村人全員に笑われて、私たちもその遊びをやめるしかなくなった。でもそれ以来、トラクターが畑を耕すと五頭《ウートウ》はトラクターのあとをついて畑の端から端をぐるぐると昼から夜まで走り回っていた。五頭《ウートウ》はトラクターの最高のパートナーで、トラクター運転手が感電死するまでそれは続いた。

不思議なのは、百年も前に私たちの村に五頭《ウートウ》のような知恵遅れが出現すると断言した者がいたことだ。

それは東台県から来た道士で、いわくありげにじっと五頭《ウートウ》の曽祖父の秤職人の顔を見るとおごそかに言った。

「そちは天上の不吉な星の神の番頭の生まれ変わりだ。あまりに欲深いせいで下界に流されたのだ。そちの家には三代続いて痴呆が生まれる」

秤職人は道士を家に招いて家族のその一年の運勢を占ってもらっていた。清の宣統三年、西暦一九一一年のことであった。私の祖父の同守《トンショウ》はこの年の旧暦の六月に生まれている。この年の秋に辛亥《しんがい》革命（孫文の影響を受けた革命軍が蜂起して、中華民国軍政府の成立を宣言）が起きた。その年の冬、私の家の米屋は何者かに放火されてすっからかんになった。

私の一族の運命を変えたのはある深夜のことだった。屋外のガサッという音に驚いて夢から醒めたのは私の曽祖父だった。起き上がると窓の外は火が空まで燃え上がり、濃煙が猛烈な勢いで飛び込んできた。その時祖父はまだ生後半年にもならず何も着せる暇もなく、曽祖父は綿入れに赤ん坊の祖父をくるむと抱いて外に飛び出した。

金持ちの息子に生まれた祖父はこの火事のせいで大きく運命が変わる。たった一年私塾に通っただけで、のちに大工になった。幸運だったのはこの突然の大火で誰も怪我をしなかったことだ。でも家作はなくなり、すべてが灰燼に帰した。

米屋はすべてを失い、三十俵余りの米俵がタールになった。誰もこの恐ろしい現場を片づけたがらなかった。廃墟の横に座ったまま絶望に泣き崩れていた。

調査の結果、何者かに放火されたことが分かった。一家全員の悲しみは怒りに変わった。二度と泣くことはなくなり、女たちは村中を歩き回り大声で名も知らぬ犯人を罵った。男たちは切歯扼腕し、見舞いに来た一人一人に復讐を誓った。

米屋の主人、つまり祖父の伯父は真っ青な顔で、見舞いに来た村人の相手もせず、毛筆で紙に一人一人の名を書いては破り、書いては破りしていた。

祖父の伯父は万豪《ワンハオ》という。身長一メートル九十ある豪放な男だったので、のっぽの豪大《ハオター》と呼ばれる村でも有名な丈夫《じょうふ》だった。曾祖父は万里《ワンリー》といい、次男坊だった。力持ちで毎日、姜堰《きょうえん》から手押し車で米を串村周辺の村々に運んで売り歩いていた。三男は万山《ワンシャン》といい、線が細かったので店番をした。

米屋を始めて十年、財産がだんだん増えてきた時、一度の火事がすべてを焼き尽くしたのだった。

一九一二年は悲惨な年明けだった。一家は掘っ立て小屋を三つ建て、分家という形になった。三兄弟の老いた父親の文基《ウエンジー》は万山《ワンシャン》と暮らすことになった。新年の初日、三つの家はそれぞれ閉じこもっていた。家に大惨事があったばかりなので、新年の挨拶に行って悪い運を他人の家にもたらすのを避けたのだ。だが、村人たちは火事見舞いに訪れて親しみの情を表した。マントウや肉や魚、豆腐や米を届けに来た。大火で帳簿も焼けてしまったので、つけで米を買っていた人たちは記憶を頼りにそれぞれの米代を払いに来た。火災に遭った一家はそれらのことに深く感謝した。

新年が過ぎた頃、万豪《ワンハオ》は中村の南にある倪《げい》荘の余竜嗟子《ユイ・ロンダーズ》を招いた。呪術で火をつけた者を捕まえようとしたのである。

火事の後、万豪《ワンハオ》はずっと調べていた。最大の容疑者は首にしたばかりの店員の「あばたの細《シー》」だった。痩せて背が低く、顔中あばただらけのずる賢いお調子者だった。

三か月前のことだ。万豪《ワンハオ》が仕入れをしている姜堰の米商人が船一艘の米を上海に届けることになり、人手が足らないので万豪《ワンハオ》に何人か寄こしてくれと頼んだ。万豪《ワンハオ》はこのあばたの細《シー》も船に乗せた。船が上海に着いて荷下ろしをする時に、船長が「上海は今、革命党（帝政を廃して共和制とすべしとする勢力）が幅を利かせているからあちこち出歩くな」と言った。あばたの細《シー》はぶらぶら遊び歩くのに慣れていて、生まれて初めての上海ということもあり、おとなしく船に残っていられるはずがなかった。人に気づかれぬようこっそりと船を下り、町に遊びに行ってしまった。

それはちょうど宣統三年の旧暦九月、西暦一九一一年の十一月だった。一か月少し前、武漢で辛亥革命が起こっていた。だが、そんなことをあばたの細《シー》が知る由もなかった。上海にはたくさんの西洋のものがあると聞いていたので、それらを見て村に帰ったら自慢しようと思っていた。

とある横丁の入口であばたの細《シー》は頭を押さえつけられ、カシャッという音がしたかと思うと細長い辮髪《べんぱつ》（満洲民族の男性の髪型で、頭を剃り後ろ髪だけ残して長いおさげに結う。清朝時代は漢民族にも強制された）を切られてしまった。あばたの細《シー》は「なんてこった」と叫ぶと、手で頭を押さえ一目散に波止場に逃げ帰った。

あばたの細《シー》が革命党に辮髪を切られたことは申村に帰った後で一大ニュースになった。みんながうちの米屋にあばたの細《シー》を見にやってきた。あばたの細《シー》は帽子をかぶり、誰かが脱がせようものなら大騒ぎして口汚く罵った。人々は大笑いして、米屋に革命党が現れたと言った。

その冗談に万豪《ワンハオ》は動揺した。革命党が何なのか万豪《ワンハオ》はよく分からなかったが、ただ造反だとだけ聞いていた。造反などしようものなら斬首だ、造反なんて冗談でも言ってはならない。万豪《ワンハオ》は姜堰の米商人の所から毎日新しいニュースを聞いてきていた。南京は戦いの真っ最中で、皇帝に忠誠を誓う辮髪軍と革命党が戦い、力は伯仲だということだった。こんな形勢で最も良いのは何も変わらないこと、絶対に巻き込まれないことだ。

そこで万豪《ワンハオ》はあばたの細《シー》を首にして故郷に帰した。

辮髪を切られたあばたの細《シー》はしょんぼりと帰ったが、内心は恨みでいっぱいだった。

翌日の夜、あばたの細《シー》はこっそり米屋に潜り込むと脛《すね》を縛ったズボンにいっぱいの米を盗み出した。そういう形で万豪《ワンハオ》の自分に対する不公平に報復したかったのだろう。だが思いがけず、塀を乗り越えたところで万里《ワンリー》と万山《ワンシャン》の兄弟に首根っこを押さえられてしまった。

あばたの細《シー》は家の柱に縛りつけられた。万豪《ワンハオ》が縛りつけたまま、ひと晩放置しておけと言った。するとあばたの細《シー》は怒り狂ってわめき始めた。

「俺はお前のために働いてニセの毛唐に辮髪を切られたんだ。辮髪を切られたせいで首になり追い払われるなんて、一体お前らに良心はあるのか？　縛りつけて送り返す？　縛ればいいさ。独り身の俺に怖いものなんかあるものか。一生俺を縛っておけるものなら縛っていろ。ここを出たら、放火してやるからな。やると言ったら、絶対にやってやるからな。見ていろよ」

万豪《ワンハオ》の妻は万里《ワンリー》の妻と家の戸を開けて、見張りをしている万山《ワンシャン》をあばたの細《シー》の前に呼んだ。万豪《ワンハオ》の妻は手に布靴の底を縫うのに使う錐を握り、何も言わずいきなりぶすっとあばたの細《シー》の太ももを刺した。あばたの細《シー》は悲鳴を上げ、血がズボンからしみ出した。

「もう盗まない？」

「恐ろしい女だ。いっそのこと刺し殺せばいいだろ。でないと家に火をつけるぞ」

そう言い募ると、また錐で刺された。あばたの細《シー》が叫んだ。

「こん畜生め！」

万豪《ワンハオ》の妻がまた錐を振り上げた。あばたの細《シー》は弱気になった。

「奥さん、もうしません。二度とやりません」

「火をつけるって？」

「つけません、つけません」

あばたの細《シー》は何度も許しを請うた。

「今度やったら、全身穴だらけにするわよ」

万豪《ワンハオ》の妻はそう言うと、真っ青な顔をしている万里《ワンリー》の妻を連れて悠々と出て行った。しばらくするとあばたの細《シー》もよく知る店員が入ってきて、縄を解いて釈放した。

「さっさと行け。明日になったら、お前をお上に突き出すと言っているぞ」

実は万豪《ワンハオ》が釈放させたのだった。泥棒を捕まえるのはたやすいが、放すのは難しいことを後で万《ワン》豪《ハオ》は思い知った。米泥棒なんてたいしたことではなかったのである。

米屋が全焼した時、万豪《ワンハオ》はすぐにあばたの細《シー》に思い至った。人に打診させると、あばたの細《シー》は「俺は嘘は言わねえ。本当言うと何度も火をつけようと出かけて行ったさ。米屋の入口まで行ったけど、万豪《ワンハオ》のカミさんが錐をぶっ刺した時の恐ろしい顔を思い出すと足が震えてそれ以上進めなかった。火は俺がつけたんじゃねえ。火事になっていい気味だとは思うけど、俺じゃない」と言った。

唯一の方法は余竜嗟子《ユイ・ロンダーズ》に占ってもらうことだ。

余竜嗟子《ユイ・ロンダーズ》の本名は余竜《ユイ・ロン》だが、話をするとどもるので人は名の後ろにどもりを意味する嗟子《ダーズ》をつけて余竜嗟子《ユイ・ロンダーズ》と呼んだ。余竜嗟子《ユイ・ロンダーズ》は神刀と神鞭を持ち、二人の弟子を連れて中村にやってきて犯人を捕まえる呪いの儀式をした。

全焼して廃墟となった米屋の前の空き地に四台の八仙卓を置き、一つには香炉を、一つには酒や肉の供物を、一つの上にさらに長椅子を置き、残る一つには神像を供え、長椅子には白い長い紙を貼った。余竜嗟子《ユイ・ロンダーズ》は頭に紙の帽子を戴き、道士の袷《あわせ》を着て、手には木で作った鞭を持ち、呪文を念じた。黄色い紙に護符を書き、神像の前で焼いて言った。

「神兵神将を呼んだから、しばらくすると放火した者の魂を捕まえ白い紙の上に釘付けにするだろう。よく見ているがよい」

村人は、あばたの細《シー》も含めて全員がその場に呼び集められ、呪術が終わるまでは立ち去ってはならないとされた。余竜嗟子《ユイ・ロンダーズ》の呪術は午前から午後まで続き、みんなが疲れ果てた頃、余竜嗟子《ユイ・ロンダーズ》が大声を上げた。

「放火した者はここにいる。天神がすでにそいつの魂を捕まえた。少しのちにそいつは地面に突っ伏すだろう」

そう言うと余竜嗟子《ユイ・ロンダーズ》は片手に神刀、片手に神鞭を持ち、人の群れに近づいていった。目をらんらんと光らせて一人一人をねめつけ、「なぜ放火した?」と言って高らかに笑い声を立て、訳の分からない言葉を言い続けた。

秤職人は槐の木の下に立ち、時間が経つにしたがい明らかに不安になってあちこちを見回し、いつでも逃げ出そうという様子だった。秤職人の挙動はとっくに余竜嗟子《ユイ・ロンダーズ》の注意を引いていた。余竜《ユイ・ロン》嗟子《ダーズ》は大勢の前をぐるりとひと回りしたのち、突然かっと両目を見開くと恐ろしい表情で秤職人の前に立ち、手にした神刀を振り上げ、大声で「お前が……」と言い終わらぬうちに、秤職人は地面に尻もちをついた。

「あいつだ」

人々は大騒ぎになった。罵る者あり、手を伸ばして殴る者あり、足で蹴る者もいた。秤職人は地面にうずくまったまま動こうとしなかった。わあわあ騒いでいると、突然誰かが大声で叫んだ。

「まずいぞ！　死人が出るぞ！」

秤職人の妻は秤職人が捕まったと聞くと、すぐに野菜包丁で首を切った。秤職人が人々と駆け戻った時には、秤職人の妻は全身血だらけで床に倒れて動かなかった。女が何人かガーゼで妻の首を押さえ、長男が野菜包丁を抱えたまま床に呆然と座り込んでいた。

妻は死には至らなかったが、身体は衰弱して働けなくなった。万豪《ワンハオ》はこれ以上死人でも出たら大変だと、犯人を追及するのはやめた。ただ族長の万葆《ワンパオ》の意見を聞き入れて、秤職人からコーリャン六俵を没収して終わりにした。

秤職人の放火については、孫文（中国革命の父、初代中華民国臨時大総統、国民党総理）が総統になったことから話し始めなければならない。

中華民国が成立した知らせは数日後には中村にも伝わった。ひと月余り後には県から役人が来て、孫文が総統になり、総統は辮髪を切り纏足《てんそく》をやめるよう宣言したと布告した。あばたの細《シー》が興奮した表情で帽子を脱いだ以外は中村の他の人たちは冷静だった。辮髪を切る者はなく、まだ皇帝がいる限りはうかつに辮髪は切れないと考えた。纏足はというと、長年包んだ小さな足を解放することにも村人は消極的だった。

「そんなことができるか？　人の前に来るより先に臭ってくるぞ」

だが、「革命」「総統」「共和」といった新しい単語は人々の話題に上るようになった。

万豪《ワンハオ》は賢いので、戦争と聞いてすぐ米価が上がると思った。彼はさらに米価が上がるだけでなく、米不足になるとも思った。そこで大量に米を貯め込み、土地を買って家で稲の苗を植えて、米屋の土台を作り上げたのだった。

秤職人も土地を買おうとした。戦乱の時代は金も家もあてにならず、土地だけが頼りになると信じていた。土地は盗めないし、焼き払うこともできない。田畑がありさえすれば家がばらばらになることもない。

だが田畑は農村の人間にとって命も同然である。どうしようもなくならない限り、売る者はいない。売ったとしてもほんの少ししか売らない。あちこち尋ねて秤職人は北のほうに五ヘクタール売るという者がいることを突き止めるとすぐに訪ねて行った。

その家の主人は秤職人を迎えると座るよう言い、茶を出し水煙草を勧めた。土地の話を切り出すと、主人は前日に万豪《ワンハオ》が来て、もう話がついていると言った。秤職人はそれを聞いて焦りまくった。秤職人は強情で、手に入れたいとなったらどうしても手に入れないと諦めない男だった。

「金を上乗せしよう。まだ手続きをしてないのなら、約束は反故《ほご》にして俺に売ってくれ」

主人は律儀で、秤職人を諌めた。

「万豪《ワンハオ》の兄弟三人の家は人が多く土地が少ない。あんたの家は人が少なく土地が多い。まして、もう約束してしまったのだ。一度口から出した言葉は引き戻すわけにはいかんよ」

秤職人は本来なら公明正大な人であるべきだった。秤を作るには厳格な決まりがあり、役所には毎年春分の日にすべての度量衡の道具を検査せよと皇帝直々の命令が下りる。春分の日は昼と夜の時間が均しく公平を象徴するからだという。秤を作る職人もこの日を仕事始めとすることで、何事も公平にやり、恥ずことは何もないということを世間に示す。昔の人は秤を「権衡《けんこう》」と呼んだ。中村の秤職人も何事にも「権衡」を重んじるべきだったのに、均衡という点においてかけ離れた人間であった。

田畑を買うのに失敗して家に帰ると、秤職人はあれこれ考えた末、これはきっと万豪《ワンハオ》がわざとやったのだと思った。自分が買いたがっていると知って、うちが豊かになるのを恐れて先に手を打って土地を買ったのだ。

時はちょうど師走の末で、宣統帝はすでに退位したという。外を歩き回ることの多い万豪《ワンハオ》は世間の流行の影響を受けやすく言うことも変わって、辮髪は切っていないものの口を開けばやれ革命だの民国だのと言うようになっていた。秤職人は革命には何の興味も関心もなかったが、万豪《ワンハオ》に土地を奪われたので何でも万豪《ワンハオ》とは反対を支持した。あいつが革命に賛成なら、自分は意地でも昔ながらの皇帝の日々を生きる。そのため秤職人は公然と万豪《ワンハオ》と口論したことも何度かあった。しかし世の中は変わり、秤職人のような反革命を主張する人間は不確かな危うさにさらされるようになってきた。ある日、県城から来た者が中村を通りかかり、秤職人が革命に反感を持っていると聞いて秤職人の家にまで警告に来たことがあった。秤職人は大いに驚き、酒や肉でもてなして丁重にお引き取り願ったが、心の底では万豪《ワンハオ》に対する恨みを募らせた。その人間は明らかに万豪《ワンハオ》が呼んだのであり、自分に対する脅しだと思った。村のことなら何とでもなるが、役所に知られたらどうなるのか？

どうにも我慢ならなかった秤職人は、一か月後の強い風が吹くある晩、松明で米屋に火をつけた。

放火の件が露見すると、秤職人は人に合わせる顔がなくなった。いつも家の敷居の内側の小さなスツールに座り、腰をかがめ頭を両膝に埋めたまま、何を考えているのか分からなかった。妻は床に横になったきりで、上の息子は母親の自殺未遂がショックで呆然としていた。五寿《ウーショウ》という名の末っ子はますます知恵遅れが明らかになった。秤職人には息子が五人いたが真ん中の三人は夭折したので、末っ子を五寿《ウーショウ》とつけたのは長寿に恵まれるようにという意味だった。だが、その五寿《ウーショウ》が成長するにつれて痴呆であることが明らかになった。

さまざまな不如意から秤職人は針の筵《むしろ》に座ったように感じ、東台県から有名な道士を呼んで目下の苦境を脱出しようと考えた。

道士は秤職人の家の周りを歩き回り、家の状況を仔細に尋ね、秤職人の顔をつくづくと眺めた。そして首を振ると言った。

「この家はぽつんと周りに人もなく、大海に漂う木の葉のようで非常に不吉だ。そちの面相は……」と言いながら道士は目を閉じ、ぶつぶつと呪文を唱えるとかっと目を見開いて言った。

「天上の不吉な星の神の番頭の生まれ変わりだ。財産に貪欲なので罰せられ、下界に追放された。生まれ変わっても尚、改めないので、あの世に行ってからも苦労することになるだろう……」

道士は長いため息をつくと、目を白黒させている秤職人に言った。

「運相から見るに、そちの家には三代続けて痴呆が生まれるとある。五寿《ウーショウ》はその一代目だ」

秤職人は仰天して慌てて道士に救いを求めた。道士は初めは断ったが、呪術をすることに同意した。

翌朝早く、道士は旗を振り、呪文を唱え、たくさんのロウソクで紙の馬を燃やした。それから古ぼけた碾き臼をどこからか見つけてきて、「泰山石に敢えて当たる」という文字を刻み、家の前に置いた。さらに大きな石を探してきて、「姜《きょう》太公、ここにあり」と刻み、家の裏に置いた。

道士は三日間、呪術を行うと秤職人に「今後は徳を積むことだ。そうすれば過去の罪は消せるだろう」と言い、米三斗、銀貨三元を受け取ると鉄の輪を打ち鳴らしながら帰って行った。

道士が帰ると秤職人は全身の力が抜けて、やがて病気で寝たきりになり、一年経っても良くならないので、末っ子の五寿《ウーショウ》に嫁を迎えることで厄払いしようと考えた。

五寿《ウーショウ》は誰が見ても明らかに知恵遅れだが、生後満一か月で中村の北東の兪《ユイ》荘のある家と婚約を交わしていた。秤職人は兪荘に仲人をやり、息子の嫁を迎え入れることにした。五寿《ウーショウ》の婚約者は花のように美しく、聡明で働き者で、五寿《ウーショウ》が知恵遅れなことはとっくに聞いて知っていた。秤職人の仲人が来るや、死んでも嫁には行かないと大騒ぎになった。父親が仲人に返事をして言った。

「子どもはまだ小さいし、嫁入り支度も整っていない。もう少し後にしよう」

秤職人は末っ子の結婚が果たせそうにないと見るや、怒りのあまり余計に病状が悪化した。五日後に上の息子を枕元に呼んで言い含めた。

「わしが死んだら、喪中のうちに五寿《ウーショウ》に嫁を取れ。相手がうんと言わなければ、わしの遺体を相手の家に運べ。五寿《ウーショウ》が嫁を取らなければ、死んでも死にきれん」

その日の夜、秤職人は死んだ。民国二年の旧暦四月六日、西暦一九一三年五月十一日のことだった。

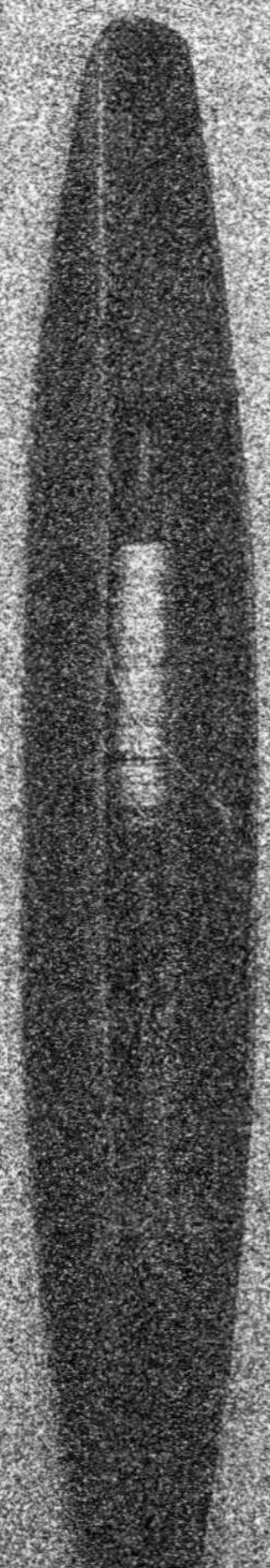

織物職人

彼女は日がな一日布を織り、
手を動かすことですべてを忘れた。
自分の世界に閉じこもり、ひたすら織り続けた。

织布匠

知恵遅れの五頭《ウートウ》は私の少年時代の特別な記憶だ。五頭《ウートウ》は私より三、四歳上で、秤職人の曽孫だった。毎日、手を背中に回し、股割れズボン（中国の幼児が穿く股の開いたズボンで、しゃがむと自然に股が割れるので小便してもズボンが汚れず、おむつが要らない）を穿いて中村《シエン》をぶらついていた。中村の人たちは五頭《ウートウ》も痴呆だと分かった時、すぐに数十年前の道士の恐ろしい予言を思い出した。当時、秤職人の家に三代続けて痴呆が出るという予言は秤職人を怯えさせたが、そのことで悟りを得ることはなかった。家の外に立て掛けた壊れた碾き臼さえあれば恐ろしい運命は阻止できると考えた。

米屋に放火したことがばれて陰湿さが白日の下に晒された秤職人は、日がな一日うなだれて自分の家の入口に座り、しょんぼりと陽に当たっていた。周囲の人たちにも恨みを募らせていた。村人みんなが彼を軽蔑し、遠ざけ、責め、唾棄したからだ。秤職人は透明人間になった。おとなしい、朴訥な男のふりをすることはできなくなって、恐ろしいまでの孤独に陥った。人はみんな秤職人を中村の悪人と言った。秤職人はそれに耐えきれず、すぐに病に倒れて寝こんでしまった。

人がこの世を去る時、中村の習俗ではその人が過去にどんな悪行を働こうと許されることになっていた。米屋の主人の万豪《ワンハオ》はある日の夕暮れに秤職人の家に行き、その枕元に座って言った。

「過ぎたことは過ぎたことだ。気にかけないでくれ」

秤職人はため息をついた。

「俺はもうじき死ぬ」

秤職人の上の息子の亥頭《ハイトウ》は父親の枕元にひざまずき父親の遺言を聞いた。実は母親の自殺未遂を目撃してから、おとなしく誠実な亥頭《ハイトウ》は神経症に罹《かか》っていた。妻に生まれたばかりの子どもを抱いてこさせると祖父に最期の別れをさせた。秤職人は孫を見ると満足そうな笑みを漏らした。間もなく死ぬ秤職人は、自分の希望を託すこの孫がまたも痴呆であるとは知る由もなかった。

一九一三年五月十一日の夜、秤職人は亥頭《ハイトウ》の手をつかんで繰り返し言い含めた。

「わしが死んだら、喪中の間に五寿《ウーショウ》に嫁を取らせるんだ。もし兪《ユイ》家が承知しなかったら、わしの遺体を兪《ユイ》家まで担いで行け。五寿《ウーショウ》が嫁を取らなければ、わしは死んでも死にきれん」

そう言うと秤職人は長い長いため息をついて憔悴のうちに息を引き取り、自分の死によって知恵遅れの五寿《ウーショウ》の舅の家に最後の一撃を与えた。五寿《ウーショウ》の舅はこの一撃により自分の娘を捧げて死んでいくことになった。

五寿《ウーショウ》は五月十二日の朝早く、準備してあった喪服に身を包み、二人の仲人に付き添われて、兪《ユイ》荘の舅の家に出かけた。最初で最後のことである。小妹《シャオメイ》が初めて自分の婚約者を見た日でもあった。舅の家に着く前、五寿《ウーショウ》は仲人にしたたかに横面を張られた。五寿《ウーショウ》の母親に頼まれたのである。目的は舅の家に入る時に泣いているのを見せるためだった。五寿《ウーショウ》は泣きながら舅に叩頭し、ひと言も発しないで踵を返して去った。この芝居は確かに功を奏した。

隠れて見ていた小妹《シャオメイ》は初めて自分の婚約者を見た。生後一か月になったばかりで父親に五寿《ウーショウ》との婚約を決められ、大きくなってそのことを知り、同時に五寿《ウーショウ》が痴呆だと知った。成長するに従い自分の将来が不安になり、何度泣いたかしれなかった。だが悲痛に黙りこくった五寿《ウーショウ》を見て、自分が想像していたような痴呆ではないので、現実に対して新たな希望を見出した。それでもまだ泣きながら父親に婚約を辞退してくれるように最後の努力で頼んでみた。父親も滂沱《ぼうだ》と涙を流しつつ、娘の頼みにこう言うしかなかった。

「死ぬよりほかに方法はない」

秤職人が開いた五寿《ウーショウ》の生後一か月の祝いの席で、「顎なし」はべろんべろんに酔っぱらった。「顎なし」はプロの仲人だ。顎が短いのに口が達者なので、人は彼を顎なしと呼び、本名は何というのか知られていない。顎なしは酒臭い息をして五寿《ウーショウ》が寝ている火桶をそっと揺すった。火桶は火をおこせば暖も取れ、揺らすことのできる桶のことだ。顎なしは顔を上げて近くに立っていた秤職人に言った。

「この子は福相をしているから、早めに縁談を結ぶといい」

秤職人が聞いた。

「ちょうどいい相手がいるかね？」

「いるとも。兪荘の樹慶《シューチン》に娘が生まれた」

秤職人は目を輝かせた。

「いいね。この話をまとめられたら、銀貨五元払うよ」

樹慶《シューチン》は兪荘の庄屋で家作が四十ヘクタールもあり、人柄も真っ直ぐで有言実行の人なので、周囲の村々に絶大な声望があった。兪荘で近隣の村との間に揉め事が起きたら樹慶《シューチン》のひと言で立ちどころに解決する。その家と縁を結べるのは非常に光栄なことだったので、秤職人は翌日早速、顎なしに兪荘へ話をしに行ってもらった。

顎なしがありがたそうな話を並べ立てたため、樹慶《シューチン》もとうとう中村に行ってみることを承知した。子どものうちに婚約する中村の習俗は私の少年時代まで存在した。私が小学校に上がった年、ある母親が娘を連れてうちに見合いに来たことがある。私は台所に隠れて出て行かなかった。私との見合いに来た二歳年上の少女は平気で台所に自分の未来の夫を見に来た。その時の私は両手に肉の骨を持ち、口の周りは油でぎとぎとだった。少女は私を見ると手で口を押さえて笑い、くるりと身を翻して去って行ってしまったので、私には相手がどんな顔をしていたかもはっきりとは見えなかった。ただ頭のてっぺんにおさげを二つ結んでいたのを覚えている。その後も話がまとまらなかった見合いが私が故郷を離れるまでに何度か行われ、私が都会を放浪するようになってようやく終わった。実際、見合いというのは男の側の父親が人望が高いか、家の状況が恵まれているかが重要で、私の場合は前者で、五寿《ウーショウ》の場合は後者だった。

樹慶《シューチン》は秤職人に四ヘクタール以上の良田と牛一頭と一揃いの農具と五間の瓦屋根の家があることが分かった。しかも息子は二人しかいない。ということは五寿《ウーショウ》の妻は将来、豊かな日々が送れるということだった。火桶の中に横たわって泣いている五寿《ウーショウ》についてはちらりと見ただけで、樹慶《シューチン》は中し込みを承知した。

婚約式は十数日後の二月十六日の佳き日に決まった。顎なしはもう一人の仲人を連れて、兪荘の樹慶《シューチン》の家にやってきた。樹慶《シューチン》はとっくに私塾の姚《ヤオ》老先生と何人かの兪荘の名のある人物と福公と福婆に来てもらっていた。福公と福婆とは全村から選ぶ一対の男女で、子や孫がたくさんいる子宝に恵まれた夫婦をいう。仲人は茶を飲むと、懐から赤い紙で包んだ銀貨六元を取り出した。居合わせた者は「おう」と声を上げて何度もうなずいた。圧帖銭《ヤーティエチエン》である。普通の家の圧帖銭はせいぜい銅貨数十銭であった。樹慶《シューチン》は拱手《きょうしゅ》（両手の指を胸の前で合わせてお辞儀する礼）して銀貨を受け取り、姚《ヤオ》先生がすぐに筆と硯を出し黄色い紙を広げて、仲人が墨をすり、姚《ヤオ》先生が筆で黄色い紙の中央に満一か月の小妹《シャオメイ》の生年月日と生まれた時間、いわゆる「生辰八字《せいしん》」を書き、さらに右下に「長生きして祖先を盛り立てる」、左下に「子宝に勝る福はなし」と書いて折り畳むと、赤い紙に包んで表面に丁寧に「全福」と書いた。そして赤と緑の糸で赤い包みを何重にも縛り、「千里の姻縁を一線で牽く」という意味を表した。福婆がこの生辰八字を取り上げて火桶の中の小妹《シャオメイ》の手に握らせると、小妹《シャオメイ》は何を面白いと思ったのか、きゃっきゃっと笑い、自分の運命がこうして決まったことに何も気づかないのだった。小妹《シャオメイ》が包みを握ったのは一瞬のことで、福公はすぐに小妹《シャオメイ》の手から引き抜いて居間の中央に祭った菩薩像の前に置いた。小妹《シャオメイ》の母親が小妹《シャオメイ》を抱き上げ、菩薩像の前にひざまずいて三度叩頭した。樹慶《シューチン》は草《ツァオ》紙帖《ジーティエ》と呼ばれる包みを両手で捧げて顎なしに手渡すと同時に、娘の一生も差し出したのだった。

中村の秤職人の家の前は早くから待ち受ける人でごった返し、遠くに顎なしを見つけると爆竹を鳴らした。秤職人は草紙帖を受け取ると丁重に家に祭った菩薩像の前に置いた。五寿《ウーショウ》も母親に抱かれて菩薩像と草紙帖を三度拝んだ。

酒席はとっくに用意してあり、顎なしともう一人の仲人は八仙卓の横に南向きに座った。中村では見合いをまとめた仲人は大いに顔が立つ。すべてが順調な縁組の場合、結婚式までに仲人は合計十八回も招待されて南向きに座る。仲人を招待するのにもこだわりがあり、料理のメニューは細かく述べないが、祝いの席には必ず豚料理六皿が並べられる。豚の頭、心臓、胃、肺、腎臓、腸である。

しかし、このようなめでたい場面は五寿《ウーショウ》の場合は、ただの一度きりしかなかった。婚約から結婚に至るまでのその後のすべての手続きは一応形だけは行われたが、その色彩は悲しいものに変わっていった。

五寿《ウーショウ》は五歳でやっと「母ちゃん」と呼び、八歳で小学校に入ったものの、入学半年経っても字を一つも覚えられなかった。しょっちゅう誰かに打たれて、わあわあ泣いていたが、誰がやったのか聞いても答えられなかった。仕方なく学校はやめるよりほかなかった。五寿《ウーショウ》の顔つきもますます痴呆じみてきて、人を見て笑うことしかできなかった。秤職人は兪家《ユイ》に五寿《ウーショウ》が痴呆であると知られることを恐れて、兪荘の人が来ると五寿《ウーショウ》を隠して顔を出させないようにした。けれども紙では火を包めないように樹慶《シューチン》は風の噂を聞きつけ、ついに五寿《ウーショウ》を見る機会を得たが、確かに痴呆そのものであった。

一方の小妹《シャオメイ》は成長するにつれてますます美しくなり、頭も良かった。自分が幼い頃に婚約したことは知っていたが、誰も彼女にどういう相手かを知らせず、彼女自身も相手とは会ったことがなかった。樹慶《シューチン》は非常に面子を重んじる人間で約束は必ず守る人として知られていた。自分が娘の一生の大事を誤ったことは分かっていたが、どうしても婚約を反故にすることはできなかった。秤職人も正月や祭日のたびに金品を送って寄こし、この縁談は固いものになっていった。

一九一二年、小妹《シャオメイ》は十六歳の花の如く美しい娘になっていた。秤職人が放火したことはすでに露見して本人の身体の具合も良くなかったので、息子のために早く結婚をさせてしまおうと考え、顎なしを仲人として兪荘に行かせて、草紙帖を紅紙帖《ホンジーティエ》に交換させようとした。庄屋の家は普通、草紙帖を交わしたら結婚したも同然で、紅紙帖に交換する必要もない。秤職人の腹積もりなど樹慶《シューチン》には手に取るように分かった。だが婚約不履行はとても口にできないし、もし約束を破ったら秤職人はきっと裁判に訴えるとも分かっていた。そして結局は自分が裁判に負けて娘も嫁がなくてはならなくなるので、ぐっと呑み込むしかなかった。

樹慶《シューチン》は考えてあれこれ時間稼ぎ策を提案した。これなら秤職人も引き下がらずを得なくなり、せいぜい賠償金をいくらか払うことで事は解決するに違いない。ところが秤職人はどうしても引き下がらなかった。樹慶《シューチン》は考えれば考えるほど腹立たしく、そこでさらに厳しい要求を突きつけることにした。帖を交換するのはいいが、銀貨六十六元、六十六斤の魚と肉、六枚の絹の衣裳、六個の金銀の首飾りを求め、この六つの六が一つでも欠けてはならない、と。秤職人の財力ではそれらをすぐには用意できないはず。

ところが秤職人はあっさり承知した。五寿《ウーショウ》が嫁を取ることは子々孫々に関わることと考えていたから、どんな代償も惜しまなかった。歯を食いしばって命より大切な土地を売り、礼金と品物を揃えて佳き日取りを選んで、帖の交換の儀式を行うことにした。

仲人の顎なしは秤職人の家に来ると、茶を飲み、中村の私塾の先生を呼び、大きな赤い紙に五《ウー》寿《ショウ》の生辰八字を書かせて金銭を包んで、小妹《シャオメイ》の草紙帖と並べて菩薩像の前に置いた。五寿《ウーショウ》は母親に付き添われ、菩薩に三度叩頭した。仲人は二人の帖子《ティエズ》を取り上げると、四人の担ぎ手を雇い、各人に銅貨三十枚を払って結納の品を兪《ユイ》家に送り届けた。

樹慶《シューチン》は青ざめたまま、ひと言も発しなかった。これはもうこの地方最大の規模の嫁入りである。樹慶《シューチン》はどうしようもなく、手を振って帖子を菩薩像の前に供えさせた。小妹《シャオメイ》は母親に連れて来られ菩薩の前で叩頭させられることになったが、泣きわめいて頑として承知しなかった。どうなだめすかしても儀式を終えることはできなかった。顎なしはさして気にすることなく、兪荘の姚《ヤオ》先生にもう一度赤い紙に小妹《シャオメイ》の生辰八字を書いてもらい、中村に持ち帰った。

秤職人はまた爆竹を鳴らして、親戚友人を呼んで一日飲み食いして祝った。これよりのち、仲人は数日おきに兪《ユイ》家を訪れて結婚を催促した。樹慶《シューチン》はいつも隠れて出て来なかった。小妹《シャオメイ》は顎なしを見ると大泣きした。秤職人は相手が引き延ばすばかりなのを見て憤激のあまり病気が重くなり、ついに一九一三年の五月にあの世に去った。

亥頭《ハイトウ》は父親の遺言通り、五寿《ウーショウ》を樹慶《シューチン》に叩頭に遣わし、続いて人手を雇って秤職人の棺を兪荘に担いで行かせるつもりだった。樹慶《シューチン》はそれを聞いて、どうしようもなくなり、家で大騒ぎして娘に即刻嫁に行くように命じた。

今回、樹慶《シューチン》は銀貨三十元と三十斤の魚だけを求め、その他は一切要求しなかった。亥頭《ハイトウ》はすぐに届けて寄こした。翌日、六人の男が嫁入り道具を担いで来た。新婦の嫁入り支度はとっくに用意してあったのだ。布団二組、蚊帳一枚、三円と三方だ。三円とは水桶、足洗い桶、馬桶《マートン》の三つの桶のことで、三方とはタンス、鏡台、小さな四角いテーブルのことを言う。その他に服、首飾りなど、ないものはなかった。

午後、輿《こし》を担ぐ者、灯籠を掲げる者、チャルメラを吹く者などがにぎやかに連なって、中村から兪荘に出かけて行った。本来なら、たくさんの祝福や冗談の声が掛けられるのだが、今回は状況が特殊なので余計な話をする者はいなかった。樹慶《シューチン》は迎えの者に食事を食べさせ、娘を輿に乗せて連れて行かせようとした。小妹《シャオメイ》とその母親と兄嫁は大声を上げて泣いた。チャルメラ吹きがその泣き声をかき消した。娘の嫁入りには涙がつきものではあるが、こんなに痛ましく凄惨なのは初めてだった。見送りに来た土地の人たちも思わず黙りこくったまま涙した。

輿が中村に近づくにつれてチャルメラの音がめでたい調子に変わると、小妹《シャオメイ》はだんだんと泣き止んだ。いっそ死んでしまおうとも考えたが、母親のことを思って思いとどまった。自分が死ねば自分を愛する母親は生きていられないだろう。これが自分の運命なのかもしれない。

「新婦が来たぞ、新婦の輿入れだ！」

子どもたちの歓声の中、隊列は夫の家の前に到着した。輿はそのまま建物の中に担ぎ込まれた。申村が選んだ福婆が輿の簾を巻き上げた。礼帽をかぶり、紺色の長い中国服を着た男が小妹《シャオメイ》に向き合ってへらへら笑っていた。福婆に手を引かれ、小妹《シャオメイ》はバカ笑いしている五寿《ウーショウ》と並んで菩薩像の前でひざまずいて叩頭した。まず天地に拝礼し、次に姑に拝礼し、最後に夫婦で向き合って拝礼した。

小妹《シャオメイ》と五寿《ウーショウ》は慌ただしく夫婦の新婚の部屋に送り込まれた。福婆が五寿《ウーショウ》に赤紙に包まれた小さな棒を渡し、新婦の顔を覆っているベールを上げさせようとした。五寿《ウーショウ》は驚いて後ずさりして手を出す勇気がなく、福婆に横っ面を張られた。五寿《ウーショウ》が戦々恐々とベールを上げると、新婦が冷たい目でじっと五寿《ウーショウ》をねめつけていたので、五寿《ウーショウ》はびっくりして顔を背けると部屋から逃げ出してしまった。

福婆が叫んだ。

「新婦を見るのよ！」

部屋の外から人々が入ってきて、小さな部屋は立錐の余地もなくなった。小妹《シャオメイ》の美しさに人々は驚嘆し、口を揃えて褒め称えた。だが痴呆に嫁入りしたことを思うと大騒ぎする気にもなれず、部屋を見ただけですぐに出て行き、部屋の外でため息をつくと帰って行った。

五寿《ウーショウ》の母親は外で五寿《ウーショウ》を見つけると、部屋に押し込んでバタンと扉を閉めた。五寿《ウーショウ》は隅に縮こまったまま、そっと小妹《シャオメイ》を盗み見て動こうとしなかった。小妹《シャオメイ》は二つの箱をくっつけると布団を一組、五寿《ウーショウ》に投げつけ、鏡台の引き出しからハサミを取り出して言った。

「あんたはその上に寝るのよ。私に触ったら、このハサミで……」

小妹《シャオメイ》はハサミを振り上げた。五寿《ウーショウ》は何度もうなずき、口を開けて泣こうとした。

「泣かないの！」

五寿《ウーショウ》は慌てて自分の手で口を押さえると、あたふたと箱の上に横たわり、掛け布団を頭からかぶった。

小妹《シャオメイ》も床に横になったが、夜が明けるまでじっと目を見開いていた。

早朝から、さまざまな儀式が待っていた。まずは「坐富貴《ツオフーグイ》」だ。新郎新婦が床の端に並んで座り、福婆が二人に向かって縁起の良い歌を歌う。共に白髪となるまでとか、早く子宝に恵まれますようにといった歌だ。歌い終わると二人は接吻をして、それから新郎が手で新婦の胸を撫でる。この手順を母親は五寿《ウーショウ》にとっくに言い含めてあったが、五寿《ウーショウ》が手を出せるはずがない。木偶《でく》の坊のように座ったきり、まったく動こうとしなかった。そういうわけで第一の儀式はそれで終わったことにされた。

二番目は「上鍋《シャングオ》」だ。新郎新婦が持参した桶の中にナツメ、落花生、ギンナンがいっぱいと各種の食器が詰められている。新郎新婦がよだれかけを掛けて、福婆が一つ一つ取り出し、二人のよだれかけの中に入れる。一つ取り上げるたびに、めでたい言葉を言う。この儀式は二人がこれから二人だけの新生活を始めるという意味がある。小妹《シャオメイ》は相変わらずひと言も発せず、言われるがままになっていた。五寿《ウーショウ》はあっちを見、こっちを見て母親を探し、母親が目をむいて睨んでいるのを見つけると、慌ててうつ向いたきり動かなくなった。

三つ目が菩薩像を拝む儀式で、これは何十軒もの家に出向いて菩薩像に叩頭し、線香を上げるという難儀な儀式だった。

新婚夫婦が菩薩を拝みに来るというので各家は早くから家の周囲をきれいに掃除して待つ。新婦は福婆に手を引かれ、各家の年長者が何と言い、どう挨拶するかを教わる。新郎の五寿《ウーショウ》は礼帽をかぶり、後ろに長い偽の辮髪を垂らし、青い馬褂《マークワ》（清朝の男性の礼服）に黒い長ズボンを穿き、足には千層底の布靴を履いて、身なりはたいそう立派であったが、ぽかんとした顔つきで福公に手を引かれ、命令されるままに叩頭した。いろいろとやらされるせいか、みんなの知る普段のバカ笑い顔もだいぶ厳粛になって見えた。

事情がよく分からない子どもたちだけが大騒ぎで囃し立てた。

「知恵遅れが嫁さんをもらったぞ」と叫ぶ子もいた。

「花嫁さん、新郎は知恵遅れだぞ」

福公福婆も追い払うのを諦め、勝手にさせていた。小妹《シャオメイ》の胸は引き裂かれそうだった。

菩薩像を拝み終わるともう昼で、家に帰るや小妹《シャオメイ》は床に横になり二度と人と会おうとしなかった。

夕食にまた一つ儀式があった。「喫合歓飯《チエホーファンファン》」だ。四皿の料理が新婚夫婦の部屋の低いテーブルに並べられ、新郎が新婦に料理を取ってやる。その後に新婦が新郎に取ってやり、夫婦の仲睦まじさを示す。小妹《シャオメイ》は五寿《ウーショウ》にかまわず、さっさと食べ始めた。五寿《ウーショウ》は小妹《シャオメイ》が食べ終わって寝ると、自分も急いで食べて箱の上に横になって寝た。

翌日は秤職人の出棺の日だった。小妹《シャオメイ》は赤い花嫁衣裳を脱いで白い喪服に着替え、人々に支えられて秤職人の霊前に叩頭した。それから、みんなについて棺を野辺送りして埋葬した。家に帰ると小妹《シャオメイ》はまた戸を閉めてさっさと寝た。翌朝早く小さな包みを抱えて五寿《ウーショウ》に言った。

「お母さんに言っておいて。私は実家に帰ると」

小妹《シャオメイ》は兪荘に帰ると母親と抱き合って泣き、そのまま二度と中村に戻ろうとせず、ずっと実家にいた。

樹慶《シューチン》は心痛の余り病気になり、床に就いてしまった。一九一四年の暮れ、樹慶《シューチン》は息子と息子の嫁を枕元に呼び、後のことを頼んだ。

「家と田畑は三兄弟で平等に分けろ。小妹《シャオメイ》と母親は順番に三つの家で食べ、妹を中村の嫁ぎ先に無理やり帰してはならん」

そう言うと、目を閉じ息を引き取った。父の死後、小妹《シャオメイ》は他人の家に厄介になる難しさを思い知り、ひと月余り後、荷物を持って中村に戻って行った。

小妹《シャオメイ》は本家から離れた所に二間の茅葺き小屋を建てた。ぽつんと人里から離れた場所だった。自分でひと間使い、五寿《ウーショウ》をもうひと間に住まわせた。痴呆に嫁ぐことは運命だったのかもしれないが、小妹《シャオメイ》は運命と諦めずに黙って運命に抗《あらが》った。五寿《ウーショウ》の世話をし、飯を食わせ、服も着せたが、決して相手にしなかった。相手にしても仕方なかった。五寿《ウーショウ》はただ笑うだけで、どんな言葉を教えてもオウムのように繰り返すだけだったのだ。仕事をさせれば、竹籠を下げて豚の餌の草を摘むふりだけで一日中外をうろついていた。

小妹《シャオメイ》は五寿《ウーショウ》にかまわず、実家にいた時に織物の技術を身につけていたので、人に頼んで機織り機を作ってもらい、自分の部屋の真ん中に置いた。そして日がな一日、家に閉じこもって布を織り、手を動かすことですべてを忘れた。完全に自分の世界に閉じこもり、ひたすら織り続けた。織れば織るほど増えた布が家にうずたかく積まれた。まるで聾唖者か、木彫りの人形か、幽霊のようだった。村の一切の活動や冠婚葬祭、お祭りにも参加しようとしなかった。笑うこともなく、日に日に憔悴していった。中村の人々も責めることなく、美しい娘がこのまま一生を痴呆と送るのかとため息をつくのだった。

五寿《ウーショウ》の母親で小妹《シャオメイ》の姑、つまり秤職人が放火したと知り自殺未遂をした婦人だけは小妹《シャオメイ》を恨めしく思っていた。上の息子の亥頭《ハイトウ》と暮らしていたが、下の息子の五寿《ウーショウ》を猫可愛がりしていた。時々、小妹《シャオメイ》が息子を虐待してはいないか監督に来た。小妹《シャオメイ》は虐待はしないが、存在しないものとみなしていた。それがいっそう姑を不安にさせた。秤職人が金に糸目をつけずに五寿《ウーショウ》に嫁を取らせたのは、跡継ぎを作るためだ。中村では死も貧乏も怖くないが、跡継ぎがないことだけが恐れるべきことだった。今、亥頭《ハイトウ》の息子が大きくなるにつれて痴呆の傾向が明らかになってきた。姑はどうすることもできず、心が張り裂けそうだった。さらに心配なことに亥頭《ハイトウ》は肺病を患い、一日中咳ばかりして痩せこけていた。そのうち倒れたまま起き上がれなくなりそうだった。

小妹《シャオメイ》が姑の唯一の希望になり、初めはなだめすかし次に哀願したが、小妹《シャオメイ》は頑として聞き入れなかった。姑は意を決して、村で最も威厳のある福婆に諭しに来てもらったが、小妹《シャオメイ》は福婆を座らせるどころか、しばらく戸の外に立たせて待たせ続け、福婆が訪問の意図を告げ終えないうちに、ぴしゃりと戸を閉めて機織り機に戻って行った。姑はついに連日嫁を脅迫し、侮辱し始めたが、小妹《シャオメイ》はそれでも相手にせず、その姿はさらにうち萎れていった。小妹《シャオメイ》の家のそばを通りかかる者は、このままでは美しい一輪の花が姑のせいでむざむざ生きながら枯れ死んでしまうとため息をつき、かぶりを振るのだった。

姑は泣いても騒いでも誰からも同情をされなかったが、小妹《シャオメイ》とて何ら得ることはなかった。姑は秤職人の墓前で死者の霊に泣いて訴えるしかなく、その訴えは死者への責め苦の言葉に満ちていた。

「あんた、何もかもあんたが悪いんだよ。うちはこれで跡が途絶えてしまう。あんたはいいよ、さっさと独りで先に行っちまい、この世の報いを私一人に押しつけて。私にだってもうどうもできないからね！」

それでも姑は諦めきれず、五寿《ウーショウ》を呼びつけて言い含めた。五寿《ウーショウ》は母親の言うことは何でも聞く。

姑は暗くなると五寿《ウーショウ》を連れて小妹《シャオメイ》の小屋の前に行き、戸を叩くといきなり五寿《ウーショウ》を中に押し入れた。五寿《ウーショウ》は中に入ると小妹《シャオメイ》に突進していった。小妹《シャオメイ》は必死で逃げる。知恵遅れで頭は働かないが、五《ウー》寿《ショウ》は身体は屈強で腕力はむしろ常人より強かった。小妹《シャオメイ》は床に押し倒された。もがき抗ううちに手が低いテーブルの上の夕飯を食べたばかりの茶碗を探り当てると、小妹《シャオメイ》は思い切り茶碗を五寿《ウーショウ》の頭でかち割った。痛みに五寿《ウーショウ》が大声を上げて跳びのくと、血が額をつたって流れてきた。真っ赤な血に驚いた五寿《ウーショウ》は大声で母親を呼ぶと飛び出して行った。

姑の傷を負った野獣のような泣き声が暗闇の村に響き渡ったが、どうしたのかと聞きに来る者はなかった。近隣の者はまた姑が嫁をどうにかしようとしたのだろうと知っていた。姑は独り泣きながら五寿《ウーショウ》の傷ついた頭を包帯で巻いた。亥頭《ハイトウ》は床に横たわったまま、すでに起き上がることができず、自分を看病する妻に聞いた。

「母さんはまた何をしたんだ?」

「放っておけばいいわ。余計なことばかりして」と妻は言い、亥頭《ハイトウ》は長いため息をつくと、何も言わなくなった。

翌日、夜が明けると、姑は五寿《ウーショウ》の手を引いて村の一軒一軒を訪ね歩き、嫁が五寿《ウーショウ》を殺そうとして頭をかち割ったと言って回った。五寿《ウーショウ》は歯をむき出し、笑っているんだか笑っていないんだか分からない顔を歪め、母親に引っ張られるままになっていた。人々は姑を慰めて家から送り出したが、みな平然としていた。姑は内心の憤りが収まらず、とうとう五寿《ウーショウ》を連れて族長の万掌《ワンジャン》を訪ねた。万《ワン》掌《ジャン》は戸口に立って、赤銅の水煙草壺を手に、使用人にその日の仕事を言いつけていた。姑は隣に立ち、使用人がいなくなるのを待って口を開いた。

「万掌《ワンジャン》さん、見ておくれ。五寿《ウーショウ》が自分の女房に殴られてこんな目に遭ったんだ。あんまりじゃないか。何とか言ってやっておくれよ」

万掌《ワンジャン》は姑を見て、布を巻かれた五寿《ウーショウ》を見ると、包みから煙草をひとつかみ取り出して水煙草の煙管に置き、二本の指ではさんだ長い麻の茎を調節して口に当てて吹くと麻の茎にすぐに火がついた。麻の茎を持った手を伸ばして煙管の煙草の端に火をつけ、曲がった銅の吸い口から深くひと口吸い込むと、水煙草壺からごぼごぼと水の音がしてきた。吸い終えると鼻から長く煙をくゆらせ、うっとりとした表情で左手で水煙草壺を持ち、右手で銅口を少し持ち上げ、ぷっという音とともに銅の吸い口に息を吹き込むと煙管の口から灰が跳び出て、ぽたりと地面に落ちた。

「亥頭《ハイトウ》のお袋さん、毎日騒いでいても仕方ない。万豪《ワンハオ》、万栄《ワンロン》たちを呼んで今日の昼にあんたの家で話をしよう」

族長の万掌《ワンジャン》の家は田畑は何十ヘクタールもあり、使用人も数十人いる中村一の金持ちだった。万《ワン》掌《ジャン》は三十少し過ぎ、一メートル九十近い体軀に堂々とした風貌をしている。かといってそれをかさに着て人をいたぶることはなく、穏やかで親しみやすく、することなすことが公平で、中村の人々から深く尊敬され、村の揉め事はたいてい万掌《ワンジャン》のひと言ですぐに解決した。

姑は帰り道で魚と肉を買い、隣人に手伝ってもらってご馳走を作った。族長と村の代表人物たちが五寿《ウーショウ》の家に話しに来ると聞いて、小妹《シャオメイ》は明らかに慌てた。畑仕事には行かず、戸を閉めて横になって寝てしまった。五寿を殴ったことがこんな大事になるとは思わなかった。

昼飯前に、万掌《ワンジャン》、万栄《ワンロン》、万豪《ワンハオ》たちが次々とやってきた。万豪《ワンハオ》の家は秤職人に火をつけられたが、それに対する寛大な処理が申村の人々の尊敬を勝ち得た。そのため、村人が族長を裁定に呼ぶ時は万豪《ワンハオ》も必ず同席するようになっていた。

五寿《ウーショウ》が殴られたことについて、みんなその内情は知っていた。些細なことのようだが実は非常に複雑なことなので、万掌《ワンジャン》と万豪《ワンハオ》たちは長いこと相談をしてから姑と小妹《シャオメイ》を呼び、亥頭《ハイトウ》も妻に支えられて呼ばれてきた。五寿《ウーショウ》は訳が分からないので、おとなしく台所にいるように言われた。

族長の万掌《ワンジャン》が切り出した。

「亥頭《ハイトウ》のお袋さん、状況はよく分かった。俺たちが相談して決めたのは以下の通りだ。一、小妹《シャオメイ》は五寿《ウーショウ》に嫁いだ以上、五寿《ウーショウ》に優しく接すること。姑がいようといまいと五寿《ウーショウ》の面倒をちゃんと見て、食べ物や着る物が不足しないようにすること。五寿《ウーショウ》を打ったり罵らないこと。二、小妹《シャオメイ》は申家《シェン》の嫁で五寿《ウーショウ》があてにならない以上、義兄の亥頭《ハイトウ》とともに姑の老後を最後まで見て、老人に何の不足もないように過ごさせること。三、小妹《シャオメイ》のような良い娘が五寿《ウーショウ》のようなあてにならない人間の嫁になってきてくれたのは五寿《ウーショウ》の幸せなのだから、過度な要求を小妹《シャオメイ》にしないこと。四、五寿《ウーショウ》は母親と暮らし、金と穀物は小妹《シャオメイ》が負担して二度と揉め事を起こさないこと」

小妹《シャオメイ》はそれを聞いて喜び、亥頭《ハイトウ》夫婦にも異存はなかった。姑は張り切ってご馳走の支度をしたのは族長が自分の肩を持ち、小妹《シャオメイ》に嫁としての本分を迫ってくれると思ったからなのに、まるで思いもよらない結果だったのですぐに大泣きし始めた。

万栄《ワンロン》がテーブルを叩いた。

「泣きわめくんじゃない。それ以上泣くと縄で縛りあげるぞ」

姑は驚いて、すぐさま泣きやんだ。

万掌《ワンジャン》が言った。

「理屈に合わないなら決め直す。何か言うことは？」

姑には理屈などないから、何も言えず黙りこくったままだった。

亥頭《ハイトウ》の妻は小妹《シャオメイ》に手伝わせて嬉しそうに宴席の支度をし、みんなを席に着かせた。中村の数年来の難題が解決したので、みんな気持ちが大きくなり思わず酒量が増えた。万掌《ワンジャン》はあまり酒が強くないため、すぐに酔っぱらってしまった。万栄《ワンロン》と万豪《ワンハオ》が万掌《ワンジャン》を担いで小妹《シャオメイ》の床に休ませた。みんなは食べ終えると、小妹《シャオメイ》に万掌《ワンジャン》の酔いが醒めたら帰すよう言いつけて去って行った。

夕暮れになり万掌《ワンジャン》は目を覚ますと知らない床に横になっているのに気づき、慌てて起き上がった。横に座っていた小妹《シャオメイ》が茶碗を持ってきて言った。

「掌《ジャン》さん、目が覚めた？　お茶を淹れたわ」

「いやあ、申し訳ない。つい飲みすぎた」

小妹《シャオメイ》は淹れた茶を卓上に置いて冷ました。万掌《ワンジャン》が「さぞ困っただろう」と言った。そのひと言に小妹《シャオメイ》は涙をはらはらと流した。

「生きているより死んだほうがずっとましよ。どうしてこんな運命に生まれたの?」

ため込んだ思いを泣きながら訴える小妹《シャオメイ》を万掌《ワンジャン》は慰めるよりほかなかった。茶が冷めて小妹《シャオメイ》が運んで万掌《ワンジャン》に手渡そうとした時、つまずいて前のめりになり、万掌《ワンジャン》が思わず手を伸ばして小妹《シャオメイ》を抱きかかえると、小妹《シャオメイ》もしっかと万掌《ワンジャン》にしがみついた。

小妹《シャオメイ》が万掌《ワンジャン》の女になったというニュースはすぐに村中に広まった。人々は小妹《シャオメイ》を責めないどころか、万掌《ワンジャン》の影響で小妹《シャオメイ》までが尊敬されるようになった。万掌《ワンジャン》の女になった以上、姑も小妹《シャオメイ》に文句を言えなくなった。何か揉め事が起きると、まず小妹《シャオメイ》に助けを求めに来る者まで現れだした。小妹《シャオメイ》に味方になってもらえば話がしやすい。小妹《シャオメイ》はといえば、万掌《ワンジャン》とそういうことになってから人が変わったように生き生きとして、顔には微笑みを浮かべ、歩く姿さえ違ってきた。父親が族長だったから、見よう見まねで人の揉め事の調停も情理に通じていて、人々を感心させた。特にその人となりが公正で度胸もあり、えこひいきをしないので、余計に村人たちに心服され称賛された。中村の人々は小妹《シャオメイ》を「五寿《ウーショウ》ばあさん」という尊称で呼び出した。まだ二十歳少し過ぎだったけれども。

小妹《シャオメイ》は明るく快活になり、毎日布は織っていたがよく人を家に呼び入れて、布を見せたりしていた。欲しがる人がいれば売り、値段も高くなく相手が払えるだけでよかった。揉め事が起こって呼ばれると機織りを放り出して出かけていった。だが、揉め事の調停は人の恨みを買う。

ある時、天から禍が降ってきたように五寿《ウーショウ》が行方不明になった。

噂は申村中に広まった。ある者は小妹《シャオメイ》が夫を殺したと言い、ある者は知恵遅れを追い出したと言い、小妹《シャオメイ》を裁きに引きずり出せと言う者もいた。小妹《シャオメイ》はあちこちに頼んで五寿《ウーショウ》を捜したが、何日経っても何の手掛かりもなかった。

五寿《ウーショウ》は何者かによって隠され、隠した者は小妹《シャオメイ》に思い知らせようとしたのだった。五寿《ウーショウ》を隠した者の家運はその時まさに天に昇る勢いにあった。だがその家を大きな災難が待ち受けていた。禍はその男が死んだ年に起こる。

五寿《ウーショウ》の失踪は万掌《ワンジャン》を大変な噂話に巻き込んだ。万掌《ワンジャン》は万豪《ワンハオ》と相談して、いっそのこと余竜嵯子《ユイ・ロンダーズ》にお祓いをしてもらおうということになった。

余竜嵯子《ユイ・ロンダーズ》は米屋に放火したのが秤職人だと見抜いたので、申村の人々に霊験あらたかと信じられ大変な威光があった。万掌《ワンジャン》が招いた翌日、余竜嵯子《ユイ・ロンダーズ》が申村にやってきて小妹《シャオメイ》の家の戸口でお祓いの支度を始めた。

三日目は一日かけて準備を整えた。四日目の朝早く、申村の人々はドラの音で次々と五寿《ウーショウ》家の前の踏み荒らされた野菜畑にやってきた。余竜《ユイ・ロン》は八仙卓の上に長椅子を置き、白紙を貼って、神鞭を振って呪文を唱え始めた。

余竜嵯子《ユイ・ロンダーズ》は手と足を動かして念じた。

「天地の神霊、幽界を出でて冥界に入る。霊気を降臨させ、我が帰期に赴けよ。太上老君、急ぎ律令をなしたまえ」

そう言うと、手で紙銭を握りつぶして火をつけ、白紙を貼った長椅子の前に移動すると、細く立ち昇る煙がたなびいて影を残した。それから占い術をする子どもを呼んだ。占い術は未成年の子どもがやらなくてはならない。成年に達すると何も見えなくなってしまうのだ。今回呼んできたのは十三歳の長福《チャンフー》という子で、大槐《タークワイ》の家の使用人だった。余竜嵯子《ユイ・ロンダーズ》は長福《チャンフー》にじっと白紙を見つめさせ、長福《チャンフー》に五寿《ウーショウ》が見えた途端に五寿《ウーショウ》がどこにいるか言い当てるという。長福《チャンフー》は目を大きく見開いたが白紙の上は微かな煙がたなびくほかは何もなかった。余竜嵯子《ユイ・ロンダーズ》が一喝して言った。

「五寿《ウーショウ》、現れよ！」

言い終えると、鞭で長福《チャンフー》の背中を打ち、長福《チャンフー》が痛みに叫び声を上げた。

「見えたか？」

長福《チャンフー》が黙っていると、余竜《ユイ・ロン》はまた鞭打った。五、六回打つと長福《チャンフー》が叫んだ。

「見えました、見えました。村の南十数里のコーリャン畑です」

「何をしている？」

「そこに横たわっています。尻がぐちゃぐちゃになっています」

人々は騒然となった。

「急ごう」

小妹《シャオメイ》の顔色は真っ青になり、尻もちをついたまま何も言えなかった。

体格のいい大槐《タークワイ》が大声で言った。

「誰も動いてはならん。長福《チャンフー》に先導させて、俺たちは後に続くんだ」

人々は大騒ぎでコーリャン畑に向かった。

長福《チャンフー》が人々を率いてコーリャン畑をしばらく捜したが、何も収穫はなかった。

今回の余竜嗟子《ユイ・ロンダーズ》の占い術は失敗に終わった。

長福《チャンフー》はぼんやりと突っ立っていた。

大槐《タークワイ》が言う。

「お前は見たんじゃないのか？」

長福《チャンフー》は答えず、大槐《タークワイ》が横面を張るとその場に倒れてしまった。それから、黙ったまま立ち上がると人々のずっと後ろについて中村に帰って行った。

余竜嗟子《ユイ・ロンダーズ》は五寿《ウーショウ》の帰りを待っていたが、大槐《タークワイ》は持ち帰った肥桶をドンと余竜嗟子《ユイ・ロンダーズ》の目の前に置いて言った。

「この野郎、でたらめを言いやがって。この二日、中村でただで飲み食いしたものを全部これに吐き出せ！」

余竜《ユイ・ロン》は木桶のそばに立ったまま目を白黒させていた。村人たちも余竜《ユイ・ロン》に唾を吐くと帰って行った。

実は五寿《ウーショウ》を隠したのは、まさにこの大槐《タークワイ》だった。大槐《タークワイ》は秘かにほくそ笑みつつ、それらしく振舞って小妹《シャオメイ》に思い知らせていたのである。大槐《タークワイ》はこの得意満面の女が泣くのを見るのが面白かった。

村の長である万掌《ワンジャン》が困りきるのを見るのが愉快だった。揉め事の解決で五寿《ウーショウ》ばあさんこと小妹《シャオメイ》に何度も叱責された恨みを晴らすことができたからだ。

空が暗くなる頃、みんなが気づかないうちに余竜《ユイ・ロン》はお祓いの道具を持ってこっそり姿を消し、二度と中村にやってくることはなかった。

さらに二日後、万掌《ワンジャン》はついに五寿《ウーショウ》が何者かに北東十八里外の遠い親戚の家に送り届けられているという話を聞きつけた。小妹《シャオメイ》つまり五寿《ウーショウ》ばあさんが言い放った。

「八卦をしてもらったら、五寿《ウーショウ》は北東十八里に隠されて、二、三日のうちに帰ってくると聞いたわ。帰ってこないなら、こっちから迎えに行くから」

翌日の夜中に五寿《ウーショウ》は帰って来た。五寿《ウーショウ》ばあさんの上にのしかかっていた噂は晴れたが、五寿《ウーショウ》は帰ってからもひと言も発せず、何を聞いても答えなかった。びっくりしてしまったのか、風邪でも引いたのか、五寿《ウーショウ》は家に戻ると病に倒れ、二か月もせずに死んだ。

五寿《ウーショウ》の死に大槐《タークワイ》は度肝を抜かれた。こんな大事になるとは思わなかったのである。大槐《タークワイ》は毎日びくびくと五寿《ウーショウ》ばあさんが訪ねてくるのではと心配した。もし裁判沙汰にでもなれば家財を傾けることにもなりかねない。

けれども五寿《ウーショウ》ばあさんは追究しなかった。畑を二ヘクタール売り、五寿《ウーショウ》のために盛大な葬儀を出した。葬儀に際して、大槐《タークワイ》は誰よりも熱心に苦労を厭わず働いた。表面的にはいつものように豪胆に振る舞い大声で話をしていたが、五寿《ウーショウ》ばあさんがちらりと見えようものなら、内心震え上がっていた。五寿《ウーショウ》が死んでからもかなり長い間、大槐《タークワイ》は五寿《ウーショウ》ばあさんを極力避け顔を合わせないようにしていた。

五寿《ウーショウ》が死んで間もなく、亥頭《ハイトウ》も死んだ。亥頭《ハイトウ》が死ぬ時、その息子はずっと笑っていたが、亥頭《ハイトウ》は泣かなかった。この息子が秤職人の家の二代目の痴呆だった。亥頭《ハイトウ》が死ぬ時、亥頭《ハイトウ》の妻は妊娠していた。息子をもう一人残したのである。彼は今も健在で八十過ぎになるが、腰はひどく曲がっているものの元気で暮らしている。春節に私が故郷に帰り彼の家の裏を通りかかった時、彼は半夏河の畔で鉈《なた》を手に枯れた竹林の整理をしていた。知らない人が通ったのを見て、やっとのことで身体を起こすと私を見たが、もう何年も会っていないので誰だか分からなかった。「おじいさん、大魚《ターユイ》です」と言うと、ああという顔をして申し訳なさそうに笑って言った。

「もう目がよく見えなくてなあ。めくらも同然じゃよ」

私が煙草を一本渡すと嬉しそうに受け取って、口に咥えたまま私が遠ざかるのをいつまでも見送っていた。

彼には五人息子がいて、そのうち四人には良い名がつけられていたが五番目の息子は名がなく、五番目の子という意味の「五頭《ウートウ》」と呼ばれていた。秤職人の家の三代目の痴呆である。百年前の道士《トウ》の予言が本当なら、この家族の最後の知恵遅れということになる。悪夢もこれで終わるのだ。五《ウー》頭《トウ》は私よりいくつか年上で、もう四十過ぎだ。毎日楽しそうに中村をうろうろしている。子どもの頃は毎日のように五頭《ウートウ》を見かけた。子どもたちは五頭《ウートウ》を見るといじめたが、五頭《ウートウ》はどんなにいじめられても私たちのあとにくっついて遊ぶのを見ていた。

亥頭《ハイトウ》が死に、五寿《ウーショウ》も死に、家には後家とその子どもが残された。亥頭《ハイトウ》の妻は知恵遅れの息子とお腹の息子がいて、暮らしていくのも大変だった。五寿《ウーショウ》ばあさんは言った。

「お義母さんと一緒にうちに来るといいわ。一緒に暮らしましょう。私が養うから」

姑はうんと言わなかった。小妹《シャオメイ》には言うに言われぬ恨みがあったのである。金と穀物は受け取ったが、この嫁の顔も見たくなかった。小妹《シャオメイ》からはできるだけ遠ざかっていたかったのである。

五寿《ウーショウ》の死は芮《ゼイ》荘の張殿坤《チャン・ディエンクン》という者の注意を引いた。芮荘は申村の南東十五里にある。五寿《ウーショウ》が死んで四十二日が過ぎると、張殿坤《チャン・ディエンクン》は仲人を立てて申村に来て、三十を過ぎたばかりの小妹《シャオメイ》を嫁に迎えたいと申し入れた。

小妹《シャオメイ》は即座に断った。

小妹《シャオメイ》の拒絶は張殿坤《チャン・ディエンクン》を怒らせた。張殿坤《チャン・ディエンクン》には元々は数ヘクタールの土地があり貞淑な妻もいたが、この男は飲む、打つ、買うの三拍子が揃っていて、結婚後間もなく田畑は賭けで失った。妻が文句を言うと殴って大怪我を負わせ、医者にもかからせなかったので、妻は恨みを残しつつ亡くなった。張殿坤《チャン・ディエンクン》はしばらく好き勝手に暮らした末に大病をした。治るとようやく女房がいる良さに気づいたが、まともな家の娘がこんな無頼漢に嫁いでくるはずがない。痴呆の五寿《ウーショウ》が死んだと聞き、いくら自分でも知恵遅れよりはましだろうと思い、小妹《シャオメイ》を娶るのはそう難しくはあるまいと考えた。まさか小妹《シャオメイ》が歯牙にもかけないとは思わなかったのである。

張殿坤《チャン・ディエンクン》は中村の賭け仲間のあばたの細《シー》に詳しく聞き、小妹《シャオメイ》が美貌も才能もあると知って、ますます邪《よこしま》な感情を抑えられなくなり、その場で賭け仲間と何としてでも自分のものにする計画を練った。

それは一九二七年の三月のことで、孫伝芳《そんでんほう》の部隊が南京から敗退して江北を通りかかり、略奪を思いのままにした頃だった。その後やってきた国民党があちこちで共産党を捜索した。蘇北では殺人や放火事件がしょっちゅう起こり、社会は大混乱していた。人さらいどころか、殺人も驚くことではなかった。幸いなことに田舎には昔ながらの自治があった。日が昇ると働きに出て、日が沈めば休む。政府の管理がなくても平穏だった。ただ乱世なので何者かが後家をさらったぐらいではたいしたことにはみなされない。後家の一族にとっても、たとえさらわれても田畑が残っていればむしろこれ幸いというもので、誰も追及する者はない。だから張殿坤《チャン・ディエンクン》にとって後家の強奪は社会が黙認することだったのである。

万掌《ワンジャン》の復讐を恐れてか、良心の発露ゆえか、張殿坤《チャン・ディエンクン》が手を下そうとしたその日の夜、張殿《チャン・ディエン》坤《クン》の賭け仲間である中村のあばたの細《シー》はそのことを事前に小妹《シャオメイ》に告げた。八人の男が暗闇の中、小《シャオ》妹《メイ》の家に忍び入った時、家の中には誰もいなかった。小妹《シャオメイ》の家は村の南の端にあり右隣の家とはかなり離れていて騒ぎが起きても人に知られる心配はない。張殿坤《チャン・ディエンクン》は数日おきに仲間を連れて襲いに来た。小妹《シャオメイ》は毎晩違う家にお邪魔して寝せてもらうしかなく、生きた心地がしなかった。

ある日の夕暮れ、日がまだ沈まないうちに、遠くから六、七人の男が南の小道をやってくるのが見えた。小妹《シャオメイ》は慌てて裏口から逃げると家の裏の桑の大木に這い登った。遠くから先頭に立ってやって来る痩せた背の高い男が見えた。背の高い男が戸を開けると後ろの者が言った。

「殿坤《ディエンクン》、誰もいないぞ」

背の高い男は中から出て来ると周囲を見回した。

「さっきは確かにいたんだ。お前たちを呼びに行っている間にいなくなった」

男たちはばらばらになって家の表と裏を捜し回った。それでも見つからないので居間に座り込むと、鶏小屋からニワトリを捕まえ、小麦粉をこねて焼餅《シャオビン》を作り、家の前からニラを摘んできて卵炒めにし、戸棚から探し出してきた白酒《パイチュウ》を大きな碗に注いで飲み始めた。酔っぱらって小妹《シャオメイ》の床で大いびきをかいて寝てしまった者もいた。小妹《シャオメイ》は木の上にかがんだまま動くこともできなかった。男たちは深夜まで居座っていたが、ようやく酔っぱらったまま帰って行った。小妹《シャオメイ》は木の上で立ち上がり、男たちが月光の下を遠ざかって行ったのを見定めると木から下りてきて、散らかし放題の碗や皿や床を片づけて涙を流した。

小妹《シャオメイ》は人を雇って棍棒を持って家を守ってもらったことも何度かある。ところが、そういう時に限って狼藉《ろうぜき》を働く者は現れなかった。どうしようもないので小妹《シャオメイ》はひたすら注意して、独りきりで恐怖の日々を過ごすしかなかった。そんな日々が数か月続くと、小妹《シャオメイ》は疲れ果ててしまった。

ある日の夕暮れ、太陽がまだ沈まず、万掌《ワンジャン》の冬の衣服のために織っている布も織り終わらない時、突然、人が入ってきて、にやにや笑うと言った。

「今度は逃げられないぞ」

小妹《シャオメイ》は外に誰もいないのを確かめると、男に椅子を勧めた。入ってきた男こそ痩せて背の高い張殿坤《チャン・ディエンクン》で、独りで様子を見に来たところ小妹《シャオメイ》と鉢合わせし、人を呼ぶ暇もなく入り込んで来たのだった。

小妹《シャオメイ》が話をしながら椅子を張殿坤《チャン・ディエンクン》に近づけていくと、張殿坤《チャン・ディエンクン》は大喜びで手を伸ばして小妹《シャオメイ》の顔をつねった。小妹《シャオメイ》はうつむくと自分が座った椅子をつかみ、さっと椅子の脚を下にして、がしっと張殿坤《チャン・ディエンクン》の首に掛け床に押し倒した。張殿坤《チャン・ディエンクン》が動けなくなると、小妹《シャオメイ》はそのへんにあったニワトリに餌をやる木のお盆でめちゃくちゃに殴りつけた。首を押さえつけられた張殿坤《チャン・ディエンクン》は許しを請うこともできず、小妹《シャオメイ》は殴りながら罵り続けた。

「今度来たら、ただじゃおかない！　半殺しの目に遭わせるよ！」

張殿坤《チャン・ディエンクン》の顔色が青紫色になったところで小妹《シャオメイ》はようやく手を緩めた。しばらくして張殿坤《チャン・ディエンクン》が息を吹き返すと、小妹《シャオメイ》は鼻面を指さして言った。

「そこを動くな。人を呼んでくるから」

そう言って小妹《シャオメイ》が歩き出すと、張殿坤《チャン・ディエンクン》は這い上がり、ほうほうのていで逃げていった。

張殿坤《チャン・ディエンクン》が女を強奪しようとして逆に殴られたことは、あっという間に十里四方の村々に伝わった。人々は中村にはものすごい女の「五寿《ウーショウ》ばあさん」がいると知った。それ以来、彼女に手を出そうとする者はいなくなり、反対に人々は小妹《シャオメイ》に対しさらに敬意を払うようになった。しばらくして、あばたの細《シー》が小妹《シャオメイ》に教えに来て言った。

「張《チャン・》殿坤《ディエンクン》は家に帰ると半月寝たきりで、あんたのことを思い出しただけで全身身震いするそうだ」

小妹《シャオメイ》は笑うと罵った。

「あのクソ野郎」

万掌《ワンジャン》と小妹《シャオメイ》のことはとっくに万掌《ワンジャン》の妻の耳に入っていたが、妻は何も言わず何も聞かなかった。二十年以上が過ぎたある日、小妹《シャオメイ》はとうとうじっとしていられなくなった。万掌《ワンジャン》の妻がどんな様子をしているのか見たくてたまらなくなり、万掌《ワンジャン》の家にも行ったことがなかったので見てみたくなったのだ。

小妹《シャオメイ》は万掌《ワンジャン》が県城に用足しに行った時、こっそり万掌《ワンジャン》の家を訪ねた。万掌《ワンジャン》の妻は大きな家の娘で容姿は並みだったが、居ずまいが端正でおっとりとしていた。小妹《シャオメイ》が来たのを見ると丁重に中に入れて座るよう勧め、茶を淹れて話すこともちっとも失礼ではなかった。小妹《シャオメイ》は内心の動揺を抑えようと努めたが、いたたまれなくなってすぐに失礼した。万掌《ワンジャン》が帰ると、妻が淡々と言った。

「今朝、五寿《ウーショウ》ばあさんが寄って座っていき、食事をと言ったけど食べないで帰ったわ」

万掌《ワンジャン》は何も言わず、それ以来、二度と小妹《シャオメイ》の家に来なくなった。他に人がいる場で二人が顔を合わせれば、万掌《ワンジャン》はうなずいて挨拶をするだけで話はしなかった。小妹《シャオメイ》には分かっていた。自分の軽率な振る舞いのせいで万掌《ワンジャン》は離れて行ったのだと。万掌《ワンジャン》がどう思っているのか、小妹《シャオメイ》には分からなかった。弁解しようにもどう話せばいいか分からず、その機会もなかった。

小妹《シャオメイ》と愛人の万掌《ワンジャン》の行き来がなくなってから七年後に万掌《ワンジャン》は死んだ。

一九四八年、解放された申村で土地改革が始まった。

万掌《ワンジャン》は言った。

「土地は全部やる。要求は一つだけ、郷の指導者を呼んでくれ。面と向かって直接土地の権利書を渡したい」

郷長は二人の部下を連れて申村に来た。三人は腰にモーゼル銃を下げていた。村長はドラを鳴らして郷長たちを万掌《ワンジャン》の家に案内した。小妹《シャオメイ》はすでに五十二歳の五寿《ウーショウ》ばあさんで、万掌《ワンジャン》の家に来るのはこれが二度目だった。小妹《シャオメイ》は万掌《ワンジャン》に聞いた。

「本当に渡してしまうの？」

顔色の悪い万掌《ワンジャン》がじっと小妹《シャオメイ》を見つめて、ひと言、言った。

「あんたも老けたな」

そこに人がどっと入ってきた。

万掌《ワンジャン》はとっくに土地の権利書を用意して居間の入口に積んであった。

「先祖代々伝わってきたものだ。全部焼き払って先祖に知らせる」

万掌《ワンジャン》はそう言うとしゃがんで三度叩頭した。万掌《ワンジャン》の妻が厨房から火をつけた薪を持って出て来ると万掌《ワンジャン》に渡した。万掌《ワンジャン》が権利書に火をつけると、一陣の風が吹いてきて火は燃え盛り、風の中を回転して遠くへと飛んで行った。

見守る人々があれこれと話し続けた。土地をどう分けるのかと聞いて興奮している者もいた。半信半疑でびくびく周囲をうかがっている者もいた。

権利書が燃え尽きると、万掌《ワンジャン》はどっと地面に倒れた。

万掌《ワンジャン》の妻は私の祖父に棺桶を作るよう頼んだ。棺桶は二つ、一つに万掌《ワンジャン》を納め、もう一つは取っておいた。葬儀は粛々と行われ、四日目に万掌《ワンジャン》は埋葬された。埋葬の日の朝、棺を送る者が次々と訪れ、墓地の穴も掘ってあった。万掌《ワンジャン》の妻は服をきちんと着たまま、自分の床の中で死んでいた。

万掌《ワンジャン》の妻が死んだ翌日、二人の息子は黙って中村を去って、二度と戻ってこなかった。一九四九年に息子は台湾に行った。

父は家譜（家ごとの系譜を記したもので一定の時間が経つと書き足したり、修正したりする。族譜、宗譜とも言う）を修正するに当たって、台湾の同族に頼み万《ワン》掌《ジャン》の息子の消息を調べてもらった。万掌《ワンジャン》の息子はもう死に、孫も死んでいた。孫は若くして死に、二人の息子がいた。その妻は二人の息子を連れて再婚していて、相手は台湾民進党の幹部だった。台湾の同族が妻と二人の息子を捜し当てて中村に里帰りに招くと、この民進党の幹部に叱責された。妻に大陸と縁があるのを許さなかったのだ。そのため、家譜をめくっても万掌《ワンジャン》とその息子の名しかなく、そこで系図は途絶えている。

万掌《ワンジャン》の死後、五寿《ウーショウ》ばあさんは墓の前にしばらく座っていた。立ち上がって帰ろうとしたら立ち上がれなかった。しばらくもがいて手で万掌《ワンジャン》の墓をつかんで、やっとのことで立ち上がった。

「掌《ジャン》さん、奥さん、あの世で睦まじく暮らしてね」

五寿《ウーショウ》ばあさんはそうつぶやいた。

一九五八年、申村は人民公社化が実施され、共同食堂が開かれた。五寿《ウーショウ》ばあさんの家の穀物はすべて供出され、鍋や釜も壊された。五寿《ウーショウ》ばあさんも食堂に行って食べた。食堂はすぐに倒産して、飢饉がやってきた。五寿《ウーショウ》ばあさんは身体がむくみ、何か月も寝たきりになり、一九五九年の冬に亡くなった。

五寿《ウーショウ》ばあさんは年取ってから布織りの弟子を取った。その名を同琦《トンチー》と言った。同琦《トンチー》は真面目でおとなしく、仕事ばかりしていてほとんど話をしなかった。私は何度も同琦《トンチー》が布を織るのを見たことがある。天気がいい日は機織り機を家の横の道に出した。私たちは機織り機を取り囲んで、豚の餌を刈るのも忘れて見入った。織物職人の仕事は相当に忙しく、申村の人はみんな同琦《トンチー》に布織りを頼んだ。特に年越しにはみんなが新しい服を作るので、穀物や金を持って行って布と交換した。私が子どもの頃の服はすべてこの織物職人が織った布で作ったものだった。

五寿《ウーショウ》ばあさんが死ぬと家には一台の機織り機だけが残され、他には何もなかった。弟子は機織り機を運び出して、五寿《ウーショウ》ばあさんの家を取り壊すと木材を再利用して棺桶を作った。五寿《ウーショウ》ばあさんの棺桶を作ったのは私の伯父で、祖父の目には出来損ないの大工だった。伯父ともう一人の大工が棺桶を作り終えた時はもう日が暮れていた。彼らは五寿《ウーショウ》ばあさんを棺桶に納めた。織物職人はもう一人雇うと、暗い中、棺を担いで運んで、畑に穴を掘って埋めた。埋める時はもう腹ぺこで力もなくなり、墓の盛り土も低かった。その後、訪れる人もないこの低い墓は一、二年、風雨にさらされると盛り土が更地になり、完全に跡形もなくなった。

職人たちの後日談

瓦職人

瓦職人亡きあと、信徒たちは彼のためのミサを行った。白布で瓦職人を包み、ベッドに生花を一本ずつ捧げ、大勢で囲んでひと晩中聖書の文句を読誦した。

竹細工職人

竹細工職人の息子は退院した一年後、妻子を連れて県城に行った。県城で一家を見かけた者が、一家は県城で廃品業をして、いい歳になった長男のために県城に家を買おうとしていたと言った。

豆腐屋

豆腐屋の妻と娘はよその土地に行った。娘が親孝行なので妻は穏やかに暮らしていたが、身体の具合は良くなく数年前にキリスト教に入信して、中村《シエン》の信徒たちとは連絡があるようだった。家は空き家のまま庭は雑草が伸び放題で、一度も帰って来たことがない。この家のことは忘れてしまったようだ。

灯籠《ランタン》職人

灯籠職人は私の外祖父だ。外祖父の生誕百周年に母は人に頼んで紙の家や人や馬を作ってもらい、特別に灯籠もいくつか作ってもらって、あの世でいい暮らしができるよう外祖父の墓に供えて燃やした。母はここ七、八年は外祖父の夢をまったく見ないから、もう転生してしまったのかもしれないと言った。

大工

大工だった祖父は私に斧、カンナ、ノミ、ノコギリなどの大工道具を残してくれた。私は無錫でアルバイトをしていた時、それらをずっとそばに置いていた。その後、広州に行き大工仕事をしなくなり、それらは同郷の者に譲った。二十年経った今、実家に送り返して取っておくべきだったと少し後悔している。

床屋

床屋の家はとっくにない。彼の家の扉には石の閂《かんぬき》がついていて、床屋は暇な時はよくそれで遊んでいた。ある時、帰省してその閂が村の東に住む者に持って行かれたと聞いた。買い戻して記念にうちに置きたいと考えたが、相手は私が買いたがっていると知ると貴重なものと思ったのか、人に見せびらかさなくなった。

鋳掛屋

鋳掛屋の小さな家はまだあり、かなり不気味な雰囲気になっている。前後の窓ガラスはなくなり、南向きの小さな戸だけがある。もちろん閉まったままだ。家の表も裏も墓で、墓に囲まれて立っている。ここに彼の祖父母、父母、彼自身の墓がある。あとは誰の墓か分からない。ここの風水が良いというので、人が勝手にここに埋葬するのかもしれない。

彫物師

彫物師が住んでいた土地神廟の入口に木槿の木は二本あった。一本は背が高く、一本は背が低い。後に背の高いほうを売ってしまった人がいて、二千元だったそうだ。木槿は彫物師が若い時に植えたものだ。この木を植えたのには何か理由があったのに違いない。

植木職人

植木職人は中村に戻ってから、することもないので町に屋台を出し焼き魚を売っていた。しばらくは商売繁盛していたが売れなくなると、店舗を借りて野菜と花の種を売り始めたので今も植木職人と呼ばれている。もうけは多くないが、商売は楽しそうだ。

鍛冶屋

鍛冶屋の息子の曹紅栄《ツァオ・ホンロン》は今年八十一歳で、農業とクズ拾いで七、八万元の貯蓄があるそうだ。そのせいで親戚中に尊敬されている。紅栄《ホンロン》自身もその尊敬を裏切ったことがない。ひと月に一度も肉は食わなくても、親戚に祝い事があれば必ずかなりの額の祝い金を送るそうだ。

なんでも屋

なんでも屋という呼び名は実は伯父に対する嘲りで、何でも中途半端でプロではないという意味だ。家のこともあまりかまわず、一日中楽しそうにふらふらしていた。祖父は私たちが子どもの頃から、「ああはなるな、一生見込みはない」と教育してきた。そのせいで私たちは伯父をバカにしてきた。この本を書き終わった頃、父と話していて伯父の話になった。祖母の病気が重く入院した時、父が家に戻って医療費を工面している間、伯父が祖母に付き添っていた。医者が輸血すると言うと、伯父は父を待たずに献血した。何度も献血して失神したほどだった。目を覚ますと医者に失神したことは絶対に家族には内緒にしてくれと言ったそうだ。伯父が亡くなって二年になる。伯母も亡くなった。家は荒れ果て、戸口の土間にはコンクリートの割れ目から人の背丈ほどに伸びた雑草が生えている。

仕立屋

仕立屋の妻の許氏《シイ》は夫が銃殺されてから五十六年間生きた。七十歳でよその土地で曽孫の面倒を見た。曽孫が少し大きくなると孫が曽孫を連れて都会に働きに出たので、また独りで村に住んでいた。ある時、転んで足を骨折して動けなくなり、発見されたのは死後三日経ってからだった。

教師

教師の鳴九《ミンジュウ》の妻は鳴九《ミンジュウ》の死後気が触れたが、二年後にまた正気に戻った。その後、子どもを置いて江南の農民と再婚した。農民は裕福で家は二階建てだった。ただ夫婦喧嘩が絶えず、一九八八年のある日、大喧嘩の末に妻は農薬を飲んで自殺した。鳴九《ミンジュウ》が死んで、ちょうど十年経っていた。

秤職人

秤職人の曽孫の一人は知恵遅れで、日がな一日、村をぶらついている。

秤職人の家の三代目の痴呆である。幸い次世代は全員正常だったが、全員都会に移り住んでいる。

織物職人

織物職人の弟子は申村で最も義理堅い人間だ。十数年前もまだ大型の機織り機で布を織っていた。その後、ついに時代の波に逆らえず、仕事をかえて空き瓶回収業を始めた。それでも機織り機はずっと壊さず、よく手入れをしていた。去年、彼が死ぬと息子はすぐに何の役にも立たない機織り機を壊して薪にして、火にくべてしまった。

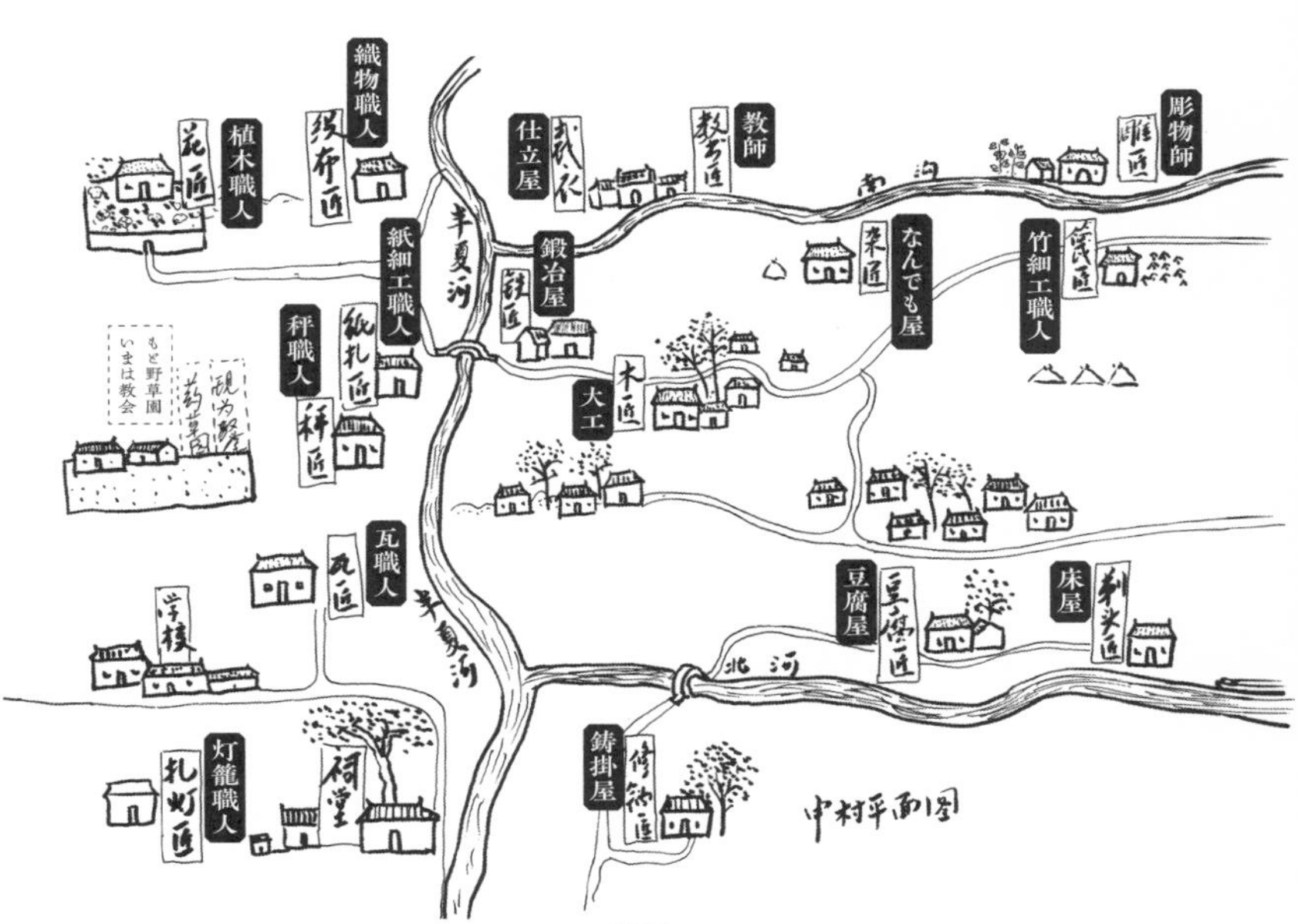

生于民国戊午年四月十一日巳时，殁于一九九四年六月初六日酉时，合葬宅后西北向

娶西高庄谢维贵次女，生于民国丙辰年九月二十二日亥时，殁于一九八〇年九月二十九日巳时

生三子 庆富 庆荣 庆山 二女 长适东倪浒庄蒋如建 次适西倪浒庄戴宝富

同守

生于宣统辛亥年闰六月初九日午时，殁于一九九三年六月二十日酉时

娶马家野缪氏，生于民国四年九月初五日子时，殁于一九八〇年十月初三日酉时，

合葬坟园田东南向

生二子 庆林 庆山 三女 长适瞿家庄李荣富 次适吴家垡蒋万忠子彭西

三适北新街缪礼让长子宏元

庆林

生于民国廿五丙子年十月初四日卯时

娶东官垛凌珍凤，生于民国卅二癸未年二月十八日

生一子 富洋 二女，长适吴家垡季保存长子长景，次适尹庄刘绍义长子文盛

庆山 又名庆森 中师

庆林子　庆山长子　次子　庆来女　庆纲子

生三子　富渔　富饶

富洋

生于一九七二壬子年十二月初二日寅时

娶安徽彭建华次女珍霞，生于一九七一辛亥年三月二十二日

生一子　赉彭

富渔　又名赋渔　大学　住南京

生于一九七〇庚戌年十一月十七日辰时

娶南京光华门刘忠福次女刘辉，博士，　生于一九六八戊申年十一月三十日子时

生一女　杭之

富饶　博士　教授　留学日本

生于一九七三癸丑年正月二十九日戌时

娶山东青岛丁德金女丁慧，生于一九八〇庚申年十二月二十一日

生一子　望之

花萍

生于一九九七丁丑年正月二十九日戌时

建平

訳者あとがき

この一冊からドラマチックな映画が何本撮れることだろう
個性豊かな人々が織りなす、中国百年の一大叙事詩

中国によく行くといっても実は北京や上海などの大都市しか知らず、地方の村にはほとんどなじみがなかった。山東大学で一年間だけ教えた時の学生の多くが山東省の各農村出身で、村の名前が雷家村だとそこに住む人もほとんどが雷姓なのだと知った。作者申賦漁《シェン・フーユイ》の故郷も、申《シェン》村という、省都南京のある江蘇省の農村である。

それにしても、なんと個性豊かな人々が住む村だろう。そして、それぞれがなんと数奇な人生を淡々と送ったことだろう。でも別にこの村だけが特別なのではなく、中国の多くの村にそうした伝奇物語があるのに違いない。たまたま作者のような村の末裔が都会に出て文筆業になり、祖父や父から聞いた話をよく覚えていて、中年

になり過疎化する村に喪失感を覚えて書き記した数々の逸話が、下手なドラマよりもドラマチックだったというに過ぎないのだろう。

私が一番映画的だなあと感心したのは床屋のエピソードである。日中戦争中、村に駐屯した日本軍の小隊の将兵に髪やひげを剃りに何度も呼ばれるうち、中隊長がひげ剃り中に気持ち良くなって寝てしまうこと、隣の部屋にいる兵士たちは上官の昼寝のじゃまをして怒られたくないので声をかけないことを知った床屋が、中隊長の頸動脈をカミソリで切って殺害して逃げおおす話は中国で人気のあるスパイ物のドラマよりスリリングである。しかも日本人の習性や性質までも見事に活写した話になっている。年老いた床屋に対する村人の遇しかたも納得というものだ。

彫物師の話も戦争映画が一本撮れる物語だ。家を継ぐ必要のない、それぞれの家の三男と四男である男二人が同じ部隊に配属され、朝鮮戦争に行かされる。村の若い後家と出来ていた布団の綿打ち師のほうは何度も脱走して村に逃げ帰ろうとするが、夜な夜な後家との話を聞かされていた彫物師のほうは何としても綿打ち師の脱走を阻止する。脱走がかなわなかった綿打ち師は戦死し、戦争を生き延びた彫物師は復員すると後家に乞われて戦死した綿打ち師の生前の話をするために夜な夜な後家の家に通い出す。やがて早死にした後家は綿打ち師との不貞を理由に婚家の墓に埋葬されずに遺骨を河に流され、河の畔の土地神廟に住む彫物師は、綿打ち師と後家をモデルに土地神様と女神様の像を彫る。作者の祖父はその土地神像が実は綿打ち師ではなく彫物師自身にそっくりなのだと、作者の父に打ち明ける。

政治の嵐は村の若者たちの夢も打ち砕いた。村の金持ちの家の息子だった仕立屋は目立ちたがり屋だったのが仇となり、反革命罪で若い妻と乳飲み子を残して銃殺刑になる。乳飲み子だった男の子はおとなしい勉強好きな少年に育つが、家が元金持ちで父親は反革命分子では出身が悪いというので大学への進学も就職も諦めざるを得ない。それでもようやく臨時の代用教員となることができるが、教壇では生き生きと情熱的に教えるのに教壇を下りると別人のようにふさぎこみ、やがて肺癌になって亡くなる。中国で繰り返し語られてきた政治の犠牲となった庶民の悲劇のパターンではあるのだが、祖父の代からの村の歴史と人間模様が背景にある重層的な物語になっている。

男たちの物語の中で鮮明なのは唯一女性が主役である織物職人の物語だ。村の習俗で赤ん坊の時に親が決めた縁談により、知恵遅れの相手との結婚を決められた小《シャオ》妹《メイ》こと五寿《ウーショウ》ばあさんの壮絶な女の一生は、芯が強く気丈な小妹《シャオメイ》がいかにも中国の女性らしく自分を貫いて生きる、胸のすくような、でも甘酸っぱい物語である。知恵遅れの夫には指一本触れさせなかった小妹《シャオメイ》は、姑との揉め事の仲裁に来た一族の宗主と深い仲になる。長年の愛人関係が続いたある日、小妹《シャオメイ》はとうとう好奇心を抑えきれずに宗主の留守にその妻に会いに行く。小妹《シャオメイ》と夫のことを知りつつも何も言わず小妹《シャオメイ》を接待した妻から愛人が家に来たとだけ知らされた宗主は二度と小妹《シャオメイ》に会いに来なくなる。土地解放で土地をすべて手放して死んだ宗主夫妻の墓の前で長い間うずくまる、その時はすでに本当の「五寿《ウーショウ》ばあさん」になっている小妹《シャオメイ》の話は、『心中《しんじゅう》天網島《てんのあみじま》』のような日本の人情物を彷彿とさせる。

百年にわたる話なので、新中国になる以前の陰陽師や占い、幽霊などの迷信の類が各逸話に色どりを添え、国共内戦や新中国になってからの逸話には大躍進や人民公社、紅衛兵などの興味深いエピソードが盛り込まれ、南方の村を舞台にした一大叙事詩になっている。一人の人間が生まれて死ぬまでがそれぞれ一つの興味深い物語なのだなあと改めて深い感慨を覚えた。

二〇二二年　初夏

水野衛子

申 賦漁 （シェン・フーユイ）

1970年中国・江蘇省生まれ。パリ在住。18歳で家を出て各地を流浪し、ポーター、事務員、教師などさまざまな職業に就き、執筆を開始。1996年南京大学中国文学科卒。「南京日報」フランス特派員を務めるなど約20年ジャーナリストとして活動し、2016年より執筆に専念。個人史三部作『申の村の話』『半夏河』『一人一人の人』、中国史シリーズ『神々の痕跡』『君子の春秋』『戦国の星空』、ノンフィクション作品『泣くな』『光陰』など著書多数。最新作は新型肺炎でパリのアパルトマンに閉じ込められた非日常を描いた『静寂のパリ』。初邦訳となる本書『申の村の話』は、中国での刊行（原題『匠人』2015）以来、フランス（2018）、アメリカ（2022）と続々翻訳刊行され、今世界で最も注目される中国人作家の一人。映像作家としても活躍、監督作品に『竜の生まれ変わり』（中仏合作）などがある。

水野衛子 （みずの・えいこ）

1958年東京都生まれ。1981年慶應義塾大学文学部文学科中国文学専攻卒。1995年字幕翻訳をスタート。チャン・イーモウ監督作品を中心に多くの作品を手がけ、重厚かつ流麗な筆致で知られる字幕翻訳の第一人者。主な映画作品に『初恋のきた道』『活きる』『グランドマスター』など。訳書に『盗みは人のためならず』『わたしは潘金蓮じゃない』『一句頂一万句』『ネット狂詩曲』（いずれも劉震雲／彩流社）、『中国大女優 恋の自白録』（文藝春秋）、『中華電影的中国語 さらば、わが愛 覇王別姫』（キネマ旬報社）、『セデック・バレ』（河出書房新社）など。

本書には差別的ととられかねない表現がありますが、
著者に差別を助長する意図はありません。
歴史的社会的な状況を踏まえ執筆された作品として
お読みいただければ幸いです。

申《シェン》の村《むら》の話《はなし》

二〇二二年九月五日　第一刷　発行

著者　申賦漁《シェンフーユイ》
訳者　水野衛子《みずのえいこ》
編集　和田千春
発行者　林 雪梅
発行所　株式会社アストラハウス
〒一〇七—〇〇六一
東京都港区北青山三—六—七
青山パラシオタワー11階
電話〇三—五四六四—八七三八
印刷・製本　中央精版印刷株式会社

ISBN978-4-908184-36-9 C0097